一橋大の国語

20カ年［第5版］

教学社編集部 編

教学社

はじめに

本書は一橋大学の国語の入試問題を系統的に分析し、一橋大学入試対策の一助となればという願いで編集されたものです。

一橋大学は、明治期に日本の教育制度を決定づけた初代文部大臣森有礼の私塾から始まり、社会科学系の総合大学として研究・教育をリードしてきた大学です。「一橋大学研究教育憲章」には、「リベラルな学風のもとに日本における政治経済社会の発展とその創造的推進者の育成に貢献してきた」とあり、「日本及び世界の自由で平和な政治経済社会の構築に資する知的、文化的資産を創造し、その指導的担い手を育成することを使命とする」とあります。

一橋大学の国語の入試問題には、大学が入学者に求めるものが色濃く反映されているようです。【本書の利用法】や本文でも示しますが、国語の問題からは、入学を希望する受験生に対し、論理的思考力や表現力、知識を総合的に活用する力など、幅広い能力を求めていることがみて取れます。それは、出題される文章の傾向、問いの形式、記述するべき内容に現れています。一橋大学ならではの古典の扱い、二〇〇字要約といった特徴的出題、時代性の認識や知識の重要性を感じさせる文章もまた、その現れといえるでしょう。

「国語の配点は低いから、できるだけ楽な対策で済ませたい」と考える受験生のみなさんにとっては、一筋縄ではいかず、大変な学習になるかもしれません。しかし、この学習は一橋大学への入学という目標を達成するためのみにとどまらず、大学入学後、さらには社会に出て知的・文化的活動を実践するために重要な取り組みになるでしょう。みなさんの将来の活躍のためにも真剣な努力を期待します。

目次

要約篇

巻末付録

掲載内容についてのお断り

本書では、著作権の都合上、二〇一八年度㈢、二〇一一年度㈠の問題文を省略しています。あしからずご了承ください。

【本書の利用法】

本書は一橋大学の国語の入試問題を過去二〇年（二〇〇二～二〇二一年度）にわたって分析したものです。一橋大学の国語の問題は、「現代文」「近代文語文（または現古融合文）」「要約」の三種類の大問で成り立っています。本書はこの種類ごとの章立てとなっています。それぞれの特色や設問の形式をしっかりつかみ、一橋大学の合格への対策に役立ててください。まずは、出題の方向性を概観してみましょう。

一　アドミッション・ポリシーから読み取る「一橋大学の国語」

一橋大学の国語は、総体的にはここ二〇年間大きな変化はないといえます。大問三題、解答時間は一〇〇分です。大問一は現代文（評論またはエッセー）、大問二は近代以降の文語文、または文語文か古文が引用された現代の評論文、大問三は文章の要約問題です。二〇〇四年度、二〇一六年度の一部の問いを除いて、すべて記述式の出題です。

こうした出題には、一橋大学が受験生に要求するものが色濃く反映されています。一橋大学の「アドミッション・ポリシー」（選抜要項・募集要項に掲載。大学ＨＰからもダウンロードできます）からは、大学の求めている資質がはっきりみて取れますので、志望が決まったらぜひ一読しておきましょう。その中でも、法学部のアドミッション・ポリシーには、一橋大学が入学志望者に求める考え方が具体的に書かれています。少し長いですが引用してみましょう。

……本学部は、社会問題への関心が高く、論理的思考力、言語能力に優れた意欲的な学生を求めています。

実社会で生じる問題を多く扱う法学と国際関係の学習には、学生にとっては必ずしも身近とはいえない事象も含め、様々な社会事象に広く関心をもつことが必要です。日々報道される社会問題に関心を向け、広く情報収集をはかって知見を広め、自ら理解を深めようとする姿勢が重要です。現在進行中の社会問題だけでなく、日本と世界の歴史から学ぶことも多いはずです。

論理的に思考し明晰な言葉で表現する力の鍛錬は、法学部のカリキュラム全体を通じてはかられるところですが、基礎的な能力は入学時にも求められます。論説文の読解や数学的思考の訓練は、論理的思考力・表現力の涵養につながるものと思われます。

本学部で習得することのできる知識や能力の前提条件として、高い言語能力は必要不可欠です。ここでいう言語能力には、外国語だけでなく、日本語の理解力・表現力も含まれます。……相手の考えを適切に理解し、自らの考えを相手に伝わるように的確に表現することが重要です。そのため、日本語については、入学の時点で、様々な文章の論旨を正確に把握する能力及び比較的長い論理的文章を作成する能力を有していることが求められます。また、優れた国際的感覚を身につける前提として、英語を中心とする外国語でのコミュニケーション能力も重要です。……外国語の基礎学力は欠かせません。これらの能力は、多様化、グローバル化が進む世界の中で、立場や考えを異にする人々と交わり活躍してゆくための基盤となるものです。

一橋大学の二次試験の教科が、英語、国語、数学、地歴等と幅広い理由が、このアドミッション・ポリシーから理解できると思います。特に国語について読み取ってみますと、論理的思考力・表現力に優れた学生を求めており、入学の時点で「様々な文章の論旨を正確に把握する能力及び比較的長い論理的文章を作成する能力」を有しているかどうかが問われることがわかります。さらに、他の学部のアドミッション・ポリシーもみてみましょう。

社会学部では「問題を多面的に把握する」ことと「社会が直面する課題に関心をもつ」ことが強調されています。

「入学後に学習を効果的に進めるためには、社会全般に対して高い関心をもっていることが重要です。企業や市場に限らず、様々な社会的問題に対する関心を抱くことは、自ら課題を見つけ、主体的に学んで、解決策を導こうとする意欲の源泉になるからです。」（商学部）

「本学部では、以下のような能力を備えた学生を受け入れたいと考えています。①英語による講義を受講できる双方向の外国語能力、②経済学を理解するための数学力、③双方向コミュニケーションのための日本語能力、④経済現象を

幅広い視野と多角的見地から分析できる解析力、⑤幅広い一般的知識とそれを深化させうる理解力。」（経済学部）

（以上、一橋大学HPより〈二〇二一年一〇月現在〉）

このように、論理的思考力・表現力とともに、過去から現在までの幅広い知識、そして社会的課題に高い関心をもって主体的に学ぼうとする意欲が必須であることは意識しておきたいことです。

各篇冒頭の【〇〇を解きはじめる前に】でも触れていますが、こうした一橋大学の受験生への要求は、国語の問題の様々な部分にはっきり現れています。まず、大問三題とも論理的文章の年度がほとんどであり、正確な読解とともに自分の言葉で的確に表現することが求められています。この中で、大問二の近代文語文（二〇一六年度は現古融合文）の論理的文章では、①歴史的文献を読解する言語能力があるか、②身近とはいえない歴史的事象への知識と関心があるか、③読解した内容を明晰な言葉で表現できるか、が問われているといえます。そして、なんといっても特徴的なのは、大問三の二〇〇字要約問題です。アドミッション・ポリシーの要求が反映された出題であり、比較的長い文章を的確に要約できているかどうか採点し、読解力、論理的思考力、コミュニケーション能力が身についているかどうかを判断しているといえます。これらはかなり難しい要求かもしれません。しかし、こういった能力を身につけることは大学合格を勝ち取るという結果にとどまるものではなく、その後の大学での学習や、さらには社会での活躍に大きな影響を及ぼすことは間違いありません。ぜひ、時間をかけじっくりと取り組むことをおすすめします。

●一橋大学の国語のポイント

(1)大問三題とも論理的文章である
(2)ジャンルは現代文、近代文語文（または現古融合文）
(3)基本的に記述式
(4)大問三は二〇〇字要約

二　学習方法

出題の方向性について理解できたでしょうか。一の最後にまとめた四つのポイントに、それぞれ具体的にどう対応していくかが、今後の学習の道筋を考える手がかりになります。

受験生のみなさんは、国語の学習をどうしたらいいかという疑問をもっているかもしれません。これは実に難しい問題です。「どうしたら文章が読めますか?」「どうしたら論理的な思考力がつきますか?」という質問には、一人一人の状況に応じた手立てがあると思いますが、結局のところは「読む練習をしなさい」といわれてしまう――こんな不満をもつ人もいるでしょう。しかし、最終的には読むという行為を通じて、自らの経験値を上げていく必要がどうしても出てきます。様々な文章に触れ、言葉・表現を知る、論理の展開方法を知る、新しい物事を知る、自分の気づかなかった考え方を知る、そして自分で考える。この経験が読解力の向上と論理的思考の形成につながります。やはり、じっくり読むことが基本になるのです。

その基本をふまえて、では、一橋大学の対策として具体的にどのように学習するとよいか、ポイントを示します。

①時間配分の感覚をつかむ

一橋大学は大問三題を一〇〇分で解く必要があります。単純に計算すると、大問一題にかけられる時間の目安は三五分前後です。この時間内にできるかどうか、できなければ現状からどのように時間短縮できるか、どのようにメモをとっておくと解答をまとめやすいかといったことなど、演習のたびに確認しながら取り組むことが望まれます。ただし、年度によって文章量や問いの個数は様々です。年度ごとに一〇〇分間通して演習することで、時間配分の感覚をつかむ練習をしておくことも、練度を上げる方策の一つです。

②文章を的確に読解する

論理的文章の展開をしっかりつかみながら読めているか、自分の読みが正確であったかどうかを、演習のたびに確認すると効果的です。本書では、現代文篇と要約篇では文章展開、近代文語文・現古融合文篇では通釈（現古融合文は要旨と古文解釈）をつけています。文章展開では、文章を三〜六程度（長いものは一〇程度）のまとまりで分け、文脈の流れを示しました。これは編著者の読みであり、まとめ方もこれが唯一無二というわけではありませんが、文章全体の流れから、どの内容に筆者の論の中心があるか、問いに対してどの内容を押さえることで解答に導けるかがみえると思います。そして、文章に対する自分の読みが妥当であったかどうかを確認する手がかりとしてください。

また、演習後、文章でいわれていることがよく理解できなかった、あるいは、文章の中で最も重要な議論だと思っていた話題が少しずれていた、などという漠然とした感想をもつこともあると思います。そうした場合は特に、自分の読みのどこに問題があったかを確認する手立てに活用してください。このトレーニングこそが、一で示したとおり、一橋大学の求めている国語力に近づくために重要なものなのです。

③的確な自己採点を行う

②で文章の内容をしっかり把握したら、自分が記述した解答を自己採点します。本書の解答例と解説を確認しながら、自分の解答とどう異なるのか、自分の解答に問題がないかどうかを判断します。一橋大学の記述式解答は、多くの場合、字数制限があり、その字数内に収めることがかなり厳しいものです。要約篇の【要約問題を解きはじめる前に】でも触れていますが、本文の表現をつなげただけでは字数オーバーになってしまいます。文章の内容を理解し、それを自分の言葉で短くまとめることが求められるのです。

ここでも基本になるのは、②で行う正確で的確な文章把握です。設問の要求は何なのか、解答としては文章中のどの内容をまとめればよいのか……。解答として必要な要素が文章の把握からみえてくることは明らかです。さらに、これが③のポイントですが、その把握内容を、書いた自分だけがわかっているというのでは不十分です。解答の読者である採点者に伝わるように記述しなければなりません。これがなかなか難しいポイントです。自分で書いて、自分の文章を客観的な視点で確認するという学習を繰り返してもらいたいと思います。

三　さらなる学びへ

アドミッション・ポリシーでみたように、一橋大学の要求は高く、将来入学するあなたに目指してほしいところも高い地点におかれています。ぜひ、高い志をもって学習に取り組んでもらいたいと思います。学習の中ですでに気づいている人もいるかもしれませんが、文章の読解は、単に文字を追って内容をつかむだけのものではありません。様々な知識と結びつくことで読みは深まり、出題された文章に現れている議論の重要性もわかり、さらに自分の考えをもつこともできます。各大問の解説でも指摘していきますが、一橋大学で選択された問題文には、様々な知識の背景がないと読み取りにくいものも含まれます。本書では参考の部分に、文章の筆者の情報や出典に関連する知識、大学入試での出題状況も短く掲載していますので、参考にして、自分の知の範囲を広げていってください。

大学受験をクリアするための学習は当然重要ですが、その学習を最大限に活かし、みなさん自身の将来の飛躍につなげてもらえることを切に願っています。

現代文篇

【現代文を解きはじめる前に】

一橋大学の現代文は、例年、大問一で出題される。ここでは出題傾向について確認しておく。【本書の利用法】で記したとおり、評論を中心とした論理的文章が主体となっている。巻末の「出典一覧・分析表」から詳細を分析しておきたい。

①出題形式

論理的文章を読み、漢字の書き取り問題、読解問題に記述式で解答する形式は、ここ二〇年間で大きな変化はない。年度によっては語句の意味の説明が求められることもある。設問数にも大きな変化はない。

②出典

現代文では、出典に大きな特徴がみられる。巻末付録「出典一覧・分析表」の「大問一　現代文」をみてほしい。

出題年度と文章の初出年（最初に公表された時期）が近いのは二〇〇五年度・二〇〇七年度・二〇一五年度・二〇一六年度・二〇二〇年度・二〇二一年度である。多くは、直近の社会状況をそのまま反映させたような題材の文章ではなく、過去の社会の特徴を扱った文章が出題されている。初出年が近い年度でも、二〇〇七年度はラフカディオ・ハーンの時代と現在との対比の文章、二〇一六年度は一九六〇年代からの社会の変遷、二〇二一年度は一九世紀以降の人類学についての文章であり、全体の傾向として、過去についての知識を基盤として、過去の文脈に沿った読みと理解が必要な文章が多く出題されていることが顕著である。これは一橋大学に限ったことではないが、現代の世界で起きていることだけではなく、過去についての知識を中心に、様々な知識を読みに結びつける必要性を示しているといえるだろう。その意味でも近現代史の学習は重要であり、高校で履修した幅広い学習内容の総合が求められる。

③出題内容と字数

漢字の書き取り　**語句の意味**

他の難関大学もそうだが、一橋大学も難解なものはほぼみられない。基本的に普段の生活や、文章読解の際に出てくるものばかりである。普段の読書体験が問われている。

文章読解問題

出題内容は、内容説明問題が中心であるが、理由説明問題も出題されている。字数は二〇～五〇字など短くまとめる形が多いが、一〇〇字など、要約に近い問題も出題されている。

④解法へのアプローチ

内容説明問題の解法について、典型的な出題である二〇一四年度の実際の問題から考えてみよう。

> 問い三　傍線一「幸福という言葉をつかってものをかんがえてゆく。思考のそうしたみちすじが、いまは容易にみいだしにくくなった。」とはどういうことか、簡潔に答えなさい（四〇字以内）。

「どういうことか」という問いかけであり、この部分の内容説明を求められている。当然、前後の文脈から、この部分がどういうことを説明しているかを読み取って書くべきである。

ここでは、問われている傍線部が長いため、まずは「幸福という言葉を……そうしたみちすじ」の内容を圧縮する必要がある。続いて、「思考のそうしたみちすじ」とは具体的にどのようなことかを説明する必要がある。さらに、「いまは容易にみいだしにくくなった」という部分から、過去と現在の違いについて意識する必要があることに気づきたい。両者の差異を説明するとともに、その差異が生じる理由も文脈から読み取って明らかにできれば、説明としては不足のないものとなるだろう。

つまり、ここでは「内容圧縮」「具体化説明」「理由の説明」の要素が含まれている。ただ、字数は四〇字しかない。ここに一橋大学の厳しさがある。

問い五　傍線三「さいわいなしのしあわせ時代。」とはどういうことか、簡潔に答えなさい（五〇字以内）。

まずは、「さいわいなし」「しあわせ時代」という抽象的な表現が、それぞれ何を比喩しているのかを文脈から説明しなければならない。ここでは「さいわいなしのしあわせ」とあることから、この二項の対立関係を示すことによって比喩内容を説明できると推測される。また、字数を考えると、傍線部の周囲にある具体的説明を一般化した表現にする必要がある。さらに、この問題の場合は傍線部の前に「しあわせとしての幸福という言葉は、今日という時代を、一語でみごとに語っている」とある。この文脈から、これが現代の事象であるという点への言及もあった方がよい、と気づけるようになりたい。つまり、「比喩の説明」「具体例一般化」「文脈補足」の必要がある。

このように、まずは、問題で何が求められているかという「設問の要求」の把握が重要である。そこで求められる内容は問題により様々だが、解答をまとめるための視点としては、今までに挙げた、

「内容圧縮」
「具体化説明」
「理由の説明」

「比喩の説明」
「具体例一般化」
「文脈補足」

ここでは示せなかったが、「指示語の説明」などがあり、問題によっていくつかの要素が絡み合うはずである。以上の要素を的確に判断できるようになることが大切である。

傍線部の文脈を把握しながら、設問の要求に対して過不足なく答える方策を考えよう。その上で、指定字数内でまとめていく練習を繰り返してほしい。

理由説明問題についても同様である。「なぜか」という設問の要求に対し、「このような理由だから」とその理由を説明していく。その際には、筆者の主張の根拠を本文から正確に把握しながら解答していく必要がある。

【本書の利用法】で示したとおり、本文、問いをいかに正確に読むかが重要である。設問の要求を確実に把握し、読むべきところを読み、その内容が解答に反映されていれば、細かいところで減点されたとしても、十分得点できるはずである。これから実際に問題を解いて、確認し、練習してもらいたい。解答に盛り込むべきポイントについては、各大問の解答例と解説に示してある。自己採点も読む練習であるということはいうまでもないことを付け加えておく。

二〇二一年度

一

次の文章を読んで後の問いに答えなさい。

西洋Aハッショウの人類学の手法の特徴は、「文明の頂点にいる西洋人」の先進文明からみて、非西洋という「外部」「遠隔」にいる「異民族」「無文字社会」の習俗・習慣等を、観察し分析することにありました。従って「芸術」とは「民族芸術」を指し、今日ルーヴル美術館はじめ欧米の美術館にある西洋中心の美術作品以外の「非西洋の芸術」が考察の対象でした。西洋人類学の土台に「民族学《エスノロジー》」があり、人類学における芸術研究は「民族芸術」が対象でした。特定の「未開」文化集団の工作物を観察し、「原初の様式《プリミティヴ》」の中に、社会と芸術が対応するとみなされる発展過程や心性を発見しようとしたのです。

こうした人類学の背骨には、「アジア・アフリカ・オセアニア・南北アメリカ」へと進出した列強の「植民地帝国」の観念である、「未開の異境」への探査があったことはいうまでもありません。進化主義人類学のヘンリー・モーガン（一八一八―八一）はカナダ北太平洋沿岸先住民居住地に早期から親しみ、伝播《でんぱ》主義のフランツ・ボアズ（一八五八―一九四二）はドイツからアメリカに帰化して六〇〇点もの論文をものし、構造主義のレヴィ＝ストロース（一九〇八―二〇〇九）は新旧大陸のBオウカン者として南北アメリカをCショウリョウしました。これは彼らの個人的な開拓ではなく、西洋人類学の信念が「他者の地」へ足を踏み入れさせたのでした。しかしそこで彼らは装飾性豊かな仮面・神像・民具等の多様な美的工作物に出会います。

もうひとつ人類学史のスコープにおいて特記すべきは、歴史的に西洋の「文明の発展史観・進化主義」には「文化」と「文明」の概念に厳格な位階があり、現代でもそれが生きているということです。

「文化」を精神《こころ》の、「文明」を物質《もの》の所産として、どちらも人類・人間活動の成果として用いる日本人にとっては、想像を超える複雑な歴史がヨーロッパにはあり、特にイギリスやフランスでは「文明／シヴィライゼーション」は「文化／カルチャー」よりも高位の概念でしたし、現在もそうであることです。アメリカにおいて「文化人類学」と呼ばれている学問は、ヨーロッパではイギリス、フランスを主に「社会人類学」と呼ばれ、「文化」の語は用いられません。「国家や法律が存在し、階層秩序・文字・芸術が発達している社会」が「文明社会」と定義されますから、先住民の無文字社会には「文化」として神話や芸術があっても「文明」はないという概念です。

この二語の区別は、先住民へのまなざしだけに適応されたものではなく、ヨーロッパ内の民族・国家の発展に関わる要の術語であり、美術史学や文学をはじめ人文科学の文化概念もそれに関係してきたことは看過できません。

一九世紀、近代国家フランス、イギリスに大幅な遅れをとったドイツは、「文明」に対抗し、「文化」という言葉・概念を、国民の統一を図るキーワードとして用いました。ドイツの知識人にとって「文化」とは自民族・自国民の「言語・慣習・記憶・哲学・文学」を指し、「精神的・特殊的・伝統的なもの」を意味しました。「物質的・普遍主義的・革新的なもの」を指す「文明」に対抗する概念として用いたのです。

ゲルマン民族の国民国家構築のための文化称揚は、逆に英仏にとっては遅れた文明、途上の国と映りました。ですから人類学をリードするフランスの国立社会科学高等研究院の大学院課程では、現在でも「文化」の語を用いず、アメリカが用いた「文化人類学」は「社会人類学」と称され使い分けられています。また現代でもフランス社会では「文化」という言葉は、外国人移民とその子弟を「文化的他者」とみなす極右の主張にまで継承されているといいます。「文化」という言葉には「特殊的」で「排除すべきもの」というニュアンスがある。人類の先端文明、ヨーロッパ内にもそのような乖離《かいり》の歴史があり、「英仏」対「独」の対立構図は、列強間の牽制《けんせい》的外交と二〇世紀の大戦にまで繋《つな》がっていきました。

しかしここで浮上するのが先住民「文化」の宝庫、アメリカ(の人類学)です。「精神的なものの記憶、思索、その芸術的表現の総体」を意味する「文化」という概念は、ドイツ出身のフランツ・ボアズを介して合衆国に持ち込まれたといえます。ボアズはユダヤ系で、故郷 D ソウシツの「ディアスポラ」の文化を感性的に携え新天地アメリカに移住し、先住民の文化芸術に関する E チミツで情熱的な民族調査をしました。

ドイツの一八―一九世紀の芸術・思想には「文化《クルトゥア》」と重奏したキーワードとして「故郷《ハイマート》」という言葉があり、民族固有の故郷を絵画や文学で表象しました。アメリカという新天地で一八八〇年代、先駆者としてボアズが先住の人々の「土地《ラント》」に愛着をもって踏み入り、土地・親族・交換・成長……の根源の場を踏査しました。同じ人類学者でも、モーガン（『古代社会』一八七七年）が先住民イロクォイ族の共有地を分割しようとしたこととは対照的に、二人類学における「文化」「文明」観の重さを告げ知らせて来ます。

――鶴岡真弓「「芸術人類」の誕生――「根源からの思考」」

問い一　傍線**A**・**B**・**C**・**D**・**E**のカタカナで書かれた語句を漢字で書きなさい。

問い二　傍線**一**「西洋人類学の信念」とは何か、簡潔に答えなさい（三〇字以内）。

問い三　傍線**二**「人類学における「文化」「文明」観の重さ」とあるが、なぜ重いのか、簡潔に答えなさい（三〇字以内）。

問い四　筆者のいう、ヨーロッパの「文化」概念をまとめなさい（六〇字以内）。

【解答・解説】

出典　鶴岡真弓「『芸術人類』の誕生――『根源からの思考』」（鶴岡真弓編『芸術人類学講義』ちくま新書）

解答

問い一

A―発祥　B―往還　C―渉猟　D―喪失　E―緻密

問い二

西洋の目で未開を観察すれば人類の発展過程がわかるという思い。（三〇字以内）

問い三

文明、文化への価値観の相違が他文化への接し方に影響するから。（三〇字以内）

問い四

英仏を中心に物質的で革新的な文明が上位にあり、精神的、伝統的な面はあっても文明に届かない文化は特殊で下位にあると考える。（六〇字以内）

解説

文章展開

① 西洋発祥の人類学の特徴は「文明の頂点にいる西洋人」の先進文明からみて、「外部」「遠隔」にいる非西洋の「異民族」「無文字社会」の習俗・習慣等を観察し、分析することにあった。西洋人類学の土台に

「民族学」があり、「民族芸術」を対象に「未開」文化集団の工作物を観察し、「原初の様式」の中に社会と芸術の発展過程や心性を発見しようとした。こうした人類学の背景には列強の「植民地帝国」の観念である「未開の異境」への探査があった。

② もうひとつ人類学史において特記すべきは、西洋の「文明の発展史観・進化主義」には「文化」と「文明」の概念に厳格な位階があるということだ。特にイギリスやフランスにおいて、「文明」は「文化」よりも高位の概念であり、アメリカで「文化人類学」と呼ばれている学問は、ヨーロッパでは「社会人類学」と呼ばれ、先住民の無文字社会には「文化」としての神話や芸術があっても「文明」はないと考える。

③ この「文化」「文明」の区別はヨーロッパ内の民族・国家の発展に関わる要の術語であり、人文科学の文化概念も関係してきた。一九世紀、フランス、イギリスに遅れをとったドイツは、「物質的・普遍主義的・革新的」な「文明」に対抗し、自民族・自国民の「精神的・特殊的・伝統的なもの」を意味する「文化」という言葉・概念を国民の統一を図るキーワードとした。ゲルマン民族の文化称揚は英仏にとっては遅れた文明と映ったが、この対立構図は二〇世紀の大戦にまで繋がっていった。

④ ここで浮上するのが先住民「文化」の宝庫アメリカであり、「精神的なものの記憶、思索、その芸術的表現の総体」を意味する「文化」という概念は、ドイツ出身のフランツ・ボアズにより合衆国に持ち込まれ、彼は先住民の文化芸術に関する緻密で情熱的な民族調査を行った。それは進化主義人類学者のヘンリー・モーガンが先住民の共有地を分割しようとしたこととは対照的に、人類学における「文化」「文明」観の重さを知らせてくる。

問い二　**内容説明**

ヘンリー・モーガンやフランツ・ボアズ、レヴィ＝ストロースらが新大陸を探査したが、その背景には西洋列強の「未開の異境」への探査があり、彼らの個人的な開拓ではなく「西洋人類学の信念」がそうさせたというのが、傍線部の文脈。この「西洋人類学の信念」は文章展開①からわかるように、「文明の頂点にいる西洋人」が先進文明から未開の文化を観察、分析することによって、先進文明をつくりだした自分たち人類の発展の過程や心性を発見できるという「信念」のこと。この展開をまとめるが、三〇字という字数はかなり厳しい。西洋側から未開を観察し文明発展過程を知る、という展開をおさえることで「西洋人類学」の視点を説明できる。

この部分は「人類学」という学問が、西洋文明の立場から非西洋の他者の営為をみて、未開の文化から文明にまで発展する過程を発見しようという発想から生まれていることを説明している。つまり、西洋文明の「上からの目線」があることを示しており、この読み取りが後に続く西洋内の「位階」の理解に重要なものとなっている。

問い三　内容説明

傍線部は「人類学における」から引かれていることに注意が必要。人類学の「文化」「文明」観がなぜ重い意味をもつのかを説明する問題であり、「文化」「文明」観そのものの重さの理由を問われているのではない。文章展開②以降の展開を確認すると、人類学史で重要なのは、国家、法律が明確に定められ、階層秩序・文字・芸術が発達している社会が「文明社会」だという、先進近代国家イギリス、フランスの文明観。この見方からすると「文化」は「文明」以前の低位のものとしてとらえられる。それに対して、イギリス、フランスに大きく遅れをとったドイツは「文明」に対抗し、自民族・自国民の精神的・特殊的・伝統的な「文化」という言葉・概念を国民の統一を図るキーワードとしたが、この対立構図が二〇世紀の大戦につながったと筆者は説明している。この視点を背景にすると、ドイツ出身のボアズの人類学によるアメリカ先住民「文化」への視点と、モーガンの先住民への視点は大きく異なることが理解できる。このイギリス、フランスの文明優位を背景にするか、ドイツの文化観を背景にするかで人類学としての視点が大きく異なり、さらに他文化をもつ先住民への対応にも影響したということを説明したい。ただ字数が非常に厳しいので、文明、文化への見方が他の民族への視線を大きく左右し、先住民への接し方が異なったという内容でまとめるとよい。

問い四 内容説明

筆者の考えるヨーロッパの「文化」概念を文章全体から読み取り、答える問題。特に文章展開②でわかるように、「文化」はヨーロッパでは「文明」との対置としてとらえられ、位階が存在していた。文章展開③では、イギリス、フランスとドイツとの相違が示される。先進文明を自負する英仏は、「文明」が上位にあり、「文化」を下位にあるものとして峻別する。それに対してドイツは、「文明」として遅れたため、「物質的・普遍主義的・革新的」な「文明」に対抗する概念として「文化」をとらえ、「精神的・特殊的・伝統的」な自民族・自国民の言語・慣習・文学などの文化を称揚する。このイギリス・フランス対ドイツの文化観を説明するが、六〇字では両者の対立まで説明するのはなかなか難しい。先進的物質文明を上位として、精神的文化は下位とみなされるという内容を基本に据え、そこに英仏と独の文化に対するとらえ方の相違を付け加えながらまとめるのが妥当だと思われる。

参考

鶴岡真弓（一九五二〜）は芸術文明史家でケルト芸術文化、およびユーロ＝アジア装飾デザイン交流史研究者。多摩美術大学芸術人類学研究所所長、多摩美術大学名誉教授。早稲田大学大学院修了後、アイルランド、ダブリン大学トリニティ・カレッジ留学。著書に『ケルト／装飾的思考』『ケルト美術』（ちくま学芸文庫）、『阿修羅のジュエリー』（イースト・プレス）など多数。NHKテレビ「チコちゃんに叱られる」などにも出演。

二〇二〇年度

一

次の文章を読んで後の問いに答えなさい。

　感情労働の一番辛いところは、情動を強いられることであろう。嬉《うれ》しくないのに、嬉しそうにしなくてはならない。ちっともAソンケイしていないのに、心からソンケイしているように見せなければならない。すごい人だと感じないのに、褒めそやさなければならない。感情労働に従事する人は、自然に湧いてくる自分の情動を抑えて、その場で求められる情動を無理に抱かなければならない。あるいは、少なくとも、そのような情動を抱いているかのように見せなくてはならない。それはたしかに辛いことである。

　では、なぜ感情労働においては、自然な情動を抑えて、不自然な情動を示さなくてはならないのだろうか。なぜそのような情動の管理が要求されるのだろうか。それはもちろん、情動の管理が雇用者の利益につながり、ひいては従業員の利益につながるからである。店員が無愛想な顔をしていれば、店に客が寄ってこない。店の売り上げが下がり、店員の給料も下がる。店員は解雇されるか、店がつぶれて失業する。そうなるのが眼に見えている。だから、いやいやでも、店員は客に笑顔を示さなければならない。店主も、店がつぶれては困るから、店員に笑顔を見せることを要求する。新米の店員には、どんな状況でも笑顔を絶やさないように訓練しさえする。こうして雇用者と従業員の利益のために、情動の管理が要求され、不自然な情動が求められるのである。

　では、利益のために求められる情動が強いられたものでなく、ごく自然なものになれば、それでよいのだろうか。仕事に慣れてくれば、理不尽な要求をしてくる客であっても、仕事だと思って自然に笑顔で応対できるようになってくるだろう。仕事でなければ、当然、理不尽な要求をしてくる人には怒りを覚えるが、仕事であれば、とくに怒りを感じることもなく、笑顔を見せることができる。つまり、仕事かどうかで、切り替えができるのだ。仕事であれば、ア仕事人モードになるようにし、そうでなければ、常人モードになる。いや、それどころか、さらに慣れてくると、強いて切り替えることさえ必要なくなる。仕事になれば、おのずと仕事人モードになるのだ。このように雇い主と自分の利益のために要求される情動が何の強制も感じず、まったく自然なものになれば、そのような情動を抱くことがけっして辛いことではなくなるだろう。おのずと湧き上がる情動に身をまかせ、おのずとその情動を顔に出せばよい。何も辛いことはない。

　しかし、辛いことでなくなりさえすれば、それでよいのだろうか。感情労働で求められる情動がとくに苦痛を感じずに自然に抱けるようになれば、それで問題はなくなるのだろうか。そうではなく、たとえそうなったとしても、イそのような情動を抱くことには何か根本的な問題があるように思われる。感情労働において問題になるのは、たんにある種の情動を強いられるということではなく、強いられようと強いられまいと、そのような情動を抱くことそれ自体が問題なのではないだろうか。情動を強いられるということが問題の本質でないことを、医師の感情労働にそくして見ておこう。

　今日では、接客業に従事する人たちだけではなく、医師もまた、BセイショクシャC や教師などとならんで、感情労働に従事する人とみなされる。今日の医師は、かつての医師がそうであったかもしれないように、患者が言うことを聞かなければ、ただ叱りとばしていればよい、というわけではない。患者の言うことにCシンシに耳を傾け、病状をわかりやすく説明したり、患者の納得のいく治療方針を示したりしなければならない。たとえ患者が無茶な要求をしてきても、けっして怒ったりせず、その要求が理に適《かな》っていないことをDテイネイに説明し、患者に納得してもらわなければならない。接客業の従事者と同じく、医師も情動の管理を求められ、ときに不自然な情動を強いられる。今日では、医師の仕事もサービス業になったのである。

　しかし、医師の仕事を本当に接客業と同じサービス業とみなしてよいのだろうか。患者は客なのだろうか。医師の仕事と接客業のあいだには重要な違いがあるように思われる。たしかに医師にも、自然な情動を抑えて、求められる情動を示さなければならない場合がある。「飲みたいだけお酒を飲んでも、糖尿病が悪くならないように、先生、何とかならないでしょうか」と患者が言っても、「何を言っているのですか」と頭にきて叱りとばすのではなく、患者に共感を示しつつ、その要求を満たすことがいかに不可能かを納得させてあげなければならない。しかし、それはたんに、そうしなければ、患者が自分のところに来なくなってしまって、収入の道を閉ざされるからではない。むしろ、病のために好きなお酒を制限しなくてはならない患者の苦境に深い共感を示すことが、患者を治療する医師にとってまさになすべきことだからである。ここでは、たとえ強いられたものであれ、共感を抱くことがまさになすべきことであり、それゆえ適切なことなのである。

そうだとすれば、無理やりではなく自然に共感を抱けるようになれば、もう何も言うことはないだろう。医師が自然に共感を示すことができず、むしろ怒りを抑えて、無理やり共感を示さなければならないとすれば、それはその医師がまだ十分一人前の医師になりきれていないからである。たしかに怒りにまかせて叱りとばすよりはよほどましであるが、自然に共感を抱くことができないというのは、医師としてまだ修行が足りない。**E**リッパな医師であれば、おのずと共感が湧いてくるはずだ。そして自然に共感を抱けるようになれば、それでもう何も問題はない。最初のうちは、おのずと湧き起こってくる怒りを抑えて、無理に共感を示さなければならなかったとしても、やがて自然に共感が湧いてくるようになれば、それですべてよしである。そのとき、医師はまさに自分が抱くべき共感を自然に抱いているのである。

それにたいして、接客業の場合には、不当な要求をしてくる客にたいして笑顔で応対するのは不適切である。そのような客には、たとえ客であっても、毅然《きぜん》とした態度で怒りを示さなければならない。不当なことには怒りで応答すべきである。不当なことに喜びで、あるいはその演技で応答してはならない。不当なことには、それに相応《ふさわ》しい情動で応答しなくてはならないのだ。医師の場合には、理不尽な要求をする患者にも共感を抱くことが、状況に相応しい情動であった。しかし、接客業の場合には、理不尽な要求をする客に喜びを抱くことは、状況に相応しい情動でない。それは不適切な情動である。そのような不適切な情動を抱かなければならないからこそ、**ウ**接客業は感情労働なのである。

——信原幸弘『情動の哲学入門　価値・道徳・生きる意味』

問い一　傍線**A**・**B**・**C**・**D**・**E**のカタカナで書かれた語句を漢字で書きなさい。

問い二　傍線**ア**「仕事人モード」とあるが、それはどのような状態か、説明しなさい（三〇字以内）。

問い三　傍線**イ**「そのような情動を抱くことには何か根本的な問題があるように思われる。」とあるが、「根本的な問題」とはどのようなことか。文章全体をふまえて答えなさい（三〇字以内）。

問い四　傍線**ウ**「接客業は感情労働なのである。」とあるが、筆者は少し後の段落で、医師の仕事が感情労働ではないように、「接客業もまた、本来は感情労働ではないのである。」と述べている。なぜそのように言えるのか、文章全体およびこの後に予想される論理展開をふまえて説明しなさい（五〇字以内）。

【解答・解説】

出典　信原幸弘『情動の哲学入門　価値・道徳・生きる意味』〈第7章　感情労働〉（勁草書房）

解答

問い一
A―尊敬　B―聖職者　C―真摯　D―丁寧　E―立派

問い二
利益のために必要な情動が、仕事として自然に表現可能な状態。（三〇字以内）

問い三
感情労働では、状況に相応しくない情動が必要になるということ。（三〇字以内）

問い四
接客業は利益のみを目的とせず、サービスで客を満足させる仕事で、共感を示すことは適切な情動であるから。（五〇字以内）

解説

文章展開

① 感情労働では自分の情動を抑えて、その場で求められる情動を無理に抱くという不自然な情動が求められるが、それは情動の管理が雇用者と従業員の利益につながるからである。慣れてくると、理不尽な要求

をしてくる客であっても、仕事かどうかで切り替えて笑顔を見せることができる「仕事人モード」になり、さらに慣れてくると自分の利益のために要求される情動が何の強制も感じず、自然なものになり辛くなくなる。

② しかし、感情労働で求められる情動が自然に抱けるようになれば問題がなくなるのではなく、強いられようと強いられまいと、感情労働で求められる自然ではない情動を抱くこと自体が問題なのである。

③ 今日では医師も感情労働に従事するとみなされ、患者の言うことに耳を傾け、説明し納得してもらうサービス業になったが、医師と接客業の間には重要な違いがある。医師は患者に共感を示しつつ、患者の要求を満たすことがいかに不可能かを納得させる必要があるが、それは自分の収入の問題ではなく、患者の苦境に深い共感を示すことが患者を治療する医師にとってなすべきことだからだ。医師として自然に共感が湧いてくるようになればそれでよしである。

④ それにたいして接客業は、不当な要求をする客に笑顔で応対するのは不適切であり、不当なことには怒りで応答すべきである。医師の場合は患者に共感を抱くことが状況に相応しい情動であったが、接客業の場合は理不尽な要求をする客に喜びを抱くことは状況に相応しくない不適切な情動であり、そのような不適切な情動を抱かなければならないからこそ、接客業は感情労働なのである。

問い一　**漢字の書き取り**

Aについて「問題三の文中にその正解があったために、書き取り能力を正確にはかれなかった。したがって全員に同一の点を与えることとする」という大学の発表があった。

問い二　**内容説明**

文章展開 ①から、「仕事人モード」は、仕事かどうかで切り替えて、たとえ理不尽な要求であっても仕事上の利益のために情動の管理ができて、自然に笑顔で応対できるようになること。「仕事人モード」の状態を説明する問題であるので、仕事であれば情動の管理が自然と行われ、雇い主と自分の利益のために要求される情動が自然と表せるような状態を説明する。かなり字数が厳しいので、仕事であれば利益のための情動が自然に表せるという内容をまとめたい。

問い三　**内容説明**

文章展開から文章全体を俯瞰すると、傍線部のある**文章展開**②は筆者の主張をとらえる重要な部分。そこに傍線が引かれ、感情労働の「根本的な問題」がどのようなことかを答える問題。傍線部にある「そのような情動」は直前の文脈から、感情労働で求められる情動のこと。その情動が仕事だからという理由で苦痛を感じずに抱けるようになったとしても、感情労働での情動自体に「根本的な問題」があるというのがここの文脈。この文章で言われる「感情労働」の読み取りが必要で、**文章展開**①の部分にある「自然に湧いてくる自分の情動を抑えて、その場で求められる情動を無理に抱かなければならない」労働である。その根本的な問題は、**文章展開**④にあるように、理不尽な要求をする客に喜びを抱くことは、状況に相応しい情動ではないことであろう。つまり、感情労働ではその場の状況に相応しくない情動を示さなければならないことが「根本的な問題」だと読み取れるだろう。

問い四　**論理展開の読み取り・考察**

出題部分の後の展開を、出題部分をもとに想定して記述する問題。二〇一八年度に同じ形式の問題が出題された。自分で自由に考えて書くのではなく、出題部分の文章全体およびこの後に予想される論理展開をふまえて説明するという点に注意する。傍線部に対して、医師の仕事が感情労働ではないように、「接客業もまた、本来は感情労働ではない」と言える理由を記述する。ここで「医師の仕事が感情労働ではない」と言っているが、医師がどのような意味で感情労働でないかを本文から読み取るのが第一のポイント。本文では、「病のために好きなお酒を制限しなくてはならない患者の苦境に深い共感を示すことが、患者を治療する医師にとってまさになすべきこと」とある。つまり、医師として患者への共感を示すことは、状況に相応しい情動であり、共感を自然に抱くことができれば、問い三で確認した通り、「感情労働ではない」と読み取れる。この点をふまえて、接客業が感情労働ではないと言える理由を論理的に考えるというのが第二のポイント。患者は苦境を助けてもらいに医師を訪れ、その患者の苦境に共感するのが医師であるという説明から、客は店にサービスを求めてやってくるのであり、その客の要求に応じるのが接客業のあるべき姿だと考えられるだろう。その客を満足させるのが笑顔であるならば、客の要求に共感して笑顔で返すことこそが接客業の「状況に相応しい情動」で「感情労働ではない」という論理が成り立つ。説明する字数が五〇字と、それほど多くはないので、接客業がサービスを提供する以上、サービスを求める客に共感を示すことが相応しい情動であるから、という展開で説明する。

参考　信原幸弘（一九五四〜）は東京大学名誉教授。専門分野は科学哲学、分析哲学。主な著書に『意識の哲学』『情動の哲学入門』などがある。

二〇一九年度

一

次の文章を読んで後の問いに答えなさい。

私は、この評論集に「人間、この非人間的なもの」という、一見、矛盾にみちた表題をえらびました。ずいぶんと、私がへそまがりだと思われるでしょう。たしかに、私はへそまがりです。それが、こんな題をえらばせたのです。

人間は人間的である、という常識に対して、人間は非人間的ではないのか、という反問を向けたのは、正直に申して、私のへそまがり的Aショウドウによるものだということを、認めねばなりますまい。しかし、へそまがり的直観にも、それなりの意味はあるのです。

人間は人間的であるという主張は、なんのへんてつもないものです。あたりまえです。そう、あなたは思いますか。じゃあ、どうして、あたりまえなのですか。

人間的という言葉は、本来は人間に関するとか、人間に属するという意味ですから、人間に受身的に従属している言葉であるはずです。そして、その本来の意味では、人間が人間的でないのが不思議なくらいです。人間が変化すれば、人間的という言葉の持つ意味も無限にふくらんでいくわけで、たとえば、これでも人間なのかという人間ばなれした人間が現われ、それでも彼が人間だということになれば、彼のやることも人間的だといわなければなりますまい。そこで、はじめて「人間は、どんな場合でも、人間的である」という主張は、なりたつのです。

でも、あなたは、人間的という言葉を、日頃、そのように、非限定的に使っておられるでしょうか。

人間的という言葉に、あなたはもっとBリンカクのはっきりした、限定的なイメージを与えているのではないでしょうか。そこから、問題がおこるのです。

むかし、リンゴは赤いとソウバがきまっていました。だから、リンゴのほっぺたといえば、それは真っ赤なほっぺたを意味したのです。リンゴのほっぺたといわれて、あなたは、うらなりのひょうたんのような、あおぶくれたほっぺたを考えられますか。否、断じて否です。ところで、あなたが、今、くだもの店の前に立って、そこに積まれたリンゴを見たらどうでしょう。そこに、リンゴは、赤いほっぺたのような色をして並んでいるでしょうか。黄色いリンゴ、あおいリンゴなどが、はばをきかしているにちがいありません。つまり、リンゴがリンゴ色をしていないのです。それと同じようなことが、バラとバラ色についてもいえるでしょう。最近のバラは、バラ色のものが少なくなりました。リンゴ色も、バラ色も、出発点では、リンゴとバラに結びついていました。しかし、リンゴとバラの変化に、リンゴ色もバラ色も追いつけません。そして、それらは、バラからもリンゴからも、切り離されてしまったのです。

同じように、人間的という言葉は、もはや人間とは切り離されてしまっており、人間とは無縁なものです。リンゴが、リンゴ色をしていると言えなくなったように、人間は人間的であるとは限らない。いいかえれば、現代の人間は、非人間的であるといえます。「人間、この非人間的なもの」という主張は、こうして、一見矛盾にみちているようで、決して矛盾していないことが、おわかりでしょう。

私に、人間とは何かを問いかけさせたものは、テレンチウスの、ニヒル・フマニ・ア・メ・アリエヌム・プトーという言葉でした。アデルフォス(兄弟)という芝居の中で、彼は、奴隷にそういわせています。私は、ラテン語を習っていた頃、辞書を片手に読みながら、その言葉にめぐりあったのです。今では、ラテン語の方はほとんど頭から出て行きましたが、その言葉だけは、残っています。ニヒルはニヒリズムという語を生んだ「なにもない」という意味です。フマニはヒューマニズムという言葉を生んだ「人間に関する」を意味する語です。ア・メは「私にとって」で、アリエヌムは「関心をひかぬ」とでも訳せましょうか。プトーは、「思う」ということです。つまり「人間的なことで、私の関心をひかぬものは、なにもないと思う」というのです。その芝居は、ローマ人のタイハイした生活の一面をえがいた喜劇ですが、その言葉には善悪を越えて、人間のやることは何でも人間的であるとし、それに無限に関心をはらい続ける姿勢が感じとられました。人間のやることに、人間的でないものは、悪をふくめて、なにもない。だから人間を知りつくすこと以外に、ア自分を人間であることから解放するものはないことを、私は教えられたのでした。その時まで、私の頭の中には、どちらかといえば、人間を善悪の此岸《しがん》に立たせようとしたところから出発した、センチメンタルなヒューマニズムしかありませんでした。私の人間は、そこで、善悪のひもで、がんじがらめにされて立っていたのです。私はテレンチウスに、一撃をくらわされて、目玉がとびだした感じでした。人間は、人間的という言葉に呪縛《じゅばく》されてはならない。人間の悪を非人間的と呼んで、人間から切り離し、自分を人間的と呼んで、それとは無縁なものと見なしてはならない。私は、そう思った。人間は、人間的という言葉の外縁を、無限に拡《ひろ》げつつあるのです。人間は、人間的という言葉の主人である。人間は、そのものが未完です。私が関心を持っている人間は完結していない。それですから、人間的という言葉の意味の境界も、閉じられていません。しかも、人間が完結した時、つまり滅亡した時、それを認識する人間も残っていないわけですから、イ人間とは何か、人間的とは何か、という問に、限定的な答をあたえることは不能です。私たちに可能なことは、限りなく問い続けることですし、それに答えることは、新しい問を準備するためでしかありません。

人間的とよばれるものは、私たちを呪縛するためにあるのではなく、私たちが、人間の認識を高めるためにだけあるのです。私は、そのことに気付きながら、人間が、それまで、事物に対応するEフチョウにすぎぬ言葉に、思想を従属させていたことを感じたのでした。事物に対応するフチョウである言葉の奥にある、事物そのものを見ようとすることが、どれだけ困難であることか。私たちは、とかく、言葉で事物について語ってしまい、事物に語らせることができないでいるのです。人間的に、人間を語ることはしても、人間に人間的なものを語らせることが、できないのです。ベルグソンは、

「私の著書では、悪という言葉を用いなかった」

といいましたが、彼が簡単にいってのけたことをまねるのが、どれだけ困難なことか。私は、今でもつくづくと感じています。しかし、それこそが、人間とは何かを問いかける姿勢なのです。

人間、この非人間的なもの、と私がいうのは、人間をして語らしめれば、私たちが人間的と呼んでいたものを越えて、非人間的と呼んでいたものを語りはじめるであろうことを予告したいからに、ほかなりません。

私が、人間が非人間的だというのは、私たちの人間的という考えが、あまりにもせまく、制限されているものですから、人間のやることは、何でもその枠からとび出さざるをえないという意味です。しかし、問題は、非人間的というのは、単に人間的でないという、人間的なものを消極的に否定する以上の意味を持ちはじめてしまうことです。非人間的だ、とうっかりいえば、それは非難の言葉、攻撃の言葉と受けとめられざるをえない。それが、人間の姿をありのままに見つめることを困難にさせます。なにしろ、人間であることには、価値はなくとも、人間的であるということには、価値が含まれているのですから。

——なだいなだ『人間、この非人間的なもの』

問い一　傍線**A**・**B**・**C**・**D**・**E**のカタカナで書かれた語句を漢字で書きなさい。

問い二　傍線**ア**「自分を人間であることから解放する」とはどういうことか。説明しなさい（三〇字以内）。

問い三　傍線**イ**「人間とは何か、人間的とは何か、という問に、限定的な答をあたえることは不能です。私たちに可能なことは、限りなく問い続けることですし、それに答えることは、新しい問を準備するためでしかありません。」とあるが、それはなぜか、答えなさい（三〇字以内）。

問い四　筆者は「人間、この非人間的なもの」という表現を通して何がいいたかったのか、全体をふまえて答えなさい（五〇字以内）。

【解答・解説】

出典　などいなだ『人間、この非人間的なもの』〈それでも私は人間〉（ちくま文庫）

解答

問い一

A―衝動　B―輪郭（輪廓）　C―相場　D―退廃（頽廃）　E―符丁（符牒）

問い二

善悪など既存の価値から離れた人間像により、自己を見直すこと。（三〇字以内）

問い三

人間は変化しながら、自己のあり方を拡大し続けているから。（三〇字以内）

問い四

人間は変化しているので、既存の人間を越えた「非人間的」な人間のあり方を問い続けるべきだということ。（五〇字以内）

解説

文章展開

① 人間は人間的であるという主張はあたりまえだろうか。人間的という言葉は、人間に受身的に従属しているので、人間が変化すれば人間的の意味も無限にふくらんでいくはずである。仮に、どんなに人間ばな

れした人間が現れても「人間的だ」といえる場合、はじめて人間は人間的であるという主張はなりたつ。

② しかし、一般に人間的という言葉には限定的なイメージがある。そのため、赤色以外のリンゴが出て、リンゴがリンゴ色だと言えなくなったように、人間的という言葉は人間から切り離されてしまっており、現代の人間は人間的とは限らず非人間的であるといえる。

③ 私が、人間とは何かと問いかけたきっかけは、テレンチウスの喜劇にある「人間的なことで、私の関心をひかぬものは、なにもないと思う」という言葉である。善悪を越えて人間のやることは何でも人間的だとして関心をはらい続ける姿勢から、この問に限定的な答をあたえることは不能であり、限りなく問い続ける必要を感じた。

④ 人間的とよばれるものは人間の認識を高めるためだけにあるが、言葉で事物について語ってしまい、事物に語らせることができない私たちは、人間という事物によって人間的とは何かを語ることが困難なことだと感じた。しかし、ベルグソンが著書で悪という言葉を用いなかったように、悪を人間から切り離さないことこそが、人間とは何かを問いかける姿勢だ。

⑤ 人間が非人間的だというのは、人間的という制限された枠から人間のやることはとび出さざるをえないという意味であり、人間を否定し非難するものではない。

問い二 内容説明

傍線部での「人間」が何を意味するかを読み取ることがまず重要だ。筆者は、人間は無限に変化し続けるので、「人間、この非人間的なもの」と表題をつけて、既存の「人間的」姿では捉えきれない人間を「非人間的」なものとして捉えなおそうとしている。その発想に導いたのが、傍線部の形式段落にあるテレンチウスの考え方である。「善悪」という既存の「センチメンタルなヒューマニズム」の価値判断にとらわれていた筆者は、「人間は、人間的という言葉に呪縛されてはならない」と気付く。この展開から、傍線部の「人間」は既存の価値判断による人間のことであると読み取ることができる。そこから「自分を」「解放する」と述べられているので、善悪などの既存の価値から自分を解放する、つまり、新しい人間像を自分で見つけるのだという意志を表明している部分だと読み取ることができるだろう。

問い三　**理由説明**

「人間とは何か、人間的とは何か、という問に、限定的な答えを与えることは不能」で、「限りなく問い続けること」しかできない理由を読み取り記述する問題。**文章展開**①にある通り、人間が変化すれば人間的という言葉の意味も無限にふくらんでいくというのが筆者の発想である。「人間的」に、善悪をわきまえた人、優しく感情豊かな人、などの「限定的なイメージ」を付与することで、そこから外れてしまう人を「非人間的」と判断するが、**文章展開**②にあるように、現代の人間は過去の人間から大きく変化しており、その意味で「非人間的」だと筆者は述べている。つまり、人間は人間という存在が続く限り「未完」であり、変容し続けるため、「人間とはこういうものだ」と限定的に答えることはできない。だから絶えず問いかけ、それに答えて新しい問への準備をするわけである。この読み取りを三〇字以内でまとめるが、字数がかなり少ないため、人間が変容し続けるからという理由を明示したい。

問い四　**主旨**

冒頭の「人間、この非人間的なもの」という表現を通して筆者が何をいいたかったかという、主旨を問う問題。全体をふまえてという条件があり、この文章全体の展開に留意した解答の組み立てが必要である。この文章での筆者の主張は、問い三にも関連するが、人間とは何か、人間的とは何かということを限りなく問い続け、人間の認識を高めるということ。「人間をして語らしめれば、私たちが人間的と呼んでいたものを越えて、非人間的と呼んでいたものを語りはじめる」（最終二つ目の段落）とあるように、人間を限りなく問い続けることで、従来人間的と認識していたものを越えた、新しい人間のあり方、筆者の言う「非人間的なもの」が見えてくると述べている。この主張に至る道筋が、人間が絶えず変化しているため既存の「人間的」は絶えず更新されなければならないという考え方。そこで、既存の枠組みを越えた人間の姿を「非人間的」と呼んでいる。つまり、「人間、この非人間的なもの」という表現を通して、人間とは何かという問いかけを続け、変化し続ける「非人間」がどのようなありようであるかを追求すべきだというのが、この文章によって筆者が主張したかったことだといえるだろう。

ここで注意しなければならないのは、文章展開⑤の扱いである。筆者がいう「非人間的」は、人間性を欠いたとして否定されるような、一般的にイメージされる非人間的ではないということである。つまり、最終段落は筆者の主旨に対する補足説明であり、ここが重要ではない点に留意する必要がある。

参考 なだいなだ（一九二九〜二〇一三）は精神科医、作家、評論家。慶應義塾大学医学部を卒業し精神科医となり、アルコール依存症の研究の先駆者として知られる。作家としてもユーモアあふれる語り口で活躍した。晩年には、インターネット上にお年寄りの知恵を生かした国を目指す仮想政党「老人党」を立ち上げ、人間の心を見つめ社会への問いかけを続けた。著書に『パパのおくりもの』『娘の学校』『お医者さん』『権威と権力』など。

二〇一八年度

一 次の文章を読んで後の問いに答えなさい。

近代化の帰結として生じてきたリスクには、それ特有の困難な問題がある。原子力発電所や環境破壊の問題でも顕著にみられると思うが、これらのリスクを、わたしたちが直接知覚するのは非常に困難である、という問題である。例えば、地球温暖化というリスクの場合、それを直接肌で感じる以前に、実際に計測された地球の平均気温をみることによって、認識するようになったのではないだろうか。あるいは、原子力発電所における放射能漏れという問題にしても、わたしたちは漏れている放射能を直接見ることはないであろう。それゆえにウルリッヒ・ベックは「リスクをリスクとして「視覚化」し認識するためには、理論、実験、測定器具などの科学的な「知覚器官」が必要である」という。あるいはつぎのようにもいう。

個人的あるいは社会的な悲惨さというのは直接体験される。それに対し、文明によるリスクは捉えどころがなく、科学という知識の中で初めて意識され、第一次的経験とは直接関わりをもたない。

したがって、リスクは、科学的知識によって意識されてはじめてリスクとして存在するようになるのである。

さらにいうなら、環境問題においてたびたび指摘されることではあるが、この近代化に伴うリスクは、因果関係が遠く離れているので、「本質的に知覚を通しては推定できない」のである。

リスクはわたしたちによって直接的に経験できず、むしろ科学によって可視化されるとするなら、科学はこの社会の中でこれまで以上に権威をもつことになるように思われるが、それはただ科学への信仰が強化されるだけではない。それに関わるのが、「再帰的近代化」という事態である。ベックはつぎのように述べている。

再帰的近代化は、工業社会の一つの時代全体の、創造的破壊の可能性を意味している。この創造的破壊の主因は、革命でも、恐慌でもなく、西側社会の近代化の勝利である。

再帰的近代化が単純な近代化と異なるのは、後者が産業化や工業化の過程であったのに対し、前者の再帰的近代化は、近代が産み出した成果そのものが、自らを破壊し、あるいはそれを産業化する過程であるといえる。例えば環境破壊を考えてみよう。環境破壊の大きな原因の一つとして考えられるのは、人間の活動の自然への影響が、自然の自己再生能力を大きく上回ってしまったことに求められる。例えば森林の減少は、樹木の再生能力を上回るほどに人間がそれらを伐《き》り取ってしまったところに生じるであろうし、魚の乱獲は、乱獲された魚種の減少を招くことになるだろうし、それでも充《み》たされない人間の欲求は、魚をヨウショクすることへと向かい、そのヨウショクによって多くの環境破壊が引き起こされることになる。これらは、人間の自然に与えるインパクトが大きくなければ、つまり自然の自己再生能力内であれば問題にはならない。問題は大きな力を手に入れた人間のほうにあるだろうし、その力の使い道にあるといえる。この力とは、科学によって裏打ちされた技術である。この科学技術はまた、例えば原子力発電所の建設を可能にし、その事故によっても多くの環境被害が引き起こされている。このように近代という時代によって産み出された成果が、自らを破壊していく過程が再帰的近代化である。

しかしその破壊が「創造的」であるのは、ただたんに破壊するだけではなく、むしろあらたな成果を産み出しつつ破壊するところにある。例えば地球温暖化は、排出量取引というあらたな市場を産み出しつつあり、政府や企業の大きな注目を集めている。このように世界を産業化し尽くしたあとに、自ら自身を産業化する過程こそが再帰的近代化であり、それは確かに単純な近代化と同じではないにしても、それとまったく異なった種類のものであるわけでもない。

この再帰的近代化という過程は、産業社会を下支えしている科学自身においても生じている。ベックは科学の発展段階を単純な科学化の段階と再帰的な科学化の段階とに区分している。単純な科学化の段階において、「科学の応用は、既成の世界、すなわち自然と人間と社会に対してまず始められる」ことになるが、これはいまだ科学化されていないものを科学化していく過程であるといえる。ところが再帰的な段階においては、「科学は自らの生み出したものそのもの、自らのBケッカンそして科学が生み出す結果として発生する諸問題と対決」することになる。例えば一九六〇年代後半に始まった緑の革命を考えてみれば、このことを容易に認めることができるのではないだろうか。

「緑の革命」は第三世界の農業を科学にもとづいて変革することにつけられた名称」である。その代表的な成功例としてあげられるのがインドのパンジャブ州であったが、いま現在、それが成功であったかどうかには疑問が投げかけられている。緑の革命は、第三世界の開発のため、そして増加する人口の食料をCマカナうためにとられた戦略である。その戦略の中心には、従来の種子にかえて、品種改良された高収量品種の種子を育てることがある。この高収量品種は、一九七〇年にノーベル平和賞を受けたノーマン・ボーローグによって開発された品種である。しかしこの高収量品種は、何もせずに従来よりも多くの収穫を産み出すわけではなく、むしろ大量の水と大量の化学肥料を必要とするものであった。このような科学的農業は、まず栽培に用いる種子と化学肥料や化学農薬を企業から購入する必要がある。そのことによって、農業は、その土地の農民自身の手から、企業の手に移ってしまったといってもよいであろう。またこのような農法は土地に与えるインパクトがきわめて大きく、例えば大量の地下水が汲み上げられることによって塩害の被害を出してしまうことになった。そしてひとたび塩害が生じた土地は、そのままでは植物を育てるには適さない土地になってしまう。

> 緑の革命の技術は、肥料、殺虫剤、種子、水、エネルギーの巨大な投資が必要である。集約的農業は深刻な土地破壊をまねき、新しい形の欠乏と脆弱性《ぜいじゃくせい》を生み出し、資源利用のあらたな非能率を招いた。土地や水などの自然の恵みの限界を超越するどころか、緑の革命は土地、水資源、作物の多様性を浪費することによって、農業にあらたな制約を持ち込んだ。

緑の革命においては、農法のみが変化したわけではない。むしろ方法が変化することにつれて生じた、農業における知のあり方そのものが変化したことが大きな意味をもっているように思われる。「一万年にわたって、農民や小農民は自分たちの土地で自分たちの種子を作り、最良の種子を選び、それらを保管して、再び植えて、生命の更新や[D]ヒヨク化を自然の歩みに任せてきた」のである。確かに多かれ少なかれ、農業技術は変化し、自然に対して負荷をかけ続けてきたのだが、しかしそれはいまだ自然の歩みを、さらにはそこで農業を営む農民の伝統的な生活の営みを逸脱するものではなかった。しかし、緑の革命は、まずは農業を科学化し、そしてその成果を「特許や知的遺産で保護される私的財産」に変えたのである。緑の革命以前の農業が、その土地の環境という文脈に即したものであったとするなら、単一栽培による大量生産を目指した緑の革命の農業は、科学に依拠して産業化され、脱文脈化された農業であったといえるだろう。

科学的知識はそれ自身の状況を脱文脈化しようとする傾向がある。この脱文脈化の過程を通じて、科学が自然や社会に及ぼすマイナスの破壊的影響は[ニ]外部化され、見えなくなる。

あるいは自然環境という文脈ではなく、産業社会という文脈に組み込まれたともいえるかもしれない。

種子が土着の品種から緑の革命の種子に移行することによって、農民が支配する農業システムから、農薬会社や種子会社、国際農業研究センターが支配する農業システムへと変化した。

この緑の革命は、近代化の第一段階と考えられる。すなわち、いまだ科学化・産業化されていなかった農業に科学の手がつけられ、それがさらに産業化されていったのだ。しかし、この革命が十分に成功を収めなかっただけでなく、環境破壊やさらなる貧富の格差の拡大を産み出したという事態にいたって、批判の[E]ホコサキは、いまだ十分に近代化されていない農業にではなく、むしろ近代化を推し進めた科学のほうに向けられることになった。すなわち、この段階にいたって、科学は自らが産み出した環境破壊というリスクのみならず、この革命の基盤となっている科学自身に目を向けなくてはならなくなったのであり、再帰的近代化の段階にいたるのである。

――紀平知樹「知識の委譲とリスク社会」

問い一　傍線A・B……Eのカタカナで書かれた語句を漢字で書きなさい。

問い二　傍線一「それは確かに単純な近代化と同じではないにしても、それとまったく異なった種類のものであるわけでもない。」とあるが、これはどういうことか。文章全体をふまえて答えなさい（九〇字以内）。

問い三　傍線二「外部化」とはどういうことか、答えなさい（一五字以内）。

問い四　筆者はこの文章の後で科学が「ある種の政治的な力」を持つことに言及している。科学が「政治的な力」を持つのはなぜか、文章の内容から論理的に推定しなさい（六〇字以内）。

【解答・解説】

出典　紀平知樹「知識の委譲とリスク社会」（『岩波講座　哲学04』岩波書店）

解答

問い一

A―養殖　B―欠陥　C―賄　D―肥沃　E―矛先（鉾先）

問い二

再帰的近代化は、産業化や工業化による近代の成果を自ら破壊しつつ、新たな産業を見出すという点で既存の近代化とは異なるが、科学を背景とした産業化という点で同次元のものであるということ。（九〇字以内）

問い三

直接関係のないものとすること。（一五字以内）

問い四

再帰的近代化に到達した産業化による影響は科学でしか判断できないため、人間は科学に頼るしかなく、科学の発言力が強まるから。（六〇字以内）

解説

文章展開

① 近代化により生じたリスクを直接知覚するのは非常に困難だ。地球温暖化や放射能漏れのように、理論、

実験、測定器具などによる科学的知識によってはじめてリスクとして存在し、知覚を通しては推定できないからだ。

② リスクが科学により可視化されるならば科学の権威は高まるように思われるが、科学への信仰が強化されるだけでなく、「再帰的近代化」という事態によって別の側面があらわれる。「再帰的近代化」は、近代の成果そのものが近代自らを破壊し産業化する過程だ。環境破壊では、科学技術が環境を破壊し、その対応がさらに次の破壊を生む。さらに地球温暖化の排出量取引のような新たな市場を産み出す。このように産業化自身が産業化をするという過程が「再帰的近代化」だ。

③「再帰的近代化」は科学自身においても生じている。緑の革命を例にとると、科学によって農業を変革しようとして品種改良された高収量の種子を大量の水と大量の化学肥料・農薬で育て、塩害などの環境破壊をもたらした。さらに農業が土地の農民の手から企業の手に移り、農業の知のあり方そのものを変化させた。つまり「再帰的近代化」の段階では、科学は自らが産み出した環境破壊というリスクのみならず、科学のあり方そのものへの批判にも目を向けなければならなくなった。

問い二　**内容説明**

文章展開②からの問題。傍線部冒頭の「それ」は、文脈から「再帰的近代化」であることが読み取れる。よって、再帰的近代化と単純な近代化の「同じではない」点（つまり異なる点）と、「まったく異なった種類のもの」ではない点を読み取り、説明する。傍線部前の二つの形式段落から、「再帰的近代化」は、単純な近代化、つまり以前の近代化である産業化や工業化ではなく、産業化や工業化が産み出した成果を自ら破壊して、そこからさらに新たな産業を産み出す過程である、という点が異なると読み取れる。この内容は、工業化により地球温暖化が起こるが、その結果から二酸化炭素の排出量取引のような新たな市場を産み出す、という例から理解できるだろう。この「再帰的近代化」の特徴を読み取った上で、両者が大きく異なるものではない点を考える。この内容は端的には示されていないが、この文章の冒頭から説明されるとおり、近代化のはじまりから科学技術が関わり科学が背景にあるという点で、「まったく異なった種類のものであるわけでもない」ということが見えてくるだろう。この相違点と共通点を字数内でまとめる。

問い三 内容説明

傍線部前後の論旨をまとめると以下のようになる。

農業がそれまでの「自然環境という文脈」から、「産業社会という文脈」に組み込まれる

→科学が自然や社会に及ぼす破壊的影響が外部化される（=「自然環境という文脈」から外された関係のないものとされる）

→「見えなくなる」

この、関係性から除外される、という方向性を字数内でまとめる。単純な語句の説明問題ではない点に注意が必要だろう。

問い四 論理展開の読み取り・考察

この文章の後で科学が「ある種の政治的な力」を持つと述べられるが、そう言える理由を文章の内容を通して論理的に推定せよという、一橋大学ではこれまでに見られなかった出題である。文章展開でも示した通り、近代化によるリスクが科学により可視化されると科学の権威が高まるが、それだけではなく「再帰的近代化」の結果による科学への批判が起こるというのがこの部分の展開である。ここで確認したいのは、「再帰的近代化」の段階において科学批判が起こった結果、近代以前に戻って科学の影響から脱するべきだという流れは示されていないことである。つまり科学への依存はさらに続くのであり、科学の権威が増す一方なのは現代の状況からも明らかである。第二段落に「リスクは、科学的知識によって意識されてはじめてリスクとして存在するようになる」とある通り、リスク自体は科学がなければ判断できない状況になっている。「再帰的近代化」

の事態になり科学による破壊と創造が進めば、科学の影響力がさらに強化されることが想定できるだろう。そしてこの再帰的近代化の状況における科学の影響力の増大が「政治的な力」を持つようになるのは自然な流れだろう。論理的にとあるので、「再帰的近代化」によってもたらされるものが科学でしか認識できないから、という理由部分の説明が不可欠である。

参考　紀平知樹（一九六九〜）は哲学・倫理学者。大阪大学大学院文学研究科博士後期課程修了。兵庫県立大学教授。著書として『ポストモダン時代の倫理』（共著）がある。

二〇一七年度

一

次の文章を読んで後の問いに答えなさい。

「かけがえのない人格」、堅苦しい言葉を使えば、「人格の置換不可能性」――その意味は、他の人と自分の人格を取り替えることはできないということである。人々はそれぞれ「かけがえのない人格」を持つ。これは分かりきった事実であると同時に、否定することのできない真理である。問題は、この事実ないし真理からどのようなAドウサツが導かれるかである。

「かけがえのない人格」であればこそ、個々の人格はそれ自身として冒しがたい尊厳性を持つと考えられる。この推論はどのようにして導かれるのであろうか。

「それ自身として」というのは、何らかの基準に照らして価値があるというのではなく、かけがえのなさそのもののゆえに価値があるということである。もし「価値」という言葉が、何らかの外部的な基準による評価を意味するものだとすれば、人格はそのような評価を通じて「価値」を持つのではなく、かけがえのなさという人間の内在的事実だけで「価値」を持つのである。したがって、人格は内在的価値を持つということもできるが、そのような場合には「価値」ではなく、「意味」という言葉を使う方がよいかもしれない。「価値」と「意味」とは混同されがちであるが、ものごとを「価値評価」の世界で考えるか、「意味賦与」の世界で考えるかは、重大な帰結の相違を生む。「意味」の世界は「価値」による評価を拒否しつつ、ものごとの「意味」の理解を可能にする。

「価値評価」は真を取り、偽を排し、善を取り、悪を排し、美を取り、醜を排する。また正を取り、邪を排し、利を取り、害を排し、優を取り、劣を排する。それは対立するものの間で価値あるものをBスイショウし、取捨選択する役割を持つ。「価値」の世界は「神々の争い」と呼ばれる対立の世界である。それに対して、「意味賦与」は、価値基準に照らして排除された偽・悪・醜・邪・害・劣の存在でさえ、存在の「意味」を持つと考える。誰でも真・善・美・正・利・優を願うであろうが、実際には、そのような価値基準に合わないものが厳然として存在する。ものごとが存在するということが、その問われるべき「意味」である。このように言うことは、偽・悪・醜・邪・害・劣をスイショウするものではない。「意味」は「価値」とは異なるからである。「善人往生す、いわんや悪人をや」という『歎異抄』の教えは、ジヒ[C]の宗教が「意味」の世界を対象にしていることを端的に物語っている。

以上のことを踏まえて言えば、「かけがえのない人格」とは、人間存在の「意味」を表わしているのである。人間は性格・能力・業績・地位などの点で違いを持っており、明らかに価値評価の対象となる。「価値」の観点から見れば、劣った人間は優れた人間に取って代わられるから、かけがえのない人間とは言えない。地位や役割への適性という観点から言えば、人間はいくらでも取替えが可能である。人間を取替え可能と見ることは、「人格を単なる手段としてのみ扱うのでなく、目的としても扱わなくてはならない」というカント（一七二四—一八〇四年）の定言命法に反している。手段は、目的の達成にとって適しているか否かという観点から価値評価の対象となる。

「かけがえのない人格」という公理的な命題から導き出される哲学的な議論を二つ取り上げよう。第一は、ジョン・ロールズの正義の理論である。その理論はカント的構成主義と呼ばれるように、カントの定言命法の現代版である。ロールズは道徳哲学を長く支配してきた功利主義を批判する。彼は、人間は誰もが人間であるという事実によって、自由・平等な人格としての不可侵性を持ち、社会全体のフクシ[D]といえども、これを侵すことはできないと言う。功利主義は、社会全体の個々人の満足の集計量を最大にすることが社会的な善であると考えるから、一部の人々が不遇な状態に陥っても、他の人々がそれよりも大きい満足を受け取るならば、このような不平等は正当化されるとみなす。政治的便宜の手法としての多数決も、数の上で人格の置換性を前提とする。

人々の間の格差が問題になるのは、「かけがえのない人格」の命題がこのような形で否定されようとする場合である。ロールズの正義の理論は「格差原理」と呼ばれるものであって、容認できる格差はどのようなものかを問う。その原理は、平等な基本的諸自由と、公正な機会均等の条件の下で、社会の最も不遇な人々にとって最大の便益が確保されるべきであるというものである。人々の間で社会的・経済的な格差はつねに不可避であるが、道徳的に容認される格差は、自分が最も不遇な地位にあると仮定しても受け入れることのできるものでなくてはならない。これが「無知のヴェール」の考え方である。

「無知のヴェール」という仮想的条件の下では、個々人のアイデンティティは消去され、他の人々とは異なるかけがえのない人格性を奪われる。いいかえれば、人々は置換可能性を体験することになる。その結果、自分が現実にどのような運命に直面するかを知らないという状態に置かれ、「かけがえのない人格」の集団を支配する正義の原理に導かれるのである。

この考え方の根底には、人々の間の現実的地位の相違を生み出している要因（所得や富の初期的分配、自然的能力や才能、主体的な意志や努力、確率的な運や偶然など）の分布は恣意的であるという認識がある。「かけがえのない人格」から生み出される「かけがえのない人生」をこのような偶然のいたずらに任せてよいものだろうか。本人の意思や努力や活動によらないリスクやハンディキャップを負った人々がいる。「かけがえのない人格」と考えられる人間存在も、実のところ、道徳的にはそのまま固定化すべきものではない、ということになる。「かけがえのない人格」を道徳的に実現するための解決策が、正義と連帯にもとづく「格差原理」である。

第二に、ハイデガーを取り上げよう。彼は独自の存在論を展開した哲学者である。彼によれば、人間は他のあらゆる存在物と違って、あらゆるものの存在の「意味」を問うことができる。人間は過去・現在・将来という時間的視野の下で、過去によって制約されつつ、将来に向かって自己の可能性を投げかける。こうして、彼は、自己の存在の意味を与えるものは時間的視野であるという命題を確立する。すべての人間に課せられる最も基本的で平等な唯一の事実は、将来必ず訪れる自分の死である。人間は「死へと向かう存在」である。人間は死ぬということだけは他の人に代わってもらうことができないという意味で、各人は「人格の置換不可能性」を持つ。死に対する不安と絶望の中で、人間は本来的なあり方を求めて生きることを求められる。しかし、人間は日常性の中にあって、世間のしきたりに従って安閑として暮らし、死の事実から目をそらし、それをボウキャクしている、とハイデガーは言う。

「人格の置換不可能性」、すなわち「かけがえのない人格」という厳然たる事実にもかかわらず、このことを実感するのは、人間の自己省察を通じてである。ロールズは「無知のヴェール」という仕組みによって仮想的な「人格の置換可能性」の状況を作り出し、このことによって、かえって各人に「かけがえのない人生」を保障するための正義の観念に到達した。ハイデガーは「死へと向かう存在」という存在了解によって、個人が「かけがえのない人格」を全うするための本来性の観念に到達した。

二人の哲学者のアプローチは、「置換不可能性」という基本的公理から出発して、異なる方向に議論を展開した例である。ロールズは仮想的な「無知のヴェール」によって他人と立場を置換し、他人の立場に立つことができると考え、正義論に到達した。ハイデガーは、死を他人によって代行してもらうことは不可能であり、限りのない自己の実現という実存的な生き方に目覚めるべきことを説いた。前者は「正」ないし正義の理論であり、後者は「徳」ないし卓越の理論である。

――塩野谷祐一『エッセー 正・徳・善』

問い一　傍線A・B……Eのカタカナで書かれた語句を漢字で書きなさい。

問い二　傍線ア「恣意」、傍線イ「安閑」の意味を答えなさい。

問い三　傍線一「「かけがえのない人格」と考えられる人間存在も、実のところ、道徳的にはそのまま固定化すべきものではない、ということになる。」とあるが、これはなぜか。問題文全体をふまえて答えなさい（八〇字以内）。

問い四　傍線二「前者は「正」ないし正義の理論であり、後者は「徳」ないし卓越の理論である。」とあるが、ここにある「正義」および「卓越」とは何か、自分の言葉を用いつつ答えなさい（八〇字以内）。

【解答・解説】

出典　塩野谷祐一『エッセー　正・徳・善――経済を「投企」する』〈第Ⅰ章　正――正義と連帯　かけがえのない人格――価値と意味〉（ミネルヴァ書房）

解答

問い一
A―洞察　B―推奨　C―慈悲　D―福祉　E―忘却

問い二
ア―偶然で意図されていないこと。　イ―気楽で穏やかなようす。

問い三
「かけがえのない人格」は人間自身に尊厳性を認める考えだが、人には本人の関与できない相違がある以上、道徳的に容認できない格差が残る人間存在の固定は不平等だから。（八〇字以内）

問い四
正義は自己を最下層の立場に置換し、道義的に許される中で人間の尊厳を確保するものであり、卓越は他に置換不可能な死を想定して自己本来の生を追求するというものである。（八〇字以内）

解説

文章展開

①「かけがえのない人格」、つまり人格の置換不可能性という命題からどのような洞察が導かれるか。「か

けがえのない人格」であればこそ、個々の人格は尊厳性を持つという推論はどのようにして導かれるのか。

② 「かけがえのない人格」は、外部的な基準によって対立するものを評価する「価値評価」ではなく、ものごとが存在すること自体の意味を問う「意味賦与」の世界で考えることで、置換不可能な人間という結論を導く。

③ この命題からロールズは、機会均等の条件下で最も不遇な人々でも受容可能な格差、「無知のヴェール」を仮想し、「かけがえのない人格」を実現するための正義の理論による「格差原理」を導き出す。

④ ハイデガーは、人間は他者と置換不可能な「死へと向かう存在」だと捉え、個人が死への不安と絶望の中で「かけがえのない人格」を全うする本来的なあり方を求めるという観念を導いた。

⑤ 「置換不可能性」という公理から出発した二人の議論は、正義の理論と卓越の理論という異なる展開をした。

問い三　**理由説明**

「かけがえのない人格」と考えられる人間存在であっても、道徳的にはそのまま固定化すべきものではないのはなぜかを説明する問題。

「問題文全体をふまえて」という注意があり、「かけがえのない人格」を説明した**文章展開**①・②の流れをおさえる必要がある。「かけがえのない人格」とは人間一人一人が置換不可能で、冒しがたい尊厳性を持つという考え。そのかけがえのない人間存在も道徳的に固定化すべきではないのは、**文章展開**③の、特に傍線部直前の文脈で説明されるように、人々の間の現実的地位の相違を生み出す要因が恣意的であり、先天的なものや運不運が関係してくるものであるから。つまり、本人の意思や努力や活動が関係できないところで「格差」が生じるのであり、その「格差」を生む要因を考慮しないで人間存在を固定することは不平等で正義に反するというのが、「固定化すべきものではない」理由だと読み取れる。そのためロールズの正義の理論では、自己を社会で最も不遇な人に仮定的に置き換え、道徳的に容認される格差を想定する「無知のヴェール」によって「格差原理」を導き「かけがえのない人格」を実現するわけである。

解答では、本人の関与できない相違により格差が残存する中で、「かけがえのない人格」だから人間の尊厳を認めるとして人間存在を固定化すると、正義は実現されず不平等だから、という展開で説明するとわかりやすい。

問い四　内容説明

ロールズ（文章展開③）とハイデガー（文章展開④）の理論を説明する問題。

ロールズの「正義」は「無知のヴェール」、つまり自分が最も不遇な地位にあると仮定し、それでも受け入れ可能な格差を想定して、道徳的に「かけがえのない人格」を実現するという「正」の理論と読み取れる。この自己を弱者に置換して人間が尊厳を確保できるようにするという「正義」の説明が前者。ハイデガーの「卓越」は、「死」という他者に代わってもらうことのできない、「置換不可能」な事実に向かう自己を念頭に置きながら、人間の本来的なあり方を追い求めるというもの。他者には置き換えられない状況の中で追求する「実存的な生き方」であるので「卓越」したもので、個人の「徳」ともいえるのだろう。解答では、他に置換できない死をもって本来の生き方を求めるという方向性で説明できるだろう。前者は自己を他者に置換しながら人間全体の尊厳を求め、後者は他者には置き換えができない状況の中で自己の生き方を追うという対比的説明をするとわかりやすい解答となる。

参考　塩野谷祐一（一九三二〜二〇一五）は経済学者。一橋大学教授、学長などを歴任。日本学士院賞受賞、文化功労者。著書に『経済と倫理——福祉国家の哲学』『シュンペーターの経済観——レトリックの経済学』などがある。

二〇一六年度

一

次の文章を読んで後の問いに答えなさい。

1「テレビが溢《あふ》れ出てくるようだ」と心の中で呟《つぶや》いていた。二〇一一年三月の東日本大震災で、街の中に流れ込んできた津波がメリメリと音を立てて家屋を押し流し、電柱を押し倒し、自動車や船をおもちゃのように運んで行くという、あのAスサまじい映像をテレビで見たときのことである。

むろん、電化製品としてのテレビジョンが、その津波の映像のなかに映っていたわけではない。だから「テレビが溢れ出てくる」などという言い方はおかしいかもしれない。だが、津波が押し流して行くその家屋の中には、テレビ、冷蔵庫、洗濯機、エアコン、パソコン、ウォシュレット付きトイレといった、現在の私たちの家庭生活を成り立たせている電化製品がいっぱいに詰まっていただろう。そうした電化製品に囲まれた安楽な文明生活が、津波の力でまるごと大地から引き剥がされて、いままさにその「安楽な」環境の中でテレビを見ている私の方向に向かって流れ出してくるかのような恐怖を覚えたのだ。実際、そうした電化された生活環境は、まさに「テレビ」というメディアの力によって(一九六〇年代以降)、歴史的に作り出されてきたものではなかったか。だから私は、津波に押し流されているのは、私たちが共有しているテレビ的な文明生活それ自体であるようにさえ思えた。

逆に言えば、一九五〇年代半ばまで日本の家庭生活は、家電製品なしにでも充分に成り立つものだった。貧しい時代であっても、電気洗濯機や電気冷蔵庫が人びとの生活を安楽にするものとして強く欲望されていたわけではない。石鹸《せっけん》と盥《たらい》さえあれば洗濯はできたし、近所で新鮮な食材を買ってくれば家庭料理に困ることはなかった。だからさまざまな家電製品を備えた近代的な家庭生活は、生活の中の必要性から内在的に求められたというよりは、幸福な生活の記号やイメージとして人びとの心を外側から捕えたと言うべきだろう。そしてまさに、そうした幸福のイメージを社会に普及させたのがテレビ・メディアだった。良く言われることだが、アメリカ製テレビドラマの家庭生活の場面に出てくる大きな冷蔵庫に驚き、日本の家電メーカーのコマーシャルに映し出される真っ白な洗濯物のイメージを通して、人びとはそれらを所有する近代的生活への憧れを抱くようになったのだ。

むろん人びとは、そうした幸福な電化生活のイメージを実現しようと必死に働き、そうした生活を獲得することに幸福を感じてきた。それは間違いない。しかし、そうした欲望が自分たちの生活の中の必要性から自発的に生みだされたものでなく、記号やイメージを通して外発的に作りだされたものである限り、その生活にどこかアお仕着せの嘘くささを感じていたことも間違いないだろう。本当にそれが自分にとって必要なのかを問う暇もなく、六〇年代の人びとはひたすら豊かな生活というイメージに囚《とら》われて走って行った。だからそうした大量消費生活のありようは、六〇年代を席巻《せっけん》した高度経済成長の負の側面が、公害問題、石油危機、ドルショックなどによって露《あら》わになった七〇年代初頭になって、一挙に疑いの目を向けられるようになった。

例えば、たかがトイレットペーパー一つを手に入れることにBキョウホンしなければならないオイルショック時の人びとの惨めな姿は、私たちの文明生活がどれほど脆弱《ぜいじゃく》で精神的に貧しいものであるかを示した典型的な事例だろう。だから若者たちを中心に、それまでテレビ・メディアが広告を通して宣伝してきた豊かな大量消費生活を徹底的に批判するような、エコロジー運動、コミューン主義、ヒッピー文化、ドラッグカルチャーといった、文明的な便利さを拒絶して自然のなかで精神的に豊かに生きようとするオルタナティヴな生活を探求する運動が展開されたのだ。そうした大量消費社会を疑う文化革命の潮流こそが、対抗文化としてのサブカルチャーの発信源だったはずだ。

生活のありようを問い直そうとする七〇年代的な文化革命の潮流は、バブル経済の圧倒的な潮流の中にあっても細々とした流れとして探求され続け、いつの間にか私たちの生活の隅々に流れ込んで人びとの生活感覚や意識を変化させつつあると言っても良いかもしれない。

ここで私が取り上げたいのは、パーソナル・コンピュータの普及によって起きた、二生活文化の変容のことである。むろん否定的に考えれば、パソコンはテレビやエアコンや自動車に加えて、人びとに無駄な買い物をさせようと企業が企んで大量生産した電化製品の一種にすぎないだろう。相変わらず私たちは、いまここで大量消費社会のなかに生きていることは間違いない。しかしにもかかわらず、このテクノロジーは、七〇年代のアメリカ西海岸で起きたカウンターカルチャーやヒッピー運動のなかで、それまで国家や大企業が独占していた巨大計算機の技術を極小化して、一人一人の個人が自分のパーソナルな内面世界と向き合うための道具として発明された、反＝テレビ文明的なテクノロジーであることも間違いないのだ。

だから私たちの社会はこの機械の影響を受けて、知らず知らずのうちにパーソナルな内面的世界を表現する文化を育ててはいないだろうか。例えば、スマートフォンやデジタルカメラを使って、自分の周囲のパーソナルな生活を自ら撮影し、記録し、インターネットを通して他者と共有するという私的な表現文化がいまCリュウセイしているだろう。それは同じ映像文化であっても、プロフェッショナルな人びとが大衆に消費されるために作り上げてきた映画作品や広告写真やテレビ映像といった、公的な映像文化とはまったく異なった種類のものである。私たちが自分自身の生活のなかで感じた小さな心の動きを、自分なりのやり方で映像として表現すること。そうした映像文化のＤＩＹ化とでも呼ぶべき現象は、七〇年代に始まったパーソナル文化革命が私たちの生活のなかに浸透してきたことのDショウサだと思う。

最後に、もう一度津波の映像の話を思い出してほしい。私が衝撃を受けたあの津波映像は、決してテレビ局がヘリコプターを飛ばして大勢の人びとのために撮った、迫力あるイ俯瞰《ふかん》映像ではなかった。そうではなく、私の心に突き刺さったのは、被災者たちが家庭用デジタルカメラを家から持ち出して、近くの小高い土地などから撮影したパーソナルな映像だった。彼らが、誰のためでもなく撮影した映像は、心理的な動揺でカメラが小刻みに揺れ、状況に応じて素人っぽいパンやズームが繰り返され、撮影者や周囲の人びとがあげる「アー、アー」とか「キャー」とか「地獄だ」などといった恐怖の叫び声とともに津波を迫真性をもって捉えていた。

そうした映像を見て私は初めて、名もなき人びとがパーソナルに津波を経験するとはどういうことなのかを分かった気がしたのだった。それまで私は、映画のような俯瞰的な視点で捉えられた巨大津波しか想像することはできなかった。それこそが大衆消費社会によって育てられた感受性だったからだ。だとすれば、ホームムービーのカメラで捉えられたあの津波映像は、実は私たちの世界観にパーソナルな感覚による変化をもたらしたのではないか。それは大量消費への欲望をいったん宙《ちゅう》吊《づ》りにし、**E**トクメイの人びとの私的世界のありように自分の想像力を広げるようなパーソナルな欲望を育むための訓練の一歩となったのではないか。
そのような小さな生活感覚の変化が、大量消費社会が進行し続けるなかでも起き続けている。そして、そういう可能性は私たちの社会のなかでつねに開かれているはずだ。……そう信じなければ、息が詰まってしまうくらい、この社会は閉塞感に充《み》ちているということでもあるのだが。

――長谷正人「大量消費社会とパーソナル文化」

問い一　傍線**A**・**B**・……**E**のカタカナで書かれた語句を漢字で書きなさい。

問い二　傍線**ア**「お仕着せ」、傍線**イ**「俯瞰」の意味を答えなさい。

問い三　傍線**一**「テレビが溢れ出てくるようだ」とあるが、なぜ「テレビ」なのか、文脈に即して答えなさい（八〇字以内）。

問い四　傍線**二**「生活文化の変容」とあるが、どう変容したのか、答えなさい（八〇字以内）。

【解答・解説】

出典　長谷正人「大量消費社会とパーソナル文化」（世界思想社『世界思想』二〇一五年春四二号）

解答

問い一
A—凄（まじい）　B—狂奔　C—隆盛　D—証左　E—匿名

問い二
ア—上位の者から無理に与えられたもの。　イ—高所から見おろして全体を眺めること。

問い三
テレビ映像の中で津波に押し流されているのは、電化製品による安楽な文明生活そのものであると感じ、それがテレビ・メディアの力によって作り出されたものであるから。（八〇字以内）

問い四
大量消費推進のために公的メディアが作るイメージに囚われる外発的な文化から、パソコンの普及により個人の内面の表現を発信、共有するような私的な表現文化に変容した。（八〇字以内）

解説

文章展開

① 東日本大震災の映像を見て「テレビが溢れ出てくる」と呟いたのは、津波で押し流されているのが「テ

レビ」というメディアが作り出した、電化製品による安楽な文明生活自体であるように思えたからだ。

② 電化製品による近代的家庭生活は、生活の必要性から自発的に生み出されたものではなく、一九六〇年代にテレビ・メディアが社会に普及させた記号やイメージによって外発的に作り出されたものだ。

③ だから七〇年代に高度経済成長の負の側面が露わになると、大量消費生活を批判するような運動が盛んになり、以降の人々の生活感覚や意識を変化させた。

④ ここでパーソナル・コンピュータの影響による生活文化の変容を取り上げたい。それまでの公的な映像文化と異なった、個人的な内面的世界を表現し他者と共有するという私的表現文化がいま隆盛している。

⑤ 衝撃を受けた津波映像は、テレビ局のものではなく個人による映像であり、大量消費社会の中で他者の私的世界に想像力を広げるという生活感覚の変化が起きていると思いたい。

問い二　語句の意味

ア、「お仕着せ」は主人が季節ごとに衣服を奉公人に与えたことであり、そこから、上の者から一方的に与えられる決まり切ったものの意に転じた。

イ、「俯瞰」は「鳥瞰」と同義語。鳥の目のように高いところから全体を眺める意。

問い三　理由説明

筆者がなぜ「テレビ」が溢れ出るように感じたのかを「文脈に即して」読み取り説明する問題。

傍線部の筆者の呟きは、第二段落冒頭にあるように電化製品としてのテレビを見てのものではない。比喩としての「テレビ」の指すものを読み取ると解答の方向性が見えてくる。第二段落四行目以降で、テレビや冷蔵庫、洗濯機などの「電化製品に囲まれた安楽な文明生活」が、テレビで津波の映像を見ている筆者の方に流れ出てくるかのように感じ、それを「津波に押し流されているのは、私たちが共有しているテレビ的な文明生活」自体だとまとめている。冷蔵庫や洗濯機ではなく「テレビが」とした理由は、電化された今の生活環境が

「テレビ」というメディアによって作られたものであるためだ。この部分が明確になるように解答を作る。

問い四 **内容説明**

「パーソナル・コンピュータの普及によって」生活文化がどう変容したか説明する問題。「変容」つまり変化を説明するので、パソコン普及以前と以後との違いをまとめる。**文章展開**からもわかるように、七〇年代を境にした社会の転換がこの文章の骨子であり、その端的な例が**文章展開**④にあるパーソナル・コンピュータによる変容だ。そのため文章全体の展開から説明内容を絞り込む必要がある。

パソコン以前の内容は、**文章展開**②（第三・四段落）に着目すると、大量消費生活の幸福なイメージをテレビ・メディアが普及させ、その影響を受ける、という外発的に作り出された生活文化だった。

パソコン普及以降では、**文章展開**④にあるとおり「パーソナル・コンピュータ」による、個人的な内面的世界を表現する文化がおこり、インターネットを通してその表現を他者と共有するという私的な文化に変化している。この展開の中で、**文章展開**⑤（第九段落以降）では津波の映像の経験から、テレビ局の俯瞰映像ではない個人の表現が、他者の私的世界のありように想像力を広げるような「パーソナルな欲望」を育み、私たちの世界観に変化をもたらしたとある。さらにこれは公的なメディアから私的表現への変化であり、外部から与えられるものから個人で作り発信するものへの変化でもある。これらの点に留意し、〈公的メディアによる大量消費生活のイメージから影響を受けるだけの文化から、個人の内面的世界を表現し、発信・共有しながら他者と共感する文化への変化〉という内容でまとめる。

参考 長谷正人（一九五九〜）は社会学者。早稲田大学文学学術院教授。メディア社会学、映像文化論を専門としており、写真、映画、テレビなど映像の社会的受容をめぐる研究をしている。著書に『悪循環の現象学――「行為の意図せざる結果」をめぐって』『敗者たちの想像力――脚本家 山田太一』などがある。

二〇一五年度

一

次の文章を読んで後の問いに答えなさい。

一般に、言語は意と音があって初めて言語となる。正しくは、言語活動によって初めて音と意がア分節され、語音と語意が知覚される。語の誕生は、意と音の誕生に等しい。ソシュール(注)に従って、意をシニフィエ(signifié)に、音をシニフィアン(signifiant)に、そして語をシーニュ(signe)に置き換えてもよい。その場合、ソシュールがsignifier(意味する)という動詞の活用(過去分詞と現在分詞)によって表そうとした考えが、意と音と語に導入される。すなわち、あらかじめシニフィエとシニフィアンがあって、その二つが結びつくということではなく、signifierという動作によってそれらが分節されて現れるのである。その意味では、小林英夫(注)が、意や音ではなく、シニフィエを「所記」、シニフィアンを「能記」と訳したのは、Aゲンゴになるべく沿おうとしたものだと言える。だが、そこには決定的な誤りがあった。signifierは「記」ではない。

〝記〟とは、口頭ではなく書記にかかわる動詞である。たとえ書き記さないにしても、何らかの手段でとどめる、定着させる、保存する、という方向は変わらない。そこに〝意味する〟という語義はない。おそらく小林は、シーニュの訳語が「記号」であることから、「能記」や「所記」という訳語を定めたものであろうが、もし漢語で訳すのであれば、〝能示〟や〝所示〟のように、べつの動詞を用いるべきであった。

そもそもシーニュを「記号」と訳すことにイ陥穽《かんせい》がある。日本語で記号と言えば、ほとんどの場合、外形的に固定された、もしくは一定の形態をもったものとしてある。音声記号とわざわざ言わなければ、多くの人は、書かれた、描かれた、刻まれた——すなわちしるされたものを記号としてBソウキするであろう。『明六雑誌』にCケイサイされた清水卯三郎「平仮名ノ説」(一八七四)には、こうあった。

蓋《けだし》夫《それ》文字文章ハ、声音ノ記号、言語ノ形状ニシテ、古今ヲ観、彼此ヲ通シ、約諾ヲ記シ、藝術《げいじゅつ》ヲ弘ムル日用備忘ノ一大器ナリ

しかし、ソシュールにおけるシーニュはそのような記号ではない。「シーニュは、コトバの外にある意味や概念を表現する外的標識ではない。シーニュはそれ自体が意味であり表現なのである」（丸山圭三郎『ソシュールの思想』）。意味することそのものが何らかのかたちとして知覚されたものがシーニュであり、記されて固定されるようなものではない。音声言語も手話言語も、シーニュは次々に現れ、消えていく。意も音（動作や表情）も、時間軸に沿って知覚され、上書きされる。

シーニュは記号ではない。では、文字は記号なのか。

文字は、たんなる記号ではない。文字の誕生に即して言えば、音声言語との対応関係が成立した時点で、それは一般の記号とは異なる性質を獲得する。その瞬間、文字は発見される。記号は発明されるものであるかもしれないが、文字は発見されるものだ。あらかじめ存在していた記号が、文字として見いだされ、編成され、そしてゾウショクする。音声言語と対応しうるということは、要素としてのみ対応するのではなく、秩序として、体系として対応するということだ。文字の秩序は、それ自体が一つの言語となる。文字言語の誕生である。

文字言語は、記号が音声言語の作用を受けて、言語化したものである。したがって、言語としては同じように機能する。大きな違いは、言うまでもないことながら、文字は書き記されるということだ。つまりその意味で、文字には記号としての性質が受け継がれている。音声言語には、〝示す〟（意味する）機能しかないが、文字言語にはそれに加えて〝記す〟機能がある。「所記」と「能記」は、文字についてならば、妥当な訳だったかもしれない。文字言語は、機能面から言えば書記言語である。

言語に書記がともなったことは、言語のありかたそのものに大きな変化をもたらした。移ろいやすいはずのシーニュに、固定したかたちが与えられた。もちろん、口頭で発せられたことばを記憶にとどめることは、古くから行われていた。無文字社会で口承の技術が発達していることは推測しやすいし、近代以降の実例もある。しかし、文字に記すという事態は、さらに拡大された言語世界を開くこととなった。

いったん成立した書記言語は、口頭言語の範囲を超えて伝播《でんぱ》する。そして口頭言語との相互作用によって、そのすがたを変化させ、また、口頭言語のありかたにも何らかの――時には大きな――作用を与える。口頭言語は変化しやすいものであるが、書記言語はしばしば変化を嫌い、保守的な傾向を見せ、言語規範の形成に寄与しようとする。書記言語は、口頭言語との間にキンチョウ(E)関係をもつものとなる。そしてこうした性質は、すべてその〝記す〟という機能によってもたらされる。

――齋藤希史『漢字世界の地平』

(注) ソシュール　フェルディナン・ド・ソシュール　一八五七～一九一三。スイスの言語学者。
(注) 小林英夫　日本の言語学者。ソシュールの講義録を『言語学原論』として一九二八年に翻訳。

問い一　傍線**A**・**B**・……**E**のカタカナで書かれた語句を漢字で書きなさい。

問い二　傍線**ア**「分節され」の「分節する」、傍線**イ**「陥穽」の意味を答えなさい。

問い三　傍線**一**「文字は記号なのか。」とあるが、著者は文字と記号の関係についてどう考えているのか記しなさい(四〇字以内)。

問い四　著者は音声言語(口頭言語)と文字言語(書記言語)との関係をどうとらえているのか、問題文全体をふまえて答えなさい(一〇〇字以内)。

【解答・解説】

出典 齋藤希史『漢字世界の地平――私たちにとって文字とは何か』〈終章 文化論を超えて〉（新潮選書）

解答

問い一
A―原語　B―想起　C―掲載　D―増殖　E―緊張

問い二
ア―ひとつながりのものを区分すること。　イ―おとしあな。

問い三
文字は、記され固定された記号が音声言語の体系と対応し言語化したものだと考える。（四〇字以内）

問い四
文字言語は音声言語の作用により言語化し、記す機能により口頭言語以上に言語世界を拡大させつつ口頭言語の作用で変化するが、同時に変化しやすい音声言語の規範形成を促すという、相互に影響しあう緊張関係にある。（一〇〇字以内）

解説

文章展開

① 言語は意と音があって初めて言語になり、ソシュールは「意味する」という動詞の活用によって意、音、

語を表そうとした。

② ソシュール言語学を翻訳した小林英夫は原語を尊重したが、書記にかかわる「記」を用いたことが決定的誤りであり、そこには「意味する」という語義がない。

③ ソシュールにおける語（シーニュ）は記されたものとしての「記号」ではなく、意味することそのものがかたちとして知覚されたものであり、記され固定されるようなものではない。

④ 文字が記号なのかというと、たんなる記号ではない。音声言語と対応することで既存の記号が文字として見いだされ、秩序、体系として音声言語と対応し文字言語として成立する。

⑤ 音声言語のもつ「意味する」機能に加えて文字言語には「記す」機能があり、それにより口頭言語の範囲を超えた伝播と口頭言語による文字言語の変化、さらに文字による口頭言語の規範への作用という相互の緊張関係をもたらすのだ。

問い三　内容説明

「文字は記号なのか」という筆者の問いかけから、筆者が「文字」と「記号」の関係性をどのようにとらえているか読み取り記述する問題。

傍線部の直前に「シーニュは記号ではない」とある。ここでの「記号」は 文章展開 ③の部分にある、記されたもの、固定されたものとして理解される「記号」である。その一般的「記号」と「文字」がどのような関係性にあるかを傍線部の後の文脈から把握する。文章展開 ④で示したとおり、既存の「記号」と音声言語との対応関係が成立し、音声言語の秩序、体系と対応した「言語」として把握されたものが「文字」であるという関係が読み取れる。この関係性を理解させるために、「文字」は「記号」のように発明されるものではなく、一つの言語として発見されるものだという説明がされている。この文脈から、解答では、一般的に把握されている記された「記号」が、音声言語の秩序、体系と対応して言語として成り立ったものが「文字」だという関係性を記述する。四〇字という字数を考えると、既存の記号が音声言語との対応により言語化したものが文字であるという展開で、「記号」と「文字」の相違関係を記述できれば問題はないだろう。

問い四　内容説明

音声言語（口頭言語）と文字言語（書記言語）との関係がどのように説明されているかを読み取る問題。

文章展開④⑤の内容に着目するが、最終段落にある「記す」機能によってもたらされる口頭言語と書記言語との緊張関係を説明することが中心となる。問い三でも確認したとおり、文字言語は、記号が音声言語の作用で言語化したものであり、さらに文章展開⑤でまとめた部分にあるとおり、文字言語の「記す」機能によって口頭言語の範囲以上に伝播しながらも音声言語の作用によって文字言語自体が変化するという、音声が文字に与える影響を指摘する。そして、最終段落にある「口頭言語のありかた」に対する作用、具体的には、変化しやすい音声言語に文字言語の変化を嫌う保守的な傾向が影響し言語規範を形成しようとする、文字が音声に与える作用を説明することで両者の「緊張関係」を示すことができる。

参考　齋藤希史（一九六三〜）は千葉県生まれの中国文学者。東京大学大学院人文社会系研究科教授。著書に『漢文脈の近代――清末＝明治の文学圏』『漢詩の扉』などがあり、『漢文脈と近代日本』は二〇一四年度センター本試験で出題された。

二〇一四年度

一

次の文章を読んで後の問いに答えなさい。

幸福という言葉はいまはうろんな言葉だ。耳にしてそらぞらしく、口にしてためらわれる。あてにならない。歯ごたえある確かな言葉としてかんじられない。気のきいたやりかたで言葉をロウヒする。そうしたロウヒによってだいなしにされてしまった言葉だ。そのため手にうしなわれた言葉である。幸福という言葉をつかってものをかんがえてゆく。思考のそうしたみちすじが、いまは容易にみいだしにくくなった。

幸福という言葉は今日、確かにだめな言葉である。それは生き生きとしたどんなイメージもカンキしない。けれども、幸福という言葉をだめにしたことで、今日に何かがみうしなわれてしまったということも確かだろう。一つの言葉が手にうしなわれる。そのときみうしなわれるのは、ただ言葉だけではないからだ。その言葉によって生きられるような生きかたもまた、みうしなわれる。幸福という言葉をみうしなって今日にみうしなわれたのは、幸福という言葉でしかいいあらわせないような屈託をもった生きかた、だろう。

幸福は「しあわせ」として読まれるのが、いまは普通である。「いまは幸せかい」「ぼくァ幸せだなあ」「幸せなら手をたたこう」というふうに、しあわせとして幸福は信じられてきた。しあわせであることが幸福なのだ。しあわせは仕合わせだろう。めぐりあわせ、運だ。運がむく。運がいい。しあわせは、しあわせかふしあわせかが、問題なのだ。「いいじゃないの幸せならば」だ。他人はかかわらない。しあわせとしての幸福は、個人の出来事だ。

だが、そうだろうか。幸福はしあわせということだろうか。幸福をたやすくしあわせと読んでいる今日、うしなわれたのは幸福を「さいわい」と読む意識だ。しあわせ、さいわい。どちらの読みようが正しいかではない。何でもない読みようのちがいにみえて、しあわせととるか、さいわいととるかで、幸福のイメージのつかみかたは分かれる。はっきりちがってしまう。けれども、幸福がさいわいとして読まれることがなくなったいま、さいわいとしての幸福のイメージがどこかへみうしなわれてしまった。そのことをかんがえるのだ。

幸田露伴に『文明の庫』(明治三十一年、一八九八年)という文章がある。子どものために書かれた文章なのだが、露伴の文章でもっとも好きな文章の一つだ。その緒言で、露伴は幸福について書いている。

「人間のものは必ず人の手によりて造り出されたるものなり」「人間の幸福は必ず人によりて造られたるものなり」。

人間には「ひとのよ」と、幸福には「さいはひ」とふりがながある。人間の幸福は「ひとのよのさいはひ」なのだ。何か特別なものなのではない。日常を日常として、Cフダンに明るくしているもの。それが「人の手によりて造り出されたる」さいわいとしての幸福だろう。

「ひとのよのさいはひ」は、目立たずありふれてみえる。しかしそれは、よくみれば、彩糸《いろいと》でかがられた毬《まり》のようなものだ。「何人《なんびと》かの頭の中の考へより出で」「何人かの手の中の力より出て来りたる」さまざまの糸によって隙間《すきま》なくかがられた毬である。「一時一世にして」たちまちに成ったものでなく、それは「少しづつ少しづつ人の造り出したる幸福の聚《あつ》まり積りて成れる」ものだ。

人間の幸福はそのように、人びとの日々の仕様をつくりささえてきた工夫の歴史から成っている。人の世のありようのおよそ根本のところにあるのは、そうした幸福の経験だろう。幸福はありふれたものだ。ありふれたものだから、それはなくてはかなわぬものだ。

二十世紀のイとばくちで書かれた『文明の庫』を読みかえすと、今日しあわせという言葉で了解される幸福のイメージが、露伴のたどった幸福のイメージといかに遠くかけちがってしまったことか、いまさらにかんがえさせられる。時代はとうに変わっている。異なる二つの幸福のイメージのあいだには、二十世紀のへてきた戦争と技術の時代の推移がおおきな溝をあけている。けれども、幸福についていえば、おおきくまわって変わってきた時代のDナイジツは、さいわいという言葉をみうしなって、ただしあわせという言葉をのみ得てきただけだ。そうとしかいえないのではあるまいか。

さいわいへの想像力。『文明の庫』の露伴はそれをかなめにおいて、歴史というものをみた人だ。日常のなかにあるあたりまえのものをゆっくりとみることをとおして、歴史を日常の歴史、さいわいの歴史としてとらえた。日常にあるあたりまえのものは、日常の用を足すものであると同時に、人びとが日常にあらわしてきたさいわいへの想像力の記録である。日常をよく生きるために人びとがはらってきた「周密《こまか》なる心づかひ、鋭き智恵」の文明史が、さいわいの歴史なのだ。

　歴史を「俊傑」のいる風景として、戦史、権力史として語って、「古人の正しくて剛《つよ》き精神の徳」をたたえる。歴史は一般にそのように語られやすい。「古昔の人の正大剛明の精神」をおもうことが、「今ここに我等の、茶碗《ちゃわん》を有し、綿ふらねる（注）を身につけ、蒟蒻《こんにゃく》を口に上すを得る」ことについてかんがえるより、上等にみえるからだ。しかし、ちがうのだ。歴史の紙のうえに「俊傑」のEフンボをかぞえていっても、人びとの生きた日常の歴史はみえない。さいわいへの想像力をじぶんにもつことができなければ、二誰にもみえていて誰もがみていないものを、はっきりみえるようにすることはできない。

「戦史は争闘の史なり、文明史は幸福の史なり。戦史の上にはフンボの大なる人いたづらに多し、文明史の上には長く死せずして働く人多し、戦史の上には今も我等に影響を与へざる人多し、文明史の上には今の我等に徳沢を遺《のこ》せる人多し」。

　露伴はきっぱりと書いている。

「まことに文明史は愉快の書なり」「文明史の裏面は直に践《ふ》むべき道義の教訓なり」。

　『文明の庫』緒言は、同時代を先んじて生きたイギリスの思想家ウィリアム・モリスの『民衆の芸術』（一八七九年）をおもいださせる。モリスが「芸術」という言葉をおいたおなじ場所に、露伴は「幸福」という言葉をおいたのだ。幸福はartであってhappinessではない。

　幸福という言葉はいまは「しあわせ」になった。人間もまた「にんげん」になり、その言葉から「じんかん」「ひとのよ」のイメージはみうしなわれた。『文明の庫』の時代からは遠く、環境が変わり生活の様式がうつった時代に、しあわせという言葉は、いわゆる大衆社会が採用したほとんどただ一つのイデオロギーの言葉になった。そして信じにくくうろんな言葉になった。たやすく消費される言葉ではあっても、だめな言葉でしかなくなっているしあわせとしての幸福という言葉は、今日という時代を、一語でみごとに語っている。三さいわいなしのしあわせ時代。二十世紀の子どもたちへのおくりものとして書かれ、いまはわすれられている露伴の言葉がおしえてくれたことだ。

――長田　弘「幸福という一語」

（注）　ふらねる　柔らかい起毛織物。フランネル。

問い一　傍線A・B・……Eを漢字で書きなさい。

問い二　傍線ア「屈託」・傍線イ「とばくち」の意味を簡潔に答えなさい。

問い三　傍線一「幸福という言葉をつかってものをかんがえてゆく。思考のそうしたみちすじが、いまは容易にみいだしにくくなった。」とはどういうことか、簡潔に答えなさい（四〇字以内）。

問い四　傍線二「誰にもみえていて誰もがみていないもの」とはどういうことか。簡潔に答えなさい（五〇字以内）。

問い五　傍線三「さいわいなしのしあわせ時代。」とはどういうことか、簡潔に答えなさい（五〇字以内）。

【解答・解説】

出典　長田弘『詩人であること』〈39　幸福という一語〉（岩波書店）

解答

問い一
A―浪費　B―喚起　C―不断　D―内実　E―墳墓

問い二
ア―あることを気に掛けこだわること。　イ―はじめ。

問い三
幸福の意味が不明確になり、この言葉による生き方の考察が今は困難であるということ。（四〇字以内）

問い四
人々が日常をよく生きるためにはらった努力の蓄積が、自明であるがゆえに強く意識されていないということ。（五〇字以内）

問い五
現代では幸福を、日常を生きる努力の結果としてではなく、単なる幸運の結果として意識しているということ。（五〇字以内）

解説

文章展開

①　幸福という言葉は確かさを失い、幸福という言葉で生き方を考えられなくなっている。

②　現代では幸福は個人的運によってもたらされる「しあわせ」を意味するが、幸田露伴は幸福を人の手によってつくられる「さいわい」として指摘する。

③　これは人間の歴史が日々の仕様をつくりささえてきた工夫の歴史から成り立ち、人の世の根本はそうした幸福の経験にあることを示す。

④　露伴は、日常を生きるために人々がはらってきた努力の過程を考えるさいわいの歴史に注目したが、現代は運に左右される「しあわせ」とのみ幸福を捉え、さいわいなしのしあわせ時代となってしまっている。

問い三　内容説明

傍線部が「どういうことか」を説明する。文章展開①の部分の説明に該当する。

傍線部前の文脈から、幸福という言葉が「うろん」で「そらぞらしく」確かでないものとなったために、「幸福という言葉をつかってものをかんがえてゆく」思考の「みちすじ」が「みいだしにくくなった」（＝考察が困難になった）ことを読み取る。「かんがえてゆくみちすじがみいだしにくくなる」をうまく圧縮するのがポイント。さらに第二段落の最終文を考慮すると、何を考えることが困難になったのか対象を補うべきだろう。ここで対象となる「もの」は第二段落にあるとおり、「幸福」という「言葉によって生きられるような生きかた」、つまり「幸福に生きる」という言い方で表されるような生き方のことであると具体化できる。仕上げとして、「いま」現在の問題として過去と対比されているという文脈を補足すると不足なくまとめられる。

問い四 内容説明

傍線部は 文章展開 ③・④で露伴が捉える「さいわいの歴史」の文脈にあたり、それ（=「人びとの生きた日常の歴史」）が「誰にもみえていて誰もがみていない」とはどういうことか、その理由を読み取り説明する。「誰にもみえ」るのは、傍線部直前の段落にあるとおり、さいわいの歴史が「日常をよく生きるために」人びとがはらった日常の「心づかひ」だからである。逆に、傍線部から四段落前の冒頭にあるとおり、そうした人びとの日々の工夫に対する努力（=「智恵の文明史」）は日常として「目立たずありふれて」いるからみえず、一般に歴史は「俊傑」の戦史・権力史として考えられることともあいまって、「さいわいへの想像力」をもたなければ強く意識されないのである。この、日常性と日常ゆえの自明性という観点から説明する。

問い五 内容説明

比喩的内容を説明する問題だが、傍線部前の文脈から、露伴の時代から変化した現代の幸福を説明する内容であるとわかるので、過去と現在の幸福の違いを述べた全体の展開をふまえて説明する。

文章展開 では全体の説明を一般化して示している。ここから、「さいわい」は人の手による人びとがはらってきた生きるための歴史であるが、今日では幸福を「さいわい」と読む意識が失われ、そうした意義を無視して、めぐり合わせや運の結果（文章展開 ②）としての「しあわせ」のみを幸福と考えるのが現代だ、という展開が把握できる。これを字数内で説明する。

参考 長田弘（一九三九〜二〇一五）は福島県生まれの詩人。早稲田大学在学中から詩作を始める。雑誌「現代詩」「詩と批評」の編集に参加。代表作に『深呼吸の必要』など。エッセーや批評など幅広い執筆活動を行った。出典は一九八三年に岩波書店から発行されたエッセー集『詩人であること』の一部。京都大学の入試（二〇一一年度）などで著書が出題されている。

二〇一三年度

一　次の文章を読んで後の問いにこたえなさい。

一九八九年の「東欧革命」とソ連崩壊の後、私たちがこれまで慣れ親しんでいた世界地図は、ある意味ですっかり使い物にならなくなってしまった。むろん、陸地や河川、海洋等の自然誌的な地物の分布や形状を示す地形図としては、一九八九年以前の地図も依然として使用可能ではある。だが、東西ドイツの統合、東欧諸国の国名変更や分裂、旧ソ連領内の共和国の独立や国名変更、そしてソ連邦そのものの消滅によって、ユーラシア大陸の大きな部分の国家的な版図《はんと》は変わってしまった。

もちろん、これまで使ってきた地図が時代遅れになってしまったこと自体は、ソ連・東欧体制の崩壊という「現実」の反映である。オリジナルのソビエト連邦とその体制が崩壊し、それによってそれまでの地図が使い物にならなくなり、やがてその新しい模像として新しい地図が作られる。ここではたしかに、「オリジナル」としての世界は「コピー」としての地図に先行しているように見える。だが、本当にそのように言い切ることができるだろうか。

ソビエト連邦が崩壊する以前、ソ連共産党の指導者たちは、自らがトウチする国家の巨大な広がりの全体を、実際には地図の上でしか見ることはなかったはずだ。なるほど彼らは、ボルヘスの小説の皇帝のように、国家の全領土を地図で覆うことはしなかったが、彼らは地図を通じてしか国家の「全体」を知ることができなかったのである。彼らだけでなく、ソ連に住み、東欧に暮らしたすべての人びとが、彼らの属する〝帝国〟の全貌《ぜんぼう》をじかに目にしたことはなかった。彼らが実際に見ることができたのは、自らが生活する連邦やその同盟国家の一部であったにすぎない。国境警備の兵士たちすら、たかだか国境線の一部を目にしただけである。連邦と同盟国の領域がどこまでであり、それらがどんな形をし、どこを境として他の国家と接するかということは、地図に描かれることによってはじめて目に見える「事実」として確認されたのである。

人工衛星にトウジョウした宇宙飛行士たちは、たしかに「母なるロシアの大地」を宇宙空間から一望しただろう。地上の人々もそこから送られてくる映像を見ることはできたはずだ。だが、そこから送られてくる映像に国境は引かれておらず、自分たちの陣営の占める領域がどこまでであり、どこからが資本主義勢力の支配下にあるかは、手元の地図と引き合わせることによってはじめて理解できるものであったのである。

ここでは地図は縮尺一分の一ではなく、それよりはるかに小さなものであるがゆえに、肉眼ではけっして見ることのできない「帝国」を一望の下に見ることを可能にしているのである。

やはり地図には描けても目には見えない「鉄のカーテン」が崩壊すると、国土の地形はそのままで地図上の国名や都市名が変わり、新たに国境線が引きなおされ、地図の色の塗り分けが変えられる。連邦の崩壊や国家体制の転換は、地図に描かれることによって、変革の現場に立ち会っていない数多くの人びとの間に「事実」として認められてゆく。ここでは地図は現実に先立つわけではなく、その後を追って、つねに現実に遅れて変化しているように見える。だが、たとえば国境線の変更に関して言えば、それはまず地図の上での変更が条約等で決定され、しかる後に「現実」として確定するのである。そして、人びとが「現実」を認識し、そのような「現実」を多くの人びとが受け入れるのもまた、地図という媒体《メディア》を通じてなのだ。

バルト三国を、アゼルバイジャン共和国を、あるいはセルビア共和国を、私たちは地図の上に見る。むろん、そこで私たちに「事実」を伝えるのは地図だけではない。私たちは同時にそこで、文字や音声、映像によって種々の情報を得る。だが、たとえば旧ユーゴスラビアにおけるフンソウのニュースをテレビで見るとき、私たちは泣き叫ぶ子供たちや置き去りにされた精神病者たちの姿と、フンソウ地域の勢力分布を色分けした地図の双方を見ることで、悲惨な事件を「地域フンソウ」という出来事のなかの一こま、色分けされた地図上のどこかで生じている出来事として理解するのである。戦闘の作戦も調停案も、描き改められ、線を引き直された地図を参照しながら進められる。その時、かつての地図を無効にしてしまった「現実」は、ふたたびある部分で地図を模倣しながら、地図に従って自らを秩序づけてゆこうとしているのである。

このように、私たちはしばしば国際社会や国民社会、地域社会などを、世界地図や国土地図、分県地図や市町村地図と重ね合わせて考えたり、了解したりしている。現在の私たちにとって、「世界」とは地球儀や世界地図に描かれたような世界であり、日本とはテレビの天気予報で示される日本地図と同じ形をした列島であり、東京とは分県地図に描かれたような領域をもった自治体なのだ。「世界」や「日本」、あるいは「東京」といった言葉を聞き、それについて考える時、私たちは特に意図することもなくそうした「地図」としての世界や日本、東京を、実際に肉眼で見たことがないにもかかわらず、しばしば思い浮かべている。

　地図や地図的なイメージを介して国際社会や国民社会、地域社会等を了解するこうした思考のあり方には、次のような二つの特徴がある。第一の特徴は、すでに地図と地表の空間に関して述べてきたように、そこでは通常の視点からは見ることができない社会の全体が、世界を縮尺して表現するという地図的表現を媒介にすることによって総体的に可視化されているということである。そして第二の特徴は、そこで可視化される社会が、たまたま地球表面上の一定の部分で形作られた人間とその集団の関係としてではなく、地球表面上の特定の領域と一体化し、それ自体が空間的な範域性をもったものとして了解されているということだ。第一の特徴と第二の特徴が結びつくことで、私たちは社会を一つの地図的空間としてイメージし、地図的表現を通じて見ているのである。

　社会とは、秩序づけられた行為と関係によって結び付けられた人間の集団である。

　ここで「秩序づけられた行為と関係」とは、自己と他者の間で「意味」として了解され、同定された行為と関係ということだ。たとえばある種の振る舞いが「交換」として同定されて、「贈与」とは区別されること。あるいはある関係が「友情」と見なされて、「敵対」とは区別されること。このような行為や関係の意味の同定と、他の意味をもつ行為や関係との差異づけによって、人間の集団は共同の社会的世界を構成している。さしあたって社会とは、このような意味に媒介された行為と関係の共同の体系であり、そのような体系を生きる人びとの集団であると理解することができる。

二　ある社会Aと他の社会Bとの差異は、この時、それぞれの社会における行為と関係を意味づけるコードの差異によって与えられる。このようなコードの例として、もっとも分かりやすいものは近代における実定法であろう。異なる法に服する集団は、法という共同の行為と関係の規則に関して異なる社会を構成している。社会の「内部」と「外部」とは、同一の意味に媒介された行為と関係の体系を受けいれている領域とそうでない領域によって、差異づけられるのである。ただし、人びとの行為や関係を秩序づけるコードは多様なので、たとえば法というコードに関しては異なる社会――たとえば国家――に帰属する人びとも、市場経済という別のコードに関しては同一の社会――国際的な市場経済社会――に属しているということが、日常的に生じうる。人びとの社会への帰属はタゲンテキであり、したがって人間にとっての社会の広がりもまたタゲンテキなのだ。

私たちは個々に「社会」に属しており、したがってそれぞれに「社会」に接している。だが、個々の人びとの視点からは「社会」そのものを全体的ないし総体的に見ることはできない。その一方で、「社会」やそれに類する言葉、「日本」や「世界」、あるいは「企業」や「親族」といった言葉を使い、それによって社会について考えようとする時、私たちはしばしば個々の個別的な視点を越えて社会を「全体」として見渡す視点をとっており、そのような全体性や総体性によって社会を理解しようとしている。これを図像的にイメージすれば、日本地図や世界地図になり、企業の組織図や親族体系図になるだろう。

こうした場合、私たちはちょうど地図を見るようにして社会について考えている、ということができる。企業や親族組織のような、場所としての広がりをもたない社会をも一種の「地図」として思考し、了解していることは、地図的な表現と了解の構造が、狭い意味での「地図」――地球表面上の諸現象を表現する地図――を超えて、人間が世界や社会と関わる基本的なあり方と関わっていることをシサしている。

――若林幹夫『地図の想像力』

問い一　傍線**A**・**B**・…**E**を漢字で書きなさい。

問い二　傍線**一**「「オリジナル」としての世界は「コピー」としての地図に先行しているように見える。だが、本当にそのように言い切ることができるだろうか。」とあるが、作者は世界と地図との関係をどのように考えているのか、答えなさい（五〇字以内）。

問い三　傍線**二**「ある社会Aと他の社会Bとの差異は、この時、それぞれの社会における行為と関係を意味づけるコードの差異によって与えられる。」とあるが、作者は社会の差異は何によって生まれると考えているのか、答えなさい（三〇字以内）。

問い四　傍線三「私たちはちょうど地図を見るようにして社会について考えている」とはどういうことか、答えなさい（五〇字以内）。

【解答・解説】

出典　若林幹夫『地図の想像力』〈序章　帝国の地図〉（講談社選書メチエ）

解答

問い一
A―統治　B―搭乗　C―紛争　D―多元的　E―示唆

問い二
国境や国家体制など実際に目で見えない世界が、地図で可視化されて初めて現実として確定されるという関係。（五〇字以内）

問い三
各社会で共有される、行為と関係を秩序づけるための規範の違い。（三〇字以内）

問い四
人は個々の視点からは総体的に把握できない社会を、縮小し空間的にイメージすることで理解するということ。（五〇字以内）

解説

文章展開

① 二〇世紀後半の国家的版図の変更で、それまでの地図は使い物にならなくなり、現状を反映した新しい

地図が作られるが、現実世界はそれをコピーした地図に先行していると言い切れるだろうか。

② 国家の広がり全体は地図でしか見えず、地図で国家を事実として確認する。

③ 国境や国家体制の転換は、条約等で地図の変更が決定された後に、「現実」として確定し、地図という媒体を通して認識される。

④ このように、私たちは国際社会や地域社会を地図と重ね合わせて考え了解するが、こうした思考法には、世界を縮尺して総体的に可視化している点、人間と集団との関係ではなく、特定の領域と一体化した形で空間的に了解している点、という二つの特徴がある。

⑤ 社会とは行為と関係によって結びつけられた人間の集団だが、この行為と関係の秩序（意味づけられ方＝コード）は多様であり、それぞれの人間にとって社会の広がりは多元的である。また、私たちは個々に「社会」に属しているので、個々の視点から「社会」を全体的に把握することは困難である。私たちはしばしば地図により縮尺し図像的に見るようにして、社会を思考し理解しようとしている。

問い二 **内容説明**

筆者が「世界と地図との関係をどのように考えているのか」を解答する問題。

文章展開 ①で、筆者は、「オリジナル」である「現実」世界があり、その後で地図という現実の「コピー」があるように見える（＝世界が地図に「先行しているように見える」）ことに関し、「そのように言い切ることができるだろうか」と問いかけている。傍線部後の②・③の部分でも、「…『現実』は…地図を模倣しながら、地図に従って自らを秩序づけてゆこうとしている」として、国境線の画定の例を挙げて、現実が地図に先行するとはいえず、地図を通じて初めて「現実」を確認しうることが述べられている。ここが冒頭の問いかけへの答えとなっている。目では把握できない世界が、地図により初めて「現実」として確定化されるという、両者の関係性を説明する。

問い三 内容説明

ある社会Aと他の社会Bの差異はそれぞれの社会における「行為と関係を意味づけるコードの差異」によって与えられる、という傍線部について、作者がこの「コード」をどのようなものと考えているか説明する問題。「コード」については、傍線部に続く文脈で、法という「行為と関係の規則」を例に説明されている。また、コードの多元性や多様性を理解させるために市場経済という例も挙げられている。これらを一般化すると、社会で共有される行為と関係の秩序を規定する規範の違いが、ある社会と他の社会との差異であると読み取れる。行為と関係を「意味づける」とはどういうことか、適切に言い換えられるかどうかがポイント。

問い四 内容説明

「地図を見るようにして社会について考えている」とは何を意味するかを読み取る。

地図による把握については 文章展開 ④の部分で二つの特徴が説明されているが、これが傍線部の解説にあたる。私たちは地図によって世界を縮尺し、全体的・総体的に見えるようにして特定の地域と一体化させて了解する。これと同じ方法を、場所としての広がりをもたないはずの社会集団の把握にも利用している、ということである（⑤）。人は個々の視点からは総体的に把握することができない、つまり「目に見えない」社会という関係性を、地図のように空間的イメージにすることで把握している。以上のポイントを読み取る。

なお、直前の段落にある「言葉」については、「社会を『全体』として見渡す視点をと」るという内容がその説明になっているので、解答に含めると重複することになるから、書かなくてもよい。

参考 若林幹夫（一九六二～）は社会学者。専門は都市論、メディア論。早稲田大学教育・総合科学学術院教授。『熱い都市　冷たい都市』『モール化する都市と社会――巨大商業施設論』など著書多数。二〇一二年度北海道大学、二〇〇九年度広島大学などの入試で著書が出題されている。

二〇一二年度

一　次の文章を読んで後の問いに答えなさい。

歴史上における思想家というものを今日から見て評価するしかたにはいろいろあります。たとえば、その歴史家の生きていた時代の状況というものをまったく捨象あるいは無視してしまって、その思想家が一個の人間として、人生の永遠不変な課題に対して、あるいはわれわれが日常どこでも当面する問題に対して、どう対処し、いかに答えているか、というような観点から取り扱うこともできます。それから、逆に、その思想家を、きょうのテーマで申しますならば、佐久間象山なら象山を、どこまでも特定の、つまり一回かぎりでくりかえさない歴史的な状況のなかに置いて、象山の思想というものが、そのときの歴史的な諸条件のなかで、どういうふうに位置づけられるか、どういう歴史的役割を果たしあるいはAセイヤクを負っているのか、そういうことを明らかにするしかたもあります。こういった思想家に対するアプローチのしかたは、抽象的にどれがよくてどれが悪いというものではありません。それぞれに意味があると思います。

ただ、前者のようなやりかた、つまり、時代を捨象して、どの時代にも変わらない人間の精神や心理の動きかたに着目して、その思想家の人間像を描き、あるいは彼の課題を普遍的な思想課題として追究するというアプローチは、ややもすると、自ら意識しないで、現代人の心理感情を直接に歴史的人物にBトウエイしたり、あるいはその思想家が万人の認めるところ象山のような偉人である場合には、研究者自身の理想的人間像を対象と同一化して、彼をいわばスーパーマンに仕立て上げることになりかねません。

しかし、逆に、第二の解明のしかた、つまり象山の思想を徹底的に特殊的な、一回的な歴史的な状況だけから説明していきますと、同じ歴史的条件は二度とくりかえされませんから、その思想家から、現代に生きるわれわれが何を学ぶかという問題が出てこなくなります。結論は、象山は偉かったが、こういう歴史的限界があったということでおしまいになる。それだけではありません。よく歴史的人物論の最後には、ア「ひっきょう彼も時代の子であった」というように書いてあります。時代の子であったといえば、象山も時代の子であれば、藤田東湖も時代の子であり、同じ時代の山奥に住んでいた何の何兵衛もやはり時代の子であります。時代の子であったということは、実は何も言わないに等しいわけであります。時代の子とか、あるいはもっと特殊化して下級藩士の出身だとかいってみたところで、やはり下級藩士はたくさんいたのですから、そういった特定時代の共通項でくくるだけでは、その思想家の思想的個性をつかまえることはできないと思います。

特に、今日われわれが過去の思想をみるという場合に、われわれはきわめて安全な地帯から、気やすく過去の思想を判断したり裁いたりすることができます。今日常識化した価値の基準、今日ではだれも当然と思っているものの考え方に安心して、よりかかった姿勢で過去の思想というものを扱う、そして思想家の時代的な限界を指摘することができます。こういう考え方にたちますと、いかなる過去の思想家についても今日のわれわれの目から見まして「限界」を指摘することは容易であります。一見これと反対に、象山は偉かった、彼は非常な先覚者であった、という評価を下す場合にも、彼は先覚者であったということは、やはり今日の常識です。象山の思想の解釈のしかたではいろいろ見解は分かれていても、先覚者でなかったという人はまずありません。ということは、その限りにおいては評価が一定しているということです。評価の一定した時点から、安心して、象山は先覚者であったにもかかわらず、当時の狂信的な攘夷《じょうい》論者はその偉さがわからずに彼を殺してしまった、惜しいことをした、と言います。これはやはり今日われわれが到達した歴史的時点によりかかって、わからず屋に殺されて惜しい先覚者を失った、さあ没後百年のお祭りをしましょう、と言っているだけであります。これも、安易なことだと思います。

つまり、われわれがすでに今日までに到達した知識と、われわれが立っているところの道徳的な基準、政治的な価値、そういったものを当然の、Cジメイの前提として歴史的な過去を見ますと、ほめる場合にも、当時にしては広い視野と展望をもっていた、たとえば外国を夷狄《いてき》夷狄と呼んではいけないといったのは、あの時代としては偉かった、というほめかたになる。ですから、それを裏返せば、I同じ論理で、今日から見たら限界があったということになるのであります。

こういう見方で、過去の思想から今日われわれが学ぶということができるでありましょうか。私は多少それを疑問といたします。では過去の思想から今日われわれが学ぶということはどういうことなのか。歴史的状況をまったく無視せずに、しかもその思想を今日の時点において生かすということはどういうことなのか。そういうことを私たちはもう少し考えてみたいと思うわけであります。

百年もまえに生きた思想家を今日の時点で学ぶためには、まず第一に、現在われわれが到達している知識、あるいは現在使っていることば、さらにそれが前提としている価値基準、そういったものをいったんかっこの中に入れて、できるだけ、その当時の状況に、つまりその当時のことばの使い方に、その当時の価値基準に、われわれ自身を置いてみる、という想像上の操作が必要です。今日から見れば象山没後の百年の間に日本はどういう道を歩んでいったか、世界はどういうふうに発展していったか、ということは既知であります。しかし百年前の象山が行動していたその時点においてはまったく未知であります。ちょうど、われわれは、これからさき百年後に日本はどうなるか、世界はどうなるか、まったく未知であるのと同じことです。つまり、いま申した歴史的想像力をDクシした操作というのは、今日から見てわかっている結末を、どうなるかわからないという未知の混沌《こんとん》に還元し、歴史的には既定となったコースをさまざまの可能性をはらんでいた地点にひきもどして、その中にわれわれ自身を置いてみる、ということです。簡単にいえば、これが過去の追体験ということであります。

しかし追体験だけでは、過去を過去から理解する、いわゆるニ過去の内在的理解が可能になる、あるいはいっそう深くなるというだけです。次には、その思想家の生きていた歴史的な状況というものを、特殊的な一回的な、つまりある時ある所で一度かぎり起こったできごととして考えないで、これを一つの、あるいはいくつかの「典型的な状況」にまで抽象化していく操作が必要になります。あらゆる歴史的できごとというものはそのままではくりかえされません。が、これを典型的な状況としてみれば、それは、今日でも、あるいは今後もわれわれが当面する可能性をもったものとしてとらえることができます。

もちろん関心のEショザイによって、典型的状況を抽出するしかたはさまざまありうるわけです。かりに政治的リーダーシップのあり方という点に関心を持てば、小国が諸大国にかこまれて彼らの野心を操縦しながら自分の国の保全と独立を図らなければならない「状況」とか、国内政治でいえば、重臣が伝統的な権威をイかさに着て、しかも相互に暗闘をつづけている「状況」とか、あるいは知識人が時代に愛想をつかして社会的政治的関心を失い隠遁《いんとん》している「状況」とか、その他いろいろな「型」が抽出されるでしょう。

たとえばマキアヴェルリはこういう操作をローマ史について行なった。そこで千何百年も前の状況と、その中でのさまざまな人間の政治行動とが、マキアヴェルリの生きていたルネッサンス時代に「生かされ」たわけです。彼の政治法則は、こうして、歴史を過去に固着させず、さりとて、歴史的な人物の行動をまったく自由勝手にその時代からひきはなしもしないで、状況とそれに対する対応とをさまざまの「型」に形成していったところにできたものです。こういう操作で、歴史的過去は、直接に現在化されるのではなくて、どこまでも三過去を媒介として現在化されます。思想家が当時のことばと、当時の価値基準で語ったことを、彼が当面していた問題は何であったか、という観点からあらためて捉《とら》えなおし、それを、当時の歴史的状況との関連において、今日の、あるいは明日の時代に読みかえることによって、われわれは、その思想家の当面した問題をわれわれの問題として主体的に受けとめることができるのです。

——丸山真男『忠誠と反逆』

問い一　傍線**A**・**B**・……・**E**のカタカナを漢字に改めなさい。

問い二　傍線**ア**「ひっきょう」・傍線**イ**「かさに着て」の意味を簡潔に書きなさい。

問い三　傍線**一**「同じ論理」の指す内容を簡潔に答えなさい（三〇字以内）。

問い四　傍線**二**「過去の内在的理解」とはどういうことか、簡潔に答えなさい（三〇字以内）。

問い五　傍線**三**「過去を媒介として現在化」するとはどうすることか、簡潔に答えなさい（四〇字以内）。

【解答・解説】

出典 丸山眞男『忠誠と反逆』〈幕末における視座の変革――佐久間象山の場合〉(ちくま学芸文庫)

解答

問い一
A―制約　B―投影　C―自明　D―駆使　E―所在

問い二
ア―結局。つまるところ。　イ―他人の権威を利用して威張って。

問い三
現在自明の知識と価値基準によって歴史的過去を判断すること。(三〇字以内)

問い四
当時の知識や価値基準の中に自分を置いて過去を考察すること。(三〇字以内)

問い五
過去の個別の事象を抽出し、典型的な状況まで抽象化して現在の問題として捉えること。(四〇字以内)

解説

文章展開

① 歴史上の思想家の評価には、その人物が生きた時代を無視し、個別の、または普遍的な問題に対し人間

としてどう対処したかという観点、逆に歴史的状況の中に位置づけその歴史的役割を見る観点という、二つの観点からのアプローチがある。

② ただ前者は、その思想家に現代の心理感情を投影したり、理想的人間像にしたりして終わる点が、後者は歴史の一回性から、現代的問題につながらず歴史的限界の指摘で終わるという点が問題である。

③ これは過去を、今日の基準、価値を前提として評価するからだが、ではわれわれはどのように過去の思想家から学べるか。

④ まず自分を当時の価値基準に置いて過去を追体験する操作が必要である。

⑤ さらに、思想家のいた歴史的状況を典型的な状況として抽象化し、さまざまな「型」として抽出することができるだろう。これらを用いて、思想家の語ったことを当時彼が直面していた問題は何だったかという観点で捉えなおし、歴史的状況との関連において今に読みかえることで、現在的問題として主体的に受けとめることができる。

問い三　内容説明

文章展開③にある、過去を現在の価値基準で評価することの問題点に関する問題。「同じ論理」の内容を説明する。

傍線部直後の「今日から見たら限界があったということになる」という部分に着目し、この帰結を導く論理を探すと、傍線部を含む段落の冒頭からの説明がその内容にあたる。「今日までに到達した知識」による基準や価値を自明の前提として歴史的な過去を見るという論理が、「あの時代としては偉かった」と「今日から見たら限界があった」という帰結のいずれをも導く「同じ論理」であることを把握する。

問い四　内容説明

傍線部直前の文脈から、「過去の内在的理解」とは「追体験だけ」で可能になるものとされていることがわかる。つまり本問は、傍線部の前にすでに述べられている「過去の追体験」がどういうことかを説明する問題である。この点をまず把握する。

該当箇所は傍線部直前の段落で文章展開④の部分。「百年もまえに生きた思想家を今日の時点で学ぶため」に、当時の状況やことばの使い方、価値基準に自身を置いてみるという想像上の仮定の操作を行う。これが「過去の内在的理解」である。簡潔な解答にする必要があるので、「過去の内在的理解」が直前の「過去を過去から理解する」の言い換えであることを考慮し、現在のわれわれが到達した価値基準を前提から外すことについては割愛し、過去の状況に自分を置くという内容に重点を置いて説明した方がよいだろう。

問い五　内容説明

傍線部直前の「こういう操作で」以下が該当箇所。どのような操作によって「過去を媒介として現在化」するかを簡潔にまとめる。

この操作は、マキアヴェルリの具体例で説明されるが、その内容は文章展開⑤で一般化したとおり、過去の歴史的状況を「典型的状況」として抽象化・抽出すること。さらに、そうした典型的状況を、今後もくりかえされて現代のわれわれが当面する可能性があるものとして捉えなおし、歴史的過去を現在のわれわれの問題として考えること。以上の二つが解答に盛り込むべきポイントである。

参考　丸山眞男（一九一四〜一九九六）は政治思想史家で、戦後日本を代表する知識人の一人として著名である。東京大学教授、ハーバード大学・オックスフォード大学客員教授を務めた。『日本政治思想史研究』『日本の思想』『戦中と戦後の間』など多くの著書がある。『忠誠と反逆』は幕末から明治初期にかけての思想史に関する論文集である。

二〇一一年度

一　次の文章を読んで後の問いに答えなさい。

著作権の都合上、省略。

著作権の都合上、省略。

著作権の都合上、省略。

――藤田省三『精神史的考察』

（注）『平家物語』　平安時代末期、治承四年（西暦一一八〇年）に起こった内乱を描いた物語
（注）『保元物語』　平安時代後期、保元元年（西暦一一五六年）に起こった内乱を描いた物語
（注）『平治物語』　平安時代後期、平治元年（西暦一一五九年）に起こった内乱を描いた物語

問い一　傍線部**A**・**B**・……**E**のカタカナで書かれた語を漢字で書きなさい。

問い二　傍線部一「函数」(注　関数に同じ)とはここではどういうことか、簡潔に答えなさい(二〇字以内)。

問い三　筆者の考える、傍線部二「史劇」の特徴を述べなさい(五〇字以内)。

問い四　筆者の考える、『保元物語』の意義を文章全体をふまえて述べなさい(五〇字以内)。

【解答・解説】

出典　藤田省三『精神史的考察』〈史劇の誕生――『保元物語』の主題についての一考察〉（平凡社）

解答

問い一
A―鮮烈　B―結晶　C―陳腐　D―視野　E―発端

問い二
歴史を描く構造性の中の関係や状況の一つ。（二〇字以内）

問い三
物語としての情緒性や活劇性を備えながら、歴史的事件の過程を一連のものとして構成した叙事的作品。（五〇字以内）

問い四
宮廷から武家への転換を描き、中世精神の成立を表現した史劇として一連の歴史物語の発端となったこと。（五〇字以内）

解説

文章展開

①『平家物語』は規模、多様性、展開度、成熟度などの点で完成度が格段に高い作品だが、『保元物語』は

『平家』にもない鋭い劇的性格を持っている。

②『保元』の劇的性格とは、宮廷の顚落と「無頼」が英雄として登場する逆転劇の筋である。

③この逆転は『平家物語』では自明とされ、ドラマを構成する構造性の一要素となっており、この構造的特徴のためには『保元』という、逆転を「誕生」させる前提の先行が必要であった。

④この点で『平治物語』はつなぎにすぎないとも言えるが、一連の歴史的事件を「史劇」のシリーズとして描くために不可欠である。このことは一連の作品を叙事的作品として、物語の情緒性と「戦記」の活劇性も含めた「史劇」として読むべきことを示している。

⑤『保元物語』は中世精神の成立を表現し、一連の「史劇」の発端であるという構造から読むべきだ。

問い二　内容説明（比喩）

比喩的表現の内容を簡潔に説明する問題。

『平家物語』の中では、「無頼の英雄の活躍」「宮廷の失墜ぶり」がそれぞれ「一つの役をふり当てられた函数」、つまりx、yなどの変数としてだけ現れるとある。これは傍線部の三行後から言い換えられているように、「関係」や「状況」の「一項目と成り変わる」ことである。さらに文脈を補強すると、これはそうした歴史的事件や事象が、「平家興亡史劇」という物語の構造の中において、その史劇を描くために、それぞれ関係や状況を表す一要素として扱われることを意味する。

問い三　内容説明（特徴）

「史劇」の特徴については文章展開④で説明されている。解答に盛り込むべきポイントは、「歴史的事件」を一連のものとして描いたものを「史劇」としている点である。『保元』と『平家』の間に「歴史的事件の継起に合わせてわざわざ」『平治』が作られることによって、三つの物語は「史劇」としての「シリーズ性」を満たすことになるとあるため、この点が解答の基軸となる。ただし、「形容部分の情緒性も合戦記の活劇性も、

『史劇』としての全体の基本的骨格との関連で」捉えられなければならないとしている（文章展開④の末尾を参照のこと）ことをふまえれば、二点目として、物語としての情緒性や活劇性も「史劇」の要素とされていることにも言及すべきだろう。

問い四　内容説明（意義）

『平治』『平家』ではなく、『保元物語』の意義を答えることに留意。

文章展開⑤で『保元物語』の意義が説明されている。『保元』が保元の乱における宮廷の失墜と無頼の英雄の「誕生」という逆転劇を描いて中世精神の成立を表現し、『平家物語』の世界を「切り開い」て、一連の「史劇」という物語形式の突破口（発端）になったとの内容は不可欠であり、この部分を軸にするとまとめやすい。ただし、設問の要求は「文章全体をふまえて」の解答であるので、権力の転換が、史劇として描かれる（②・③）ことで中世精神の成立に大きく影響していることへの言及も必要だろう。

参考

藤田省三（一九二七〜二〇〇三）は思想史研究者。主な著書に『天皇制国家の支配原理』『転向の思想史的研究』などがある。二〇一八年度一橋大学大問三、二〇一六年度東北大学、二〇一三年度早稲田大学（文）など、入試問題によく出題される。『保元物語』は保元の乱（一一五六年、後白河天皇と崇徳上皇が争った内乱。これ以降武家の力が政権を左右する政治状況が始まった）の顛末を記した軍記物語。合戦の場面などで直接話法によって臨場感を表現する劇的な描写に特徴がある。

二〇一〇年度

一

次の文章を読んで後の問いに答えなさい。

モロッコの社会学者ファーティマ・メルニーシーがどこかでこんなことを書いていた。西洋社会の人間はアラブ社会は宗教的だと言うが、自分がアメリカで暮らしてみて驚いたのは、アメリカ社会の日常が、キリスト教の宗教的ガンイAによって満たされていたということだ。それを日常として生きている者にはごく当たり前のことであって、ことさらに宗教的であるとは感じないかもしれないが、他文化の者にとっては、アメリカはその日常の細部までキリスト教的ガンイに満ち満ちた実に宗教的な社会に映ったという。

同じことはこの日本社会についても言えるかもしれない。一日本人は宗教心が希薄だと、日本人自身が言うのをよく聴く。たいていの場合、「それに較《くら》べてイスラームの人々は宗教熱心で、私たちとはぜんぜん違う」という言葉があとに続くのだが、でも、そうした日本人自身の意識とは正反対に、日本社会を体験したイスラーム教徒が強調するのは、日本社会がいかに宗教的であるか、ということだ。何十万という人々が神社に初詣《はつもうで》に出かけ、柏手《かしわで》を打ったり、何事か祈願して絵馬をホウノウBしたり、おみくじを引いたり、七五三で神社にお参りに出かけたり、仏壇に朝晩供えものをしたり、お盆に坊さんを呼んで法事をしたり……私たちにとってそれは、とりたてて宗教的な行為というわけではなく、親がやってきたから自分も何となく繰り返している日常の一こま、あるいは年中行事のひとつに過ぎないとしても、それはたしかに宗教的な意味に浸潤されている行為なのだ。そして私たちは、それを当たり前の日常として生きているがゆえに、その宗教性は空気のように自然化されてしまっており、ことさらに宗教的な行為とは感じなくなってしまっているだけなのかもしれない。

だから、イスラームの社会において私たちの目から見れば、非常に宗教的な振る舞いと見えるものであっても、本人たちはそれをたんに慣れ親しんだ日常の一部として行っている場合もたくさんあるだろう。ムスリム女性の被《かぶ》るスカーフなど、その良い例かもしれない。

私たちにとって、イスラーム社会における女性のスカーフ姿は、「イスラーム女性」のシンボルとなっていると言っても過言ではない。私たちにとってスカーフはお洒落《しゃれ》のためのアイテムであり、それ以外の理由ではスカーフを被らない。でも、彼女たちはみな、宗教ゆえにスカーフを被る。私たちと彼女たちとの間のこの違い。目に見える違い。「文化の違い」。「なぜ、スカーフを被るのですか？」と彼女たちに訊《たず》ねればきっと、訊ねられた誰《だれ》もが、イスラームの教えに従って、と答えるに違いない。中には、コーランやハディース（預言者の言行録）から、信徒のたしなみについて述べた章句や言葉を引用する者もいるだろう。イスラームの教えに従ってスカーフを被る女性たち。私たちはそんなことしない。私たちとは違う彼女たち。個人の服装まで律する厳格な教え。それに従う厳格な女性たち。自由な私たちとはまるで異質な存在……。

たしかに、ムスリム女性のスカーフには宗教的なCコンキョがある。しかし、だからといって、すべての女性が熱烈な宗教心の証《あかし》としてスカーフを被っているわけではないこともまた、たしかだ。都市部と違い地方部では女性がスカーフを被るのが、いまでもまだ当たり前だ。母も祖母も姉も、自分のまわりのすべての女性たちがスカーフを被っている。だから自分も被る。それは女性たちにとってまず、宗教的行為というよりも地域に根ざした生活習慣としてである。私たちにも、とくにその由来を考えることなく、永年の生活習慣として行っている多くの行為があるのではないだろうか。

「イスラーム」という「文化」の違いは、女性たちが被るスカーフという実に目に見えやすい形で現象している。その、目に見える違い、つまり「文化の違い」ということがにわかに、現代においてなお人々が厳格に宗教的に生きているイスラーム社会、特殊な社会というイメージを生み出す。「文化の違い」はたしかに、スカーフの有無という可視化される差異として現象しているけれども、たとえば永年の生活習慣としてそれが行われているという点に注目すれば、私たちの社会もまた、現れ方は異なるけれども、同じような態度が見られることに気がつくだろう。

つまり、私たちと彼らは、実はそんなに違わない、ということだ。少なくとも、同じ人間として理解できないほど違う、というわけでは決してない。そして、このとき「文化の違い」とは、私たちには一見すると、私たちとの異質性を物語るような具体的な違い、二「私たち」と「彼ら」のあいだの可視化された差異について、それが同じ人間としてじゅうぶん理解可能であることを示してくれるものなのだ。

「文化の違い」をこのようなものとして考えるならば、「文化が違う」ということは、彼我のあいだの通約不能な異質性を意味するものではなく、反対に、人がそれぞれの社会で生きている現実の細部の違いを越えて、理解しあう可能性を表すものとなる。「理解する」とは、三それを丸ごと肯定することとは違う。むしろ、私たちは「理解する」からこそ、そこにおいて、批判も含めた対話が、他者とのあいだで可能になるのではないだろうか。そして、理解することなく「これが彼らの文化だ、彼らの価値観だ」と丸ごと肯定しているかぎり、Dマッショウされ、私たちの目には見えないでいる、その文化内部の多様な差異やせめぎあい、ゆらぎや葛《かっ》藤《とう》もまた、私たちが「理解」しようとすることで立ち現れてくるだろう。

他文化を自分たちとは異質だ、特殊だと決めつける視線、それは、自分たちもまた、形こそ違え、実は彼らと同じようなことをしている、同じように生きている、という、批判的な自己認識を欠いたものである。そして、この、自文化に対する批判的な自己認識を欠落させた視線が、かつて自らの「普遍性」を僭称《せんしょう》し、他文化を「野蛮」と貶《おとし》めたのではなかっただろうか。文化相対主義とはまずもって、そうした自文化中心主義的な態度に対する批判としてあることを私たちは確認しておこう。自文化中心的に他文化を裁断することを戒めるため、自文化をつねに相対化して考えることの大切さ。したがって、そのような文化相対主義は、自文化に対する批判的な認識を欠いて、他文化を自文化とは決定的に異なった特殊なものとして見出《みいだ》す「文化相対主義」とは、ぜんぜん別物である。

いま、「文化」が現代世界を理解するための重要なキーワードとなっている。だが、それはいったい、いかなる「文化」なのか？「文化の違い」が主張されるとき、それは、何を主張しているのか？　われわれにはわれわれ固有の価値観がある、それはお前たちの価値観とは違うのだ、それがお前たちの目から見て、どんなに間違っていようと、われわれはこれでいいのだ、という自文化中心的な「文化相対主義」の主張は、たんに一文化の独自性の主張にとどまらない。それは、自分たちの「文化」だけでなく、およそ「自文化」というものを、自閉的でナルシシスティックに肯定したいこの世界のありとあらゆる者たちの共犯者となって、自らが帰属する社会を、その歴史を、無条件に肯定したいという自己愛に満ちた欲望を支えている。お前たちはそれを侵略といい、虐殺といい、奴隷制という。それはお前たちの価値観、お前たちの歴史だ。われわれにはわれわれの価値観、われわれの歴史があるのだという主張。そして、このような「文化相対主義」に基づいて主張される多文化主義は、アメリカのハケン主義を共犯者として補完するものであって、決して、グローバリゼーションの対抗言説にはなり得ない。

したがって、反・自文化中心的な文化相対主義に基づいて、「文化」を、そして「文化の違い」というものを考えること。そのようなものとして、いま「文化」を理解することこそがおそらく、いまだ明かされない新しい普遍性へと世界を、そして私たちを開いていくだろう。

――岡真理「「文化が違う」とは何を意味するのか？」

問い一　傍線**A**・**B**・……**E**のカタカナで書かれた語句を漢字で書きなさい。

問い二　傍線**一**「日本人は宗教心が希薄だと、日本人自身が言うのをよく聴く。」とあるが、これについての筆者の見解を述べなさい（五〇字以内）。

問い三　傍線**二**「「私たち」と「彼ら」のあいだの可視化された差異について、それが同じ人間としてじゅうぶん理解可能であること」とはどういうことか、説明しなさい（五〇字以内）。

問い四　傍線**三**「丸ごと肯定」することを筆者は批判しているが、傍線**三**以降の内容を踏まえて、その理由を二点挙げなさい。

【解答・解説】

出典　岡真理「『文化が違う』とは何を意味するのか?」(新書館『大航海』二〇〇一年三八号所収)

解答

問い一
A―含意　B―奉納　C―根拠　D―抹消　E―覇権

問い二
日本人も他者から見ると宗教的な行為をしているが、当たり前の日常であるため宗教性を感じないだけである。(五〇字以内)

問い三
自他の文化の違いは目に見え明らかだが、各地域の生活習慣の相違と捉えれば相互に理解が可能だということ。(五〇字以内)

問い四
- 他の文化内部に存在する多様な差異やせめぎあい、ゆらぎや葛藤が見えなくなるから。
- 自文化への批判的認識を欠き、自文化を無条件に肯定する「文化相対主義」に陥るから。

解説

文章展開

①他文化からは宗教的に映り、日常としている者にはそう映らないことがある。その例として、日本人自身は日本社会を宗教心が希薄だというがイスラームの人々には宗教的と映ること、また、日本人が宗教的であると感じるムスリム女性のスカーフが、場合によっては宗教心ではなく生活習慣として被られていることが挙げられる。

②「文化の違い」は可視化される差異として現れるが、このように生活習慣の違いとして捉えることで、それほど違いのない同じ人間の行為だという理解が十分に可能である。

③ただし、他者を「理解する」ということが、相手の文化や価値観を丸ごと肯定することではない点に注意が必要である。批判を含めた他者との対話を欠く肯定は、他文化内の差異やせめぎあい、葛藤を見えなくする。

④さらに、こうした丸ごとの肯定は、自文化を批判せずに自己の価値観を絶対化して他文化を異質なもの、特殊なものと決めつける「文化相対主義」（本当の文化相対主義とは異なる）に陥らせる。

⑤現在、「文化」が世界を理解するための重要なキーワードになっている。アメリカの覇権主義を補完してしまうような、自文化中心的な「文化相対主義」に基づく多文化主義とは全く異なる、反・自文化中心的な見方によって、「文化」そして「文化の違い」を理解することが、新しい普遍性へと世界を開いてゆくだろう。

問い二　内容説明

傍線部直前に「同じことは」とあることから、傍線部を含む段落（文章展開①）の文脈から解答すればよい。具体例は省いて一般化すること。

筆者は社会の宗教性について、その社会に属している人々自身にとっては「当たり前の日常として生きている」ために自然化されて、宗教的とは感じられなくなるのだと説明している。このため、筆者は傍線部のような「日本人自身」による日本社会の見方に対し、他文化の人から見れば日本人も十分宗教的に映るのだと考えている。

問い三　内容説明

傍線部の内容については、前の段落でムスリム女性のスカーフを具体例として説明されているので、その内容を自分の言葉で一般化してまとめればよい。

「私たち」と「彼ら」、つまり自文化と他文化間の違いは、スカーフのように目に見える「可視化された差異」として現れるものである。これは一見すると「私たち」にとって、「彼ら」の「異質性を物語るような具体的な違い」そのものである。しかしこれを永年の「生活習慣」として行われているものとして見ることで、自文化にも同じような類型の習慣を見いだすことができ、同じ人間の行為として相互理解が可能である、との内容を読み取る。この、文化の違いが目に見えるということ、それを生活習慣の違いとして把握することで相互理解に結びつけられるのだということ、以上二つのポイントを解答に盛り込むこと。

問い四　理由説明

真の「理解」ではなく、対象を「丸ごと肯定」することを筆者が批判する理由を二点挙げる問題。「傍線三以降の内容を踏まえて」との条件に従うこと。この条件から出題の意図を読み取ると、傍線三以前の内容からでも筆者の根拠は挙げられるが、最後の二段落（文章展開⑤）で述べられる、「丸ごと肯定」することの大きな弊害に関する議論をスルーすることなくまとめなさい、という指示だと推測できるだろう。

この点に注意し、該当する文章展開③・④の内容をまとめればよいが、まず、③は他文化に対する態度のとり方、④は自文化に対する態度のとり方についてであり、このアプローチの違いが「二点」の書き分けに該当することに気づきたい。まず、彼らは彼らであるとして、他者の文化や価値観を投げやりに肯定する姿勢は、他者との批判を含めた対話を欠き、他文化内部の状況を見えなくするということ（③）。さらに、このように他文化を「異質だ、特殊だ」とする姿勢は同時に、自文化への批判的姿勢を欠くことになるから、自己を絶対化する自文化中心的な「文化相対主義」につながるということ。この二点をまとめる。

なお、④をまとめる際に、文化相対主義を説明する語句として⑤の中の語句を反映させると、設問の条件に従った過不足のない解答となる。文化相対主義は、批判的な自己意識を欠くために「たんに一文化の独自性の主張にとどまらない」ものになり、自らの文化を「無条件に肯定したい」性質をもつ（⑤）。筆者はこの点を、一見「文化の違い」「固有の価値観」を主張しているように見えて内実は自文化を批判し相対化する態度を欠いている、誤った「文化相対主義」の問題点として批判しているのである。

参考　岡真理（一九六〇〜）は現代アラブ文学、パレスチナ問題、第三世界フェミニズム思想を専門とする研究者。大使館勤務などを経て、京都大学大学院人間・環境学研究科教授。著書に『記憶／物語』『アラブ、祈りとしての文学』などがある。

二〇〇九年度

㈠　次の文章を読んで後の問いに答えなさい。

東洋と西洋、というあんばいに、文化を地理的にわけて良いか否かは、厳密に規定せられぬかも知れぬ。が、これは、そんなにやかましく、科学的に書き立てるのでないから、ただ漠然と東と西ということにしておく。まず西洋民族の意識の底に何があるかをギンミ(A)する。キプリング(注)も「東は東、西は西、とても一つにはならぬ」と歌っている。すなわち「分けて制する」とでも邦訳すべきか。なんでも政治か軍事上の言葉らしい。英語に訳すると、divide and rule の義だという。ラテン語で divide et impera というのがある。相手になるものの勢力を分割して、その間に闘争を起こさしめ、それで弱まるところを打って、屈服させるのである。ところが、この語は不思議に西洋思想や文化の特性を剴切《がいせつ》(注)に表現している。分割は知性の性格である。まず主と客とをわける。われと人、自分と世界、心と物、天と地、陰と陽、など、すべて分けることが知性である。主客の分別をつけないと、知識が成立せぬ。知るものと知られるもの——この二元性からわれらの知識が出てきて、それから次へ次へと発展してゆく。哲学も科学も、なにもかも、これから出る。個の世界、多の世界を見てゆくのが、西洋思想の特徴である。

それから、分けると、分けられたものの間に争いの起こるのは当然だ。すなわち、力の世界がそこから開けてくる。力とは勝負である。制するか制せられるかの、二元的世界である。高い山が自分の面前に突っ立っている、そうすると、その山に登りたいとの気が動く。いろいろと工夫して、その絶頂をきわめる。そうすると、山を征服したという。鳥のように大空を駆けまわりたいと考える。さんざんの計画を立てた後、とうとう鳥以上の飛行能力を発揮するようになり、大西洋などは一日で往復するようになった。大空を征服したと、その成功を祝う。近ごろはまた月の世界までへも飛ぶことを工夫している。何年かの後には、それも可能になろう。月も征服せられる日があるに相違ない。この征服欲が力、すなわち各種のインペリアリズム(侵略主義)の実現となる。自由の一面にはこの性格が見られる。

二元性を基底にもつ西洋思想には、もとより長所もあれば短所もある。個個特殊の具体的事物を一般化し、概念化し、抽象化する、これが長所である。これを日常生活の上に利用すると、すなわち工業化すると、大量生産となる。大量生産はすべてをフヘンカし、平均にする。生産費が安くなり、そのうえ労力が省ける。しかし、この長所によって、その短所が補足せられるかは疑問である。すべてフヘンカし、標準化するということは、個個の特性を滅却し、創造欲を統制する意味になる。それから「ドゥー・イット・ユアセルフ(自分でおやりなさい)」式の未完成家具や小道具類ができて、それがかえって、今まで省けた労力をショウモウすることになる。ある意味で創作力の発揮になるものが、きわめて小範囲を出ない。つまりは機械の奴隷となるにすぎない。思想面でも一般化・論理化・原則化・抽象化などいうことも、個性の特殊性、すなわち各自の創作欲を抑制することになる。だれもかも一定の型にはまりこんでしまう。どんぐりの背くらべは、古往今来、どこの国民の間にも見られるところだが、知性一般化の結果は、凡人のデモクラシーにほかならぬ。

東洋民族の間では、分割的知性、したがって、それから流出し、派生するすべての長所・短所が、見られぬ。知性が、欧米文化人のように、東洋では重んぜられなかったからである。われわれ東洋人の心理は、知性発生以前、論理万能主義以前の所に向かって、その根を下ろし、その幹を培うことになった。近ごろの学者たちは、これを嘲笑《ちょうしょう》せんとする傾向を示すが、それは知性の外面的光彩のまばゆきまでなるに眩惑《げんわく》せられた結果である。畢竟《ひっきょう》ずるに、眼光紙背に徹せぬからだ。

主客未分以前というは、神がまだ「光あれ」といわなかった時のことである。あるいは、そういわんとせる刹那《せつな》である。この刹那の機を捕えるところに、東洋的心理の「玄之又玄《げんのまたげん》」(『老子』第一章)なるものがある。この玄に触れないかぎり、知性はいつも浮き足になっている。現代人の不安は実にここから出てくる。これは個人の上だけに現われているのではない。国際政治の上にもっとも顕著な事象となって、日々の新聞に報ぜられる。

「光あれ」という心が、神の胸に動き出さんとする、その刹那に触れんとするのが、東洋民族の心理であるのに対して、欧米的心理は、「光」が現われてからの事象にボットウするのである。主客あるいは明暗未分以前の光景を、東洋最初の思想家である老子の言葉を借りると、「恍惚《こうこつ》」である。荘子はこれを「渾沌《こんとん》」といっている。また「無状の状。無象の象」（『老子』第十四章）ともいう。何だか形相があるようで何もない。名をつけると、それに相応した何かがあるように考える。それで、まだ何とも名をつけず、何らの性格づけをしないとき、かりに、これをいまだ動き始めぬ神の存在態とする。老子は、またこれを「天下谿《てんかのけい》」とも「天下谷《てんかのたに》」ともいう（第二十八章）。谷も谿も同じだ。またこれを「玄牝《げんぴん》」ともいう。母の義、または、雌の義である。ゲーテの「永遠の女性」である。これを守って離れず惑わざるところに、「嬰児《えいじ》」に復帰し、「無極《むきょく》」に復帰し、「樸《はく》」(注)に復帰するのである。ここに未だ発言せざる神がいる。神が何かをいうときが、樸の散ずるところ、無象の象に名のつけられるところで、これから万物が生まれ出る母性が成立する。分割が行ぜられる。万物分割の知性を認識すること、これもとより大事だが、「その母を守る」ことを忘れてはならぬ。東洋民族の意識・心理・思想・文化の根源には、この母を守るということがある。母である、父ではない、これを忘れてはならぬ。

欧米人の考え方、感じ方の根本には父がある。キリスト教にもユダヤ教にも父はあるが、母はない。キリスト教はマリアを聖母に仕立てあげたが、まだ絶対性を与えるに躊躇《ちゅうちょ》している。彼らの神は父であって母でない。父は力と律法と義とでトウギョする。母は無条件の愛でなにもかも包容する。善いとか悪いとかいわぬ。いずれも併呑《へいどん》して、「改めず、あやうからず」である。西洋の愛には力の残りかすがある。東洋のは十方豁開《かっかい》である。八方開きである。どこからでも入ってこられる。

ここに母というのは、わたしの考えでは、普通にいままでの注釈家が説明するような道といったり、また「ゴッドヘッド」(注)といったりするものではないのである。もっともっと具体的な行動的な人間的なものと見たいのだ。しかし今は詳説するいとまをもたぬ。

——鈴木大拙「東洋文化の根底にあるもの」

（注）キプリング　イギリス人のノーベル賞作家。

（注）剴切　ぴったりとあてはまること。

（注）樸　性来のままで人為の加わらないこと。
（注）ゴッドヘッド　神性、神格。

問い一　傍線**A**・**B**・……**E**のカタカナで書かれた語を漢字で書きなさい。

問い二　傍線**a**「どんぐりの背くらべ」・**b**「眼光紙背に徹（す）」の語句の意味を簡潔に書きなさい。

問い三　傍線一「知性はいつも浮き足になっている」とあるが、それはなぜか、簡潔に答えなさい（五〇字以内）。

問い四　傍線二「名をつけると、それに相応した何かがあるように考える」とあるが、それはどういうことか、著者が考える西洋思想の短所を念頭に置きながら、知性又は分析との関わりで簡潔に説明しなさい（四〇字以内）。

問い五　傍線三「母を守る」とはどういうことか、著者の考えを簡潔にまとめなさい（二〇字以内）。

【解答・解説】

出典　鈴木大拙「東洋文化の根底にあるもの」

解答

問い一

A―吟味　B―普遍化　C―消耗　D―没頭　E―統御

問い二

a―似たり寄ったりで、特に優れたところのないこと。

b―書かれたことの背後にある深い意味まで読み取ること。

問い三

主客未分以前の根元的なものを見ない西洋的知性は、二元的知識による発展だけでなく対立も内包するから。（五〇字以内）

問い四

知性による命名が、未分化の状態を分析して、一般化した概念として錯覚させること。（四〇字以内）

問い五

万物が生まれる根源的状態を尊重すること。（二〇字以内）

解説

文章展開

① 東洋と西洋の違いは何か。

② 西洋の意識には、「分けて制する」という発想から生じる主客分割と、さらにそこから生じる知性が特徴としてある。これには個々の事情を一般化、概念化、原則化、抽象化することで技術知識を進歩させたという長所と、逆に個々の特殊性を無視して個人の創造欲を抑制し、また、分割により力で制するか制せられるかの対立の世界が開けるという短所がある。

③ 東洋ではこの分割的知性は見られず、主客未分以前の状態を「恍惚」「渾沌」などと表し、万物が生まれ出る母性が成立する根源の状態として重視する。

④ 西洋人の感じ方の根本には、力と律法と義とで統御する「父」という発想があるが、東洋では逆に無条件の愛で包容する「母」のように幅広く受け入れるという発想がみられる。

問い三　理由説明

「浮き足」は、つま先だけが地についてかかとが浮き上がる、不安定な状態のこと。傍線一をはじめ、この文章の「知性」は西洋的な知性を指すので、なぜ西洋の知性が不安定かを説明する問題。

まず、この不安定さは個人と国家とを問わず現代人の精神状態であることが、傍線部後の文から読み取れる。不安定になる原因について、著者は東洋的心理である「玄」の欠如を挙げている。この「玄」とは「主客未分以前」、主客が生まれる「刹那の機」に触れようとする心理のことである。西洋思想では「玄」は知性の外に置かれ、知性は世界を分割するものであり、分割された要素間の対立関係として世界を認識する。このため、世界は技術的発展を遂げる一方で、力と力の対立と闘争を強いられるため不安定になるのである。解答では、西洋的知性の長所にも言及した方が「浮き足になっている」理由の説明としては過不足のないものとなる。

問い四　内容説明

解答の条件が二つあることに注意。（A）西洋思想の短所を念頭に置き、（B）知性または分析との関わりに留意して、傍線部前後の文脈を確認しよう。

東洋では、老子が「恍惚」「無状の状。無象の象」と表現するような主客未分の状態を守る。そして、名前をつけることにより「それに相応した何か」が生じるように考えるので、名をつけず何らの性格づけもしないと説明されている。一方、西洋の知性はものを分割し、分析して名づけることで、未分化の状態にある「何か」を概念としてはっきりさせながら次へ次へと発展していく。このように未分化を無視して行われる分割は、「恍惚」「渾沌」の状態を捉えることができているとはいえず、かえって名づけて分析したことにより「何かがあるように」錯覚することであるといえる（B）。これは西洋思想の二元的知性の短所の現れである（A）。以上をまとめ、西洋的思想による未分化への命名が、それを言葉で概念化することで、かえって捉えそこなってしまうことを説明する。

問い五　内容説明

本文中の「母」は、傍線三の前にあるように「万物が生まれ出る」ところとされるものであり、著者はそれを主客未分以前の状態であると繰り返し説明している。さらに、「恍惚」「渾沌」などにみられるように、東洋思想ではこの分割的知性発生以前の状態を重んじてきており、著者はこのような東洋人の態度を「守る」と言い換えていると読み取れる。「守る」という語のニュアンスを取り違えないように注意。なお、「重んじる」「尊重」する以外にも、文中に「守って離れず惑わざる」「樸（性来のままで人為の加わらないこと）」などとあることから、随順の意味で、そのものに「背くことなく従う」などととってもよい。二〇字の字数制限は厳しいが、「万物」「生む」「根源」などの語句を使って工夫をしたい。

参考

鈴木大拙（一八七〇～一九六六）は世界的に知られた仏教学者。東京帝国大学等で学ぶとともに、鎌倉円覚寺で禅の修行に励み、その後渡米し仏教、中国思想を紹介した。日本文、英文の著書や論文があり、「東洋文化の根底にあるもの」は一九五八年一二月二二日の毎日新聞に掲載された文章で、『鈴木大拙全集』（岩波書店）や『新編東洋的な見方』（岩波文庫）に入っている。

二〇〇八年度

一　次の文章を読んで後の問いに答えなさい。

輿論《よろん》(注)と呼ばれる一種の意志か見解か主張か信念か、何かそういうものの本性が何であるかに就《つ》いては、多くの学者達が論じている。それは後にするとして、それが歴史的にいってブルジョア・デモクラシーの政治的ショサンであるということ、もしくは、ブルジョア・デモクラシーと同じ社会的基礎を母胎として生まれたものであるということは、改めて断るまでもない。

古代的奴隷制度の上で栄えたギリシャのデモクラシーもまた、輿論に近いものを産んだ。ユウベンは自由市民の大切な能力と器量の一つをなしていた。そして常識的な信念（ドクサといわれオピニヨンと訳されている）と時代の神話（ミュトス）とがギリシャに於ける輿論とセッチャクしたものであった。だもので政治的には貴族的な反動家であったプラトンを中心とする哲学者達は、この常識的信念と神話との弁証的な批判者となって現われている。しかしこれはまだ近代的なデモクラシーではなくまた近代的な意味での輿論でもない。

近代的輿論は奴隷制に基づく自由市民の公論ではなくて、近代資本制に基づくいわゆる市民のそれである。人類の平等という理念がその根底にある。ルーソーの民約論(注)では大体これを「一般意志」と呼んでいるのだが、これは各市民の意志を総和した彼のいわゆる総体意志とは異なって、いわばそれの最大公約数のようなものだろう。「明らかに民衆の多数によって支持されているものと推測される見解をグゲンしているものと認められる場合、それは初めて輿論と称《とな》えられる」とブライス卿《きょう》の「近代民主政治」はいっている。ところでこの輿論はどういう仕方で発現するかというと、まず第一には選挙や決議やに於て行われる投票である。

投票はギリシャとローマとの共和制が発明して後代今日にまで残したものだといわれているが、「頭を打ち割る代りに頭数を算《かぞ》える」という多数決原理を根底としていることはいうまでもない。もっともこれもよほど議会政治が発達してからの採決方法なので、それ以前には声の大きなものの主張が輿論(?)を代表すると考えられたような場合もあるらしいし、EアイガンFの類さえまた相当の決定力を持っていた。ギリシャの法官はそういうもので動かされるのを常とした。今日外国のFバイシン官にもこういう可能性はあるかも知れぬ。

説得やポレミック(注)はより合理的な仕方であるが、投票は機械的にも義務的にもこのGロンナンの成果には左右されずに独立な決定を齎《もたら》すことが出来るのだから、二多数決原理がこの意味で一つの暴力であることは否定出来ない。ちょうど機械的にHコリツして考えられた個々の現象にとっては、統計的結論が一つの暴力であるようなものだ。だが近代的投票の精神はいわゆる普通選挙――一般選挙に於て見られるように、この統計現象を出来るだけ三理想的に合理化しようとしている。輿論が投票によって発現させられる場合である限り、普通投票(一般投票)によるのでなければ輿論の合理性は保証出来ないわけだ。

だがそういっても、輿論を構成する民衆自身が、ある種の社会学者やまたファッショ政治家の考えるような単なる群集や愚衆であるなら、投票の一般性普及通用性は、輿論なるものの合理性を保証するどころではなく、かえってIハカイするものであらざるを得まい。輿論が合理的なリアリティーを持つと考えられるためには、民衆そのものが、大衆的な自主性をもち、その一般意志が少数の選良分子に対比してなお積極的な価値を持つと想定されねばならぬ。

こういう想定こそ近代(ブルジョア)デモクラシーの想定なのだ。だから近代のブルジョア・デモクラシーによってこそ初めて、輿論は社会的な合理性を得ることが出来るわけである。

これはブルジョア・デモクラシーの「想定」である。だが歴史的に見ると、事実上想定以上のものではなかった。その根底に横たわっていた人類の平等は、事実ではなくてただの仮定にすぎず、しかも全く事実にJショウオウしない仮定でさえあったのだ。だからこれはブルジョア・デモクラシーの欺瞞《ぎまん》性とも呼ばれている。その限り四輿論なるものも欺瞞性を免れ得ない、と一応考えないわけには行かぬのである。

――戸坂潤「「輿論」を論ず」

（注）輿論　「輿」という漢字は現在の常用漢字表にないので「世論」で代用されている。

（注）ルーソーの民約論　ジャン＝ジャック・ルソーの『社会契約論』（一七六二年）のこと。

（注）ポレミック　反論、論争。

問い一　傍線**A**・**B**・……**J**のカタカナで書かれた語句を漢字で書きなさい。

問い二　傍線**一**「近代的なデモクラシー」について、傍線一の次の段落の内容をふまえて説明しなさい。

問い三　傍線**二**「多数決原理がこの意味で一つの暴力」とあるが、なぜ「多数決原理」が「暴力」になるのか、述べなさい。

問い四　傍線**三**「理想的に合理化」とあるが、「理想的に合理化」された「輿論」とはどういうものなのか、述べなさい（四〇字以内）。

問い五　傍線**四**「輿論なるものも欺瞞性を免れ得ない」について、なぜ「輿論」が「欺瞞性」をもつのか、述べなさい（八〇字以内）。

【解答・解説】

出典　戸坂潤「『輿論』を論ず」（『増補　世界の一環としての日本　2』東洋文庫）

解答

問い一

A―所産　B―雄弁　C―接着　D―具現　E―哀願　F―陪審　G―論難　H―孤立
I―破壊　J―照応

問い二

近代資本制に基づき、人類平等の理念を根底として、市民の最大公約数的な意志を投票によって発現させる政治制度。

問い三

多数決は議論や説得の結果ではなく、人数の多寡だけで機械的に決定を行うから。

問い四

大衆的自主性をもった市民の一般意志が、平等な普通選挙の投票により発現されたもの。（四〇字以内）

問い五

近代デモクラシーが根底とする人類の平等という理念が実現しない以上、その理念を基盤とした民衆の一般意志である輿論に価値があるという考えに合理性は見いだせないから。（八〇字以内）

〔別解〕　近代デモクラシーの理念である人類の平等が実現していないので、その理念を基盤とした市民の一般

意志は反映されず、輿論を装う少数の選良の意志が通用することになるから。（八〇字以内）

解説

文章展開

① 輿論はブルジョア・デモクラシーの所産であるが、古代的奴隷制度の上で栄えたギリシャのデモクラシーの輿論とは異なる。

② 近代的輿論は奴隷制度に基づく自由市民の公論ではなく、近代資本制に基づく人類の平等という理念を根底とした市民の多数の見解を具現した「一般意志」であり、この輿論は選挙や決議で行われる投票で発現する。

③ 投票はギリシャ、ローマの共和制が残したものであるが、投票が根底としている多数決原理は、機械的・義務的に多数の意見が通るという意味で一つの暴力である。

④ 近代的投票は多数決という統計的結論から輿論を発現させるが、この輿論を構成する民衆が愚かであるなら輿論そのものの通用性や合理性が破壊されるので、民衆そのものが大衆的な自主性をもち、その一般意志が少数の「選良分子」と比較しても価値をもつと想定されなければならない。

⑤ これが近代（ブルジョア）デモクラシーの「想定」だが、歴史的に見ると人類の平等は実現していないので、ブルジョア・デモクラシーの欺瞞性と呼ばれ、平等をその根底においた市民の輿論も欺瞞というしかない。

問い二　内容説明

傍線一の次段落の内容をふまえて、「近代的なデモクラシー」について本文中の定義をまとめる問題。傍線一に至るまでは「古代的奴隷制度」下のギリシャのデモクラシーについて述べられているので、それと対比されながら述べられている「近代的」な性格を挙げればよい。まず、「近代資本制に基づく」市民のものであること（要素一）。そして（それゆえに）、人類の「平等」という理念がその根底にあること（要素二）。さらに、そうした平等な各市民の意志の「最大公約数」を（要素三）、投票による多数決で表す政治制度である（要素四）ということ。以上の四つのポイントが明確に盛り込まれると不足のない解答になる。

問い三　理由説明

なぜ「多数決原理」が「暴力」になるのか、理由を説明する問題。文章展開③からの出題である。

傍線二の直前に「…のだから」、傍線二にも「この意味で」とあるため文脈がわかりやすい。傍線二を含む文の冒頭以下、「説得やポレミックはより合理的な仕方であるが、投票は機械的にも義務的にもこの論難の成果には左右されず」に着目する。意志決定にとってより合理的なものは説得や議論であるのに、投票の結果が仮に一票差であっても、多数決原理である以上は多数の意見が機械的に通ってしまう。したがってこうした原理は数の暴力であるといえる、との展開を読み取る。また、前段落には「『頭を打ち割る代りに頭数を算える』という多数決原理」という「暴力」を直接表したような説明がある。ここでの「頭を打ち割る」が〈議論をしない〉、「暴力」で解決する〉と同義であることを押さえ、著者の強調点を把握すること。

問い四　内容説明

文章展開④からの設問。「近代的投票の精神」が目指す「理想的に合理化」された輿論の性質を説明する。ここでの「合理化」「合理性」の意は〈効率化・能率性〉ではなく、〈正当化・正当性〉であることに注意。

解答に盛り込むポイントは二点である。まず、輿論とは普通選挙（平等な一般市民による多数決）によって、暴力的な統計現象を合理化（正当化）したものとして現れるものであること。さらに傍線三の次の段落にあるように、輿論が「合理的なリアリティー」をもっていると考えられるためには、民衆そのものが大衆的な自主性をもち、その一般意志が現されていること。これも「理想的」で「合理的」な輿論として必要な要素である。

この二点を字数内でまとめる。

問い五　理由説明

輿論が欺瞞性を免れ得ない理由を説明する問題。傍線四を含む段落の文脈から、「人類の平等」は事実ではなく仮定であるので、ブルジョア・デモクラシーは欺瞞であり、したがって輿論も欺瞞であるといわざるを得ない、との展開がつかめる。これについて本文を振り返ろう。

近代デモクラシーでは、「人類の平等」を根底として自主性をもった「市民」が生まれ（文章展開②）、その多数意見が「少数の選良分子」の意志に比べても価値をもつと想定されることで、近代的輿論が成立する（文章展開④の説明）。しかし根底となる「平等」が仮定のままで実現しなければ、自主性をもった市民の輿論は根底から崩れ、必然的にその正当性を失い、価値が認められないことになる。この論理展開を字数内でまとめる。

なお、「平等」が実現されていないために価値を認められなくなる輿論の性質の捉え方として、輿論が実際には市民の自立性を装った少数の選良の意志になってしまうために「欺瞞」なのである、との読みも可能である。こちらの例を〔別解〕として挙げた。

参考　戸坂潤（一九〇〇〜一九四五）は唯物論哲学者。京都帝国大学哲学科卒業。唯物論研究会を組織し、文化、社会の多方面にわたる批評家として活躍したが、治安維持法による当局の弾圧を受け、太平洋戦争終結直前に長野刑務所で獄死した。

二〇〇七年度

一

次の文章を読んで後の問いに答えなさい。

精米の杵《きね》つきの音、お寺の鐘やAタイコの音、鶯《うぐいす》の鳴き声、それに"Daikoyai! kabuya-kabu"(大根やい、蕪《かぶ》や蕪)、"Ame-yu!"(あめー湯〔水飴《あめ》売り〕)、"Kawachi-no-kuni-hiotan-yama-koi-no-tsuji-ura!"(河内《かわち》の国、瓢箪《ひょうたん》山、恋の辻占《つじうら》〔辻占売り〕)といった様々な物売りの声……。「神々の国の首都」というエッセイの中でラフカディオ・ハーンは、朝から夜にかけての一日の松江の街の音に聞き入り、それをことこまかく書き留めている。恐らく、このようなサウンドスケイプは、地元松江の人々にはもちろんのこと、当時の東京の人々においてさえもほとんど意識されることはなかったのではないだろうか。ありていに言えば、彼らはそれらの音を聞いてすらいなかったのではないだろうか。かつてはどこの家庭にも柱時計が家の主のようにBチンザしていたものだが、柱時計が刻むチクタクという音はそこに住まう家族たちの耳にはほとんど聞きとめられることはなかったであろう。慣れ親しんだ音は意味ある記号として認識されずに無視されるからだ。逆に例えばヨーロッパの街に滞在して経験する教会の鐘の音のことを思い起こしてみればいいかもしれない。それがCイシダタミに反響して作られるあの独特の音空間に、言うに言われぬ感動を覚えるのは私だけではないだろう。教会によって一つ一つ音も響きも異なる鐘は、それぞれに固有の響きを持った楽器にも等しい存在だ。鐘の音はいわばその街の身体から鳴り響く声なのだ。だが、そんな鐘の音も、毎日聞いている土地の人にとっては無意識の上ではともかく、時の告知としての役割以上に意識されることは稀《まれ》だろう。

ところが、ハーンが聞いたような生活の豊かな音の数々は、今日の日本の都会はおろか農村においてすらも失われてしまった。威勢のいい物売りの声は市場やスーパーの魚屋などでならまだ聞くことが出来るが、Dトウフヤも焼き芋も物干し竿《ざお》の物売りもテープ録音を車から流して行くだけだし、夜鳴きソバのチャルメラも今ではほとんど録音になってしまった。私などはまだかろうじて金魚売りを始めとする幾つかの物売りの声を覚えている世代なのだが、現代の子どもたちは遮音性の高いアルミサッシ窓の中に暮らしていて、屋外の微《かす》かな声や音に耳をそばだてる機会を持つことはもはや難しいだろう。いまや窓の外から聞こえてくる音声といえば、スピーカーでがなり立てる商売や選挙や暴走族、右翼の街宣車、消防車や警察といった、どちらかといえば招かれざる客ばかりなのであって、生活にとけ込んだ〈ね〉(音＝声)などではない。つまり家の外から聞こえてくる音とは、そのほとんどが室内へのEシンニュウシャにも等しいFイまわしいノイズなのだ。他人の音声は防禦《ぼうぎょ》されねばならない。そのためには窓や壁は厚いほどよいのだし、通勤通学の移動中はイヤホンで耳を塞《ふさ》ぎ、自分だけの音に引きこもるということにもなる。そういうわけだからハーンの百年後の読者である私たちは、ハーンとは別の意味で、彼が聞き取った〈日本の音〉たちに対して二エキゾチシズムを(そして世代によっては少しばかりのノスタルジーを)抱くことにもなるのである。

明治の時代にはまだこのように人の声が街中を飛び交い、GジャマなノイズとしてHハイジョされることもなく、生活の中にBGMのごとくにIジョウタイカして収まっていた。言い換えれば公共の場で放歌放声することに対してはかなりの程度Jカンヨウであり得たわけで、これら物売りの音声そのものが公共空間の一翼を担っていたとも考えられるのである。現在私たちは、公的な情報というものは新聞紙面やテレビやパソコンのモニター、ラジオの受信機あるいは携帯電話のディスプレイなどを通して得られるものと考えている。まかり間違っても隣にいる知人や家族の口を通して伝えられる情報が〈公的〉なものであるとは思わない。このよう三な情報技術の内面化を通して生起してしまう現実と表象の転倒の問題は、介在するメディアの役割を考えなければあまり意味がない。だが、物売りの声が飛び交う時代には路上に聞こえるそれらの肉声が公的な情報であり得たということ。このことを今日のような時代に想起しておくことは、四少しは意味のあることだろうと思われる。

――坪井秀人『感覚の近代』

問い一　傍線**A**・**B**・……**J**のカタカナで書かれた語句を漢字で書きなさい。

問い二　傍線**一**「サウンドスケイプ」とあるが、どういうものなのか、この段落の内容をふまえて説明しなさい（二〇字以内）。

問い三　傍線**二**「エキゾチシズム」とあるが、なぜこれを感じるのか、述べなさい（二〇字以内）。

問い四　傍線**三**「情報技術の内面化を通して生起してしまう現実と表象の転倒」とあるが、どういうことなのか述べなさい（五〇字以内）。

問い五　傍線**四**「少しは意味のあることだろう」とあるが、なぜそういえるのか、述べなさい。

【解答・解説】

出典　坪井秀人『感覚の近代――声・身体・表象』（名古屋大学出版会）

解答

問い一
A―太鼓　B―鎮座　C―石畳　D―豆腐屋　E―侵入者　F―忌　G―邪魔　H―排除
I―常態化　J―寛容

問い二
その土地の日常生活で聞こえてくる音声。（二〇字以内）

問い三
現在では失われた聞き慣れない音だから。（二〇字以内）

問い四
情報技術への依存を強めることで、肉声の直接的情報ではなくメディア情報のみが公的であると信じること。（五〇字以内）

問い五
生活の中での肉声に公的価値を認めた時代を想起することで、メディアの情報だけに価値を見いだす現状を見直すきっかけになるから。

解説

文章展開

① ラフカディオ・ハーンが書き留めたようなサウンドスケイプは、当時の人々にとっては慣れ親しんだ音であり、音として聞きとめられたり意識されることもなかっただろう。

② ところが、この生活の豊かな音は今日の日本では失われてしまった。今や、遮音性の高い窓の中に暮らす人にとって外から聞こえてくる音は防禦すべき他人のノイズであり、ハーンの聞いた音にエキゾチシズムを抱くことにもなる。

③ 明治の時代には街中の音が公共空間の一部を形成していたが、現在、公的な情報は新聞やテレビやパソコン、ラジオや携帯電話などのメディアを通して得られるものと考えられており、人々の口を通して公的な情報が得られるとは思わなくなってしまっているが、このような時代に、かつて肉声が公的な情報であり得たということを想起することは意味のあることだ。

問い二 内容説明

傍線一直前に「このような」とあるので、文中の「サウンドスケイプ」は、ラフカディオ・ハーンが書き留めている松江の街の音のような、音の様子を指している。この段落の後半ではヨーロッパの鐘の音の例が説明され、「独特の音空間」「街の身体から鳴り響く声」と表現されていることからも、ここでの「音」がそれぞれの土地に根づいた日常のものであることが読み取れる。したがって解答には、「その土地の」「日常生活における」音であることを盛り込むこと。なお、「ランドスケープ〈風景〉」という言葉からの連想で、〈日常生活の風景・背景として聞こえてくる音〉という一般的な意味はとれるだろう。文中で「サウンドスケイプ」は「ほとんど意識されることはな」く、「聞いてすらいな」いものとされているので、〔解答〕ではこれに対応して

「聞こえてくる」との表現でまとめている。

問い三 理由説明

「エキゾチシズム」は異国情緒、異国趣味の意味。文学・芸術上では特に、自分から遠く離れた外国の風土や文化への興味を指す。同じ日本の音であるのになぜ異国情緒を感じるのかを読み取る。ここではハーンが聞き取った百年前の〈日本の音〉に対して、「百年後の読者である私たち」が「ハーンとは別の意味で」異国を感じている文脈なので、現在では聞くことができなくなってしまった音であるから異国を感じるのだと読み取れる。〔解答〕では「エキゾチシズム」という言葉が持つ感傷的な意味を反映させて「現在では失われた」と表現しているが、問い二とともに字数制限が厳しいので、必要な要素が不足なく伝わるように留意する。

問い四 内容説明

前後の文脈をふまえ、傍線三の内容を言い換えて説明する。

「情報技術の内面化」の「内面化」の説明が難しいかもしれないが、テレビ、パソコン、携帯電話などの情報技術によるメディアの「内面化」であるという具体的な例示から、適切な言い換えの表現を探ろう。こうした各メディアの利用を通して、知人や家族から直接伝えられる「現実」の情報は、公的なものであるとは決して捉えられなくなり、現実の「表象」であるはずのメディアの情報のみが公的だと認識されるという「転倒」が生起するとされている。つまり、こうした情報技術によって伝えられた情報でなければ公的な情報＝「現実」だと思えなくなってしまった、ということである。ここから、「内面化」は情報技術への信頼や依存を指す表現であると読み取れる。以上を字数内でまとめる。

問い五 理由説明

文章の結論部分からの問題。かつて周囲から聞こえた肉声が公的な情報であり得たことを思い起こすことについて、筆者は「少しは意味のあることだろう」と述べているが、その理由を説明する。字数の指定がないので、冗長にならないように伝わりやすい解答にする意識をもってまとめたい。

文章展開を追ってみると、かつての音の状況（①）→それが失われ他人の音声をノイズと捉え防禦するのが現在の状況である（②）→メディアを通して伝えられる情報のみを公的と信じ、身近に得られる直接的情報を公的とは考えなくなっている（③）と述べられている。筆者は明言はしないが、「転倒」と述べるところからも、現状への危惧と批判を意図していることは明らかだろう。ここから、メディアの情報のみに公的価値を見いだし、そうでなければ現実だと思えないというメディア依存の現状への見直しが、肉声が公的であり得た情報化以前の時代を思い起こすことで可能になるので「意味のあること」だ、という展開で説明する。〔解答〕では傍線四の「少しは」という筆者の限定を受けて、見直すことそのものではなく「きっかけになる」との表現でまとめている。

参考 坪井秀人（一九五九〜）は日本近代文学専攻の研究者。国際日本文化研究センター教授。日本の近代文学史と政治との関わりを、声の表現や身体表象を中心に研究している。『萩原朔太郎論――《詩》をひらく』『性が語る――二〇世紀日本文学の性と身体』などがある。

二〇〇六年度

一

次の文章を読んで後の問いに答えなさい。

一日先のこともたやすく予測できないのが、雪国の気象の特徴であるが、いまの所では、『北越雪譜』の舞台となった越後国魚沼《えちごのくにうおぬま》郡《こおり》は、いわゆる「豪雪」におそわれていないようである。例年なら首都圏は降水確率〇パーセント、異常乾燥注意報がえんえんと続き、それとAタイショウテキに、日本海側には連日雪だるまがテレビの画面に出る。それを見て、

――また明日も雪だるまかあ。

と、私と家族はBタンソクする。『北越雪譜』の著者と同じ土地に生まれ、長いこと暮らしていたので、首都圏住まいが何十年になっても、「国境の長いトンネル」のあちら側の身になって天気図を眺めるくせが抜けないのである。我ながらおかしな事だと思うけれども、それほどに雪国の生活のつらさが身にしみ付いているというわけであろう。

鈴木牧之《ぼくし》が言語に絶する豪雪下の生活実態を他国の人びとに知らせたいと、異常な執念を抱いたのも、つまりは同様の心情からだったと思う。『雪譜』のはじめに「雪の深浅」と題して、牧之はこう言っている。雪一尺（三十センチ）以下の「暖国」の人は「銀世界」を花にたとえ、雪見酒に興じ、絵に画《か》いたり詩歌に詠んだりする。「和漢古今の通例」であるが、これは「雪の浅き国の楽しみ」にすぎない。

我《わが》越後のごとく、年毎《としごと》に幾丈の雪を視《み》ば、何の楽しき事かあらん。雪の為《ため》に力を尽し財を費やし、千辛万苦すること、下《しも》に説く所を視て思ひはかるべし。

ここは原文でないと牧之のはげしい意気込みが伝わらないから引用したが、牧之はいたずらに激昂《げっこう》しているわけではない。実は「暖国」の人びとの、雪を美観と賞《め》でる常識に対して、豪雪地に住む人びとの、雪を白魔と怖《おそ》れる心情を突きつけたのは、千年間も日本人を支配した伝統的美意識への果敢な挑戦だったのである。

手順として、その伝統的美意識から説明しなければならない。「雪月花」という言葉があるように、雪は古来春の花、秋の月と並んで、冬の代表的な景物(注)として愛されていた。この美意識を確立した『古今集』を見ると、その冬の巻二十九首のうち二十三首、実に約八〇パーセントが雪の美観を詠《うた》ったもので、しかもそれを花にたとえた発想がキワダって多い。同じころの大和絵でも、色彩に乏しい冬景色の中で雪は代表的な好素材となっている。

こうした美意識を生んだのは、都の貴族たちであるが、その背景には一尺降れば「大雪」とされる「暖国」の現実と、雪を豊作の瑞《ずい》兆《ちょう》とたたえる中国伝来の観念があった。そして、まったく異なる気象条件をもつ遠い諸国の生活などは、関心外にあった。それではイセイシャとして失格であろうが、責任は彼等にだけあったともいえない。こうした都人士の美意識がその後津々浦々にひろがった結果、およそ詩文・和歌・連歌・俳諧《はいかい》などをたしなむ各地方の名士たちは、それぞれの風土を直視する代わりに、儀式のように都ぶりの美意識にのっとっては作品をものすという、奇妙な自己満足にひたることになったからである。

それは牧之を生んだ越後でも例外ではない。だから江戸時代も末の天保八年(一八三七)に刊行をみた『北越雪譜』が、先に引用した独自の視点から、「雪中にある事およそ八ケ月、一年の間雪をみざる事わずかに四ケ月」(注)という「雪ごもり」の実態を活写したのは、『雪譜』にくわしい注解をほどこした井上慶隆さんの言葉を借りれば、「越佐文化史上、個人の成長の過程で他者とのサイに気付いて生じる自我のめざめにも比せられる現象」なのであった。めざめは実に千年近い歳月を要した。

雪国びとは、牧之によってはじめて自我にめざめ、酷烈な風土と生活を直視した。ある年ある人の計測では、一冬の降雪量が十八丈すなわち五十メートル以上にもなったこと、その大雪を始末する「雪掘り」のこと——雪下ろしを「里言《さとことば》に雪掘りといふ」のは「土を掘るがごとく」家を掘り出すからだと、牧之は書いている——、「かんじき」や「すがり」(注)で雪を踏みかためて行く「雪道」の歩きにくさ、人命を奪う吹雪やなだれのおそろしさ、そういう実態が奇聞や哀話をゆたかに織りまぜながら描き出された。

もとより牧之は豪雪のおそろしさだけを伝えたのではない。長い雪ごもりの風土でなければ生まれなかった縮《ちぢみ》という織物は、父から受け継いだ家業で、キンベンかつ商才に富む彼はこの家業を大いにのばしたから、縮の生産・流通のさまはくわしく、かつ誇らしげに書かれている。また越後特産の鮭《さけ》についての筆などは、ほとんど博学をひけらかすに近い。牧之はまことに健康な生活者であり、またバランスのとれた人格であった。それがこのロングセラーのミリョクの根源なのであろう。

若年から父譲りの俳諧に親しみ、諸国の文人墨客と活発に交流していた牧之であるが、『雪譜』の著作を本格的に企てたのは、三十歳ぐらいの時といわれている。筆まめな牧之は、書くことにはさまで苦労しなかったが、彼の意図をカンテツするには、何よりも「暖国」の人多数に読ませて驚かさなければならない。これは野心というよりは執念である。野心というべきでないことは、彼がはじめ材料の提供者に甘んじて、執筆を江戸や大坂の有力作家にゆだねようとしたことでも分かる。山東京伝・滝沢馬琴をはじめ海千山千の有名人を相手に牧之がどれほど苦労をかさねたかの経緯は、鈴木家に伝わる京伝・馬琴らのショカンに明らかで、古くは市島春城、近くは石川淳らが同情をこめて記してもいる。幸いに京伝の弟京山の尽力によって、企画は四十年のキョクセツを経て実現し、しかも幸いなことに牧之みずからの執筆で世に送られた。そして著者自身夢想もしなかったベストセラーとなり、かつ今に至るまでのロングセラーとなった。

——目崎徳衛「北越雪譜——鈴木牧之」

（注）景物　和歌の題材として詠まれてきた四季の自然の風物。

（注）越佐　越後と佐渡の略で新潟県。

（注）「かんじき」や「すがり」　いずれも雪道の履物。

問い一　傍線**A**・**B**・……**J**のカタカナで書かれた語句を漢字で書きなさい。

問い二　傍線一「伝統的美意識への果敢な挑戦」とあるが、なぜ「果敢な挑戦」といえるのか、「挑戦」の含む意味が分かるように自分の言葉で説明しなさい（五〇字以内）。

問い三　傍線二「奇妙な自己満足」とあるが、なぜ「奇妙な」という表現を筆者が用いたのか、その理由を自分の言葉で説明しなさい（三〇字以内）。

問い四　傍線**a**・**b**・……**d**の語句の意味を簡潔に説明しなさい。

【解答・解説】

出典　目崎徳衛「北越雪譜―鈴木牧之」（朝日新聞学芸部編『読みなおす一冊』朝日選書）

解答

問い一
A―対照的　B―嘆息（歎息）　C―際立　D―為政者　E―差異（差違）　F―勤勉
G―魅力　H―貫徹　I―書簡　J―曲折

問い二
豪雪の過酷さを描くことは、雪を美しい景色とする日本古来より続く常識的美意識を完全否定することだから。（五〇字以内）

問い三
目の前の風土を無視し都の美意識に絶対的価値を置いているから。（三〇字以内）

問い四
a―全国のいたる所。　b―生き生きと描くこと。　c―面倒がらず手紙や文章をよく書くこと。
d―経験を積み、世の中の裏表を知り尽くすこと。

解説

文章展開

①『北越雪譜』の雪国の生活は、その土地に生まれ暮らした私にとって、そこを離れても意識から離れないほど、つらさとして身にしみ付いている。

②作者である鈴木牧之が豪雪下の生活実態を知らせたいと執念を抱いたのも同様の心情からで、これは雪を美観とする伝統的美意識への挑戦である。

③雪を冬の代表的景物とする意識は、「暖国」としての（都の）現実や雪を瑞兆とする中国伝来の観念のもとで都の貴族が生みだし、各地の風土を無視して全国に広まった。

④それは新潟でも例外ではなく、だからこそ牧之の視点は雪国の「自我のめざめ」として酷烈な風土と生活を直視させたが、牧之は豪雪のおそろしさだけを伝えたのではなく、家業である雪の風土に生まれた縮という織物のことなども誇らしげに書いている。

⑤牧之は当初、江戸や大坂の有力作家に『北越雪譜』の執筆を委ねようとしたが、雪国の生活を「暖国」の人に知らせるという執念と、山東京山の尽力で牧之の執筆で世に送られたことで、今に至るロングセラーとなった。

問い二　理由説明

文章展開②・③の部分からの問題。豪雪に苦しむ雪国の生活実態を知らせることは、古くから日本全国に広まった〈雪は美観である〉という権威ある伝統的美意識を完全に否定するものであるので、「果敢な挑戦」ということができる。なお、設問は「自分の言葉で説明」するよう求めているから、本文の表現をそのまま切り取って使うことは避ける。「常識」「美意識」「伝統」など欠かせない語句を自分の文脈で用いるようにしよう。

問い三　**理由説明**

傍線二直前の文脈で、地方の名士たちがそれぞれの風土を無視して「儀式のように」都ぶりの美意識にのっとって作品を書いていたと説明されていることから、彼らが目の前の苦しい現実を直視せず、雪を美とする伝統的美意識を決して手放すことなく描いてよしとするところを、筆者は理解しがたい「奇妙な自己満足」だと考えていると読み取ることができる。

参考　目崎徳衛（一九二一〜二〇〇〇）は新潟県小千谷市出身の国文学者。『平安文化史論』『西行の思想史的研究』などの著書がある。『北越雪譜』は縮仲買商、質業を営んでいた鈴木牧之（一七七〇〜一八四二）が家業のかたわら、新潟の風土と民俗を挿絵とともに紹介した書物。天保八〜一三年（一八三七〜四二）に江戸で刊行された。特に雪に関する広範な分野が記述されている。

二〇〇五年度

一 次の文章を読んで後の問いに答えよ。

学校教育、とくに近代国家の義務教育に代表される国語教育の価値指向の一つは、個人や地方ごとの特殊性のAカラを破って、一国家内で画一的に通じる言語能力を養うところにあるといえるだろう。それは国民国家を維持してゆく上での、不可欠の前提でもある。だがその場合、「通じる」とはどういうことだろうか。

母語でない不自由なことばで人と通じ合わなければならない、ヨーロッパやアフリカでの生活の長かった私は、「ことばが通じる」ということの重層性を身にしみて感じてきた。つまり、たとえいわゆる文法的に正しいことばで話し合っても、自分の伝えたいことが相手に通じ、相手の言いたいことがこちらに伝わるのには、さまざまな度合いがある。このことは私が長年研究してきたモシ社会の「太鼓ことば」による歴史語りのような、人工的に隠蔽《いんぺい》された、つまりわざと通じにくくしたことばのメッセージにおいては、一層はっきりする。私にとって母語である日本語で話しても、講義や講演の後のBシツギ応答で、私の伝えたかったことがいかに相手に伝わっていなかったかを知って愕然《がくぜん》とすることはよくあるが、そこには当然私の身勝手な思い込みというものもあるであろうから、こうした通じなさの思いは相互的なものであろう。

ところで文字では発信と受信の関係は相互的でなく一方的で、ことばが受信者に通じているかどうかのチェックがない。声で発せられたことばの超分節性が消し去られているから、伝達の濃《こま》やかさも減じる。一般に音声言語のうち、音感語(言語音自体の直接の効果が伝達の内容をなすもの)や、表音語、表容語(旧来の用語での擬声語、擬態語)は、文字にしたのでは伝達力が著しく殺《そ》がれてしまう。他方、概念化を通じて意味の伝達が行われる語は文字化による意味の減殺や変化は少なくてすむ。

伝達における一方性と伝達内容の概念性という文字の二つの特徴からも、文字は国家などの大規模な集権的組織にはきわめて有用なものであり、中央からの指示通達の徹底のためにも、組織の成員のできるだけ多くの者が文字を読めることが望まれる。一国家一言語で識字教育を徹底することは、近代の国民国家形成の要件であり、標準語の確立と初等教育の義務化が近代国家とともに生まれたことはグウゼンではない。

音声言語と比べたときの文字の他の特性として、空間と時間におけるエンカク伝達性と、メッセージの参照における個別性と反復性、発信と受信における脱時間性(必要なだけ時間をとめて考えたり、メッセージを推敲《すいこう》できる)が挙げられる。こうした文字の特性からも、チュウショウ的な概念が大きな役割を果たす思想や科学技術の伝達と精練、蓄積においては、文字が決定的ともいえる重要性をもっていることは改めて指摘するまでもない。

だがその一方で、「文字を必要としない社会」は、文字社会が失った多くの貴重なものをもっており、とくに日本のような文字偏重の社会の言語や知識のあり方に対しては、根源的な批判の視点を提供してくれる。しかし概念化された知識の精練、伝達、蓄積の面では、文字をもたないことのマイナス面を負っていることも確かだ。文字をもたない社会における知のあり方が、従来しばしば「未開」という形容を冠せられて、その実態についての十分な理解がないままに、全面的に否定の評価しか与えられなかったことにも、この点では一面の理がある。

学校で文字を使って何をどう教えるかということに、納得のゆく原則が立てられれば、識字率を高め、就学率を上げることも、それ自体として否定されるべきではない。ただ、文字化された言語によって教えられるものは、右に見てきたように大きな負《マイナス》の面と抱き合わせになっている。「文字を必要としなかった」「学校のない」社会が私たちにもたらす教訓を通してゆがみをゼセイし、いわば文字文化と非文字文化(その二つは、日本のような文字偏重社会にも、層をなして共存している)の特性を、相互ホカン的に生かしてゆくことが大切であろう。そのようになってこそ、世界の異文化間の交流が意味をもったと私たちはいえるのであろう。

声のうちでも、生物として発する声から、音感語、表音語、表容語を経て、概念化された意味を媒介として伝達が行われる言語の領域へとみてゆくと、生身の人間がじかに発するものの伝達から、「について」の伝達へと、人と人のあいだの伝達のあり方も移り変わっていることがわかる。

このうち、声から文字に移しても伝わり方が変わらないのは、概念を媒介とする「について」の伝達だ。それも紙に印刷された文字や、コンピューターの画面の文字ではその度合いがいっそう強められる。それは、伝達における身体性がよりキハクになることでもある。

対面的関係やスキンシップのソウシツなどという表現で、言いつくされたことではあるが、電子的な情報伝達の発達で問題化した「バーチャル」な知のあり方のホッタンは、文字によるコミュニケーションに、さらには、ある音声と、概念化された一定の意味とが文化の約束によって、いわば「恣意的《しい》に」結びつけられた概念語による伝達にまで、遡《さかのぼ》るのだといえる。このことは、「文字を必要としなかった」社会での、音感語、表音語、表容語など、概念化される度合いのより少ない、したがって生きた一人一人の個性的な声での伝達が重要な(この意味で、この種のことばが伝達上果たす役割は、音楽における音の役割に近い)伝え合いの世界に接して考えさせられたことだ。

――川田順造『コトバ・言葉・ことば』

問い一　傍線**A**・**B**・……・**J**のカタカナで書かれた語を漢字で書け。

問い二　傍線**一**「「ことばが通じる」ということの重層性」および「さまざまな度合い」とあるが、どのようなことをいうのか、全体の論旨を踏まえて述べよ(五〇字以内)。

問い三　傍線**二**「その実態」を著者はどのようなものととらえているのか、具体的に述べよ(五〇字以内)。

問い四　文字の特性について著者が掲げる重要な二点を挙げよ。

【解答・解説】

出典　川田順造『コトバ・言葉・ことば――文字と日本語を考える』〈10　コトバに出会うとき　ある人類学徒の感想――識字教育への疑問〉（青土社）

解答

問い一

A―殻　B―質疑　C―偶然　D―遠隔　E―抽象　F―是正　G―補完

H―希薄（稀薄）　I―喪失　J―発端

問い二

ことばには生身の音声や文字による概念の伝達など様々な要素が関係し、伝達結果に差が生じるということ。（五〇字以内）

問い三

文字のない社会における、生きた人間の個性的な音声言語による伝達という、身体性と結びついた知のあり方。（五〇字以内）

問い四

- 発信と受信の関係が一方的で、相手に正確に伝達できたか確認ができない。
- 音声による細部の表現は不足するが、概念化された意味内容の伝達が可能である。

解説

文章展開

① 国語教育には、国家内で画一的に言語が通じることで国家を維持するという前提があるが、母語でない所での生活が長かった私は、「ことばが通じる」ことの重層性や、その度合いの相違を感じてきた。

② 文字言語は、発信と受信の関係が一方的であり、通じているかどうかが確認できない。音声言語のうち音感語などは文字にすると濃やかな伝達力がない一方、概念化で意味が伝わる語は文字化で正確に伝達できる特徴があり、指示通達の徹底を目的とした識字教育の徹底は近代国民国家の要件となった。

③ 音声言語と比べたとき、遠隔伝達性、個別性と反復性、脱時間性などの特性から、思想や科学技術における文字の重要性は明白だが、文字をもたない社会における知のあり方は文字社会への批判的視点を提供する。

④ 文字の教育は負の面と抱き合わせになっており、文字文化に非文字文化の特性を補完することが大切だ。

⑤ 音声言語の声から文字への変遷で変化しないのは概念語の伝達であり、電子的な情報伝達による「バーチャル」な知の問題の発端には文化の約束によって恣意的につくられた概念語の伝達があるが、このことは文字がない社会での伝達から考えさせられたことだ。

問い二 内容説明

全体の論旨を踏まえて、「『ことばが通じる』ということの重層性」と、伝わり方の「さまざまな度合い」とはどういうことかを説明する。筆者はこの後の部分で「文字を必要としなかった」社会での体験を通して感じたことを説明しているが、その根幹にあるのは音声言語の様々な形態による細かいニュアンスの伝わり方と、文字による概念の伝わり方であり、これらが「重層性」であると読み取れる。それらの違いによって、ことばによる内容伝達の「度合い」に差が生じるということを説明すれば「全体の論旨を踏まえて」という条件を考慮しても十分である。なお、筆者が文字をもたない文化と文字文化の相互補完を主張している点に重点を置き、「ことばが通じるとは文字による概念化で意味が伝わることに限らず、音声でのみ伝わるものもあるということ。」などとしてもよい。

問い三　内容説明

文章展開②・③の文脈から、傍線部の「その実態」とは非文字社会における伝達の実態から読み取れること、すなわち〈文字をもたない社会における知のあり方〉を指す。筆者はこの実態を肯定的に捉えているが、文字社会はその実態を理解しないまま全面的に否定しているとある。文字をもたない社会での伝達については、この文章最後の文でまとめられている。概念化される度合いの少ない、生きた一人一人の声による伝達と説明されていることから、この内容を踏まえて字数内で説明する。

問い四　内容説明

第四段落に「伝達における一方性と伝達内容の概念性という文字の二つの特徴」とあり、その前段落で示される文章展開②の内容が、より詳しい文字の特性の説明となるので、②の内容で二つの特徴を説明する形でまとめればよい。なお、第五段落に「文字の他の特性」の説明があるが、ここでの説明は意味内容の概念化に文字がどのように有効かを述べた内容であり、「伝達内容の概念性」の補足的説明と読み取ることができるから、解答により適切なのは第四段落の二点であると判断できる。

参考　川田順造（一九三四〜）は文化人類学者。アフリカを対象とする民俗調査を行い、『曠野から――アフリカで考える』『無文字社会の歴史』などの著書がある。大学入試でよく出題され、本問の『コトバ・言葉・ことば――文字と日本語を考える』からは別の箇所が二〇一四年度大阪大学で出題されている。

二〇〇四年度

一

次の文章を読んで後の問いに答えよ。

気むずかしくてハクシキなる老人日夏耿之介《こうのすけ》の詩の一節に「われ讃美《さんび》す／たしかなるみづからのもちものについて／われは最初にもつとも不可思議なる青春なり／（中略）われは孤《ひと》りなり／われは青春《わか》く／われは繊弱《かよわ》し／されどわれは所有す／所有は五月の曲江のやうに照りかがやき／はつ夏の日輪のやうに撫愛《いつく》しむ」というのがある。私がはじめてこの詩を読んだのは、数え年十七歳の八月だったから、満で言うと十六歳と七ヵ月であった。そして満十六歳半の私は、自分自身の「若さ」というべきものが、この詩の中に見事に捕捉《ほそく》され、ピチピチと生きているのを感じた。私は自分の青春を理解した。私が十六歳で理解したものは、今また十六歳の少年が理解する、と思わねばならない。

この詩人は、その時、「所有」ということを［　ア　］の核としているわけである。青春が所有するもの、それは、全人生である。それは言わば地球を自分は所有していると考えるのと同様であり、人生というものを全部まだ「手つかず」で所有している、というのとドウダンである。

だが、そのような所有とは、全く所有しないこととも、殆《ほと》んど同義である。だから、私自身は、日夏先生とちがって十六歳の時、自分は何も所有していない、という意識を強く持っていた。「所有」を、物質的な面に限って言っても、私は中学校へ通えるだけのシリョクを子沢山の貧弱な勤人《つとめにん》であった私の父なる男から、サクシュし、仕立《したて》直しの制服と一揃《ひとそろ》いの教科書と、通学定期券とを持っていた。しかし、その所有は「青春」の所有ではない。青春の所有と見なされるものは、本質的に言うと未開発なる人生の未来である。［　イ　］的に言えば、それは自分が持つ可能性のある所の才能であり、勇気であり、美貌《びぼう》であり、敏感な、そして広い心であり、肉体の力と健康であり、かつ多分よき友人であり、女性の友であった。それ等《ら》の「曲江のやう」な輝かしい青春の所有の、ほとんど全部を、私は、自分が持ってもいず、かつ持つ可能性もほとんどないと意識した。だが、若《も》しも、私の卑屈にして懦弱《だじゃく》な心の働きを、若しもである、若しも「ウ［　　］」という美しい形容的文字で呼ぶことができるのならば、私は一種の感じやすい傷つきやすい心を持っていた。それをすら、私は所有どころか、反所有即《すなわ》ち大いなるマイナスのEフタンだと思っていた。私は今でも自分にマイナスの所有が幾つかある、と思っているが、もし私が本当に達人であり、本当の生活者であれば、私においてのマイナスがすべてプラスとなり、自分にとっての重きフタンほど、それが自分の力であるように生かせるだろう。私が生かしたマイナスの条件は、ただ一つ自分の感じやすさ、傷つきやすさであった。外のもの、即ち外の非所有はみな、マイナスの価値のみ増大して今日に至った。

そしてまた、若しも、私に詩や文学を語り、私をその惑いの多い迷路へ導く気配を見せる友がよき友であるならば、私はその時、そういう友を持っていた。それは、実は私の所有であったのだが、私はそのような友情を所有とは思わなかった。友人は他人だと思っていた。私は自分の少しばかりの所有を、所有でないと思ったので、自分が無一物で、エ［　　］して、何人の助けも得られずに放り出されている、という気持に苦しんだ。

即ち私は、健康な肉体の力、美貌、広い心、勇気、才能、女性の友などという、青春の最も輝かしい伴侶《はんりょ》と見なされるものを、全く欠いていた。それ等のものを所有しない、という意識は、日常痛烈に私を苦しめ、自分を劣れるものと感じさせ、自分が青春を生きていないこと、多分従って二人生らしい人生を生きることができないだろうことを予感させて、私をおびやかした。その時私の感じたオ［　　］感の荒涼とした非人間的な恐しさを、私はいま五十歳になろうとして、まざまざと思い起すことができる。

そして、私の中にまだ消えないでいるところの、それ等を所有したいという青春らしいものは、いまも私の耳もとで囁《ささや》くのである。お前は、結局、お前の青春を所有しなかった。それは、もう再びお前が所有することは決してないであろう、と。私の青春は、衰え、力弱くなりながらも、私の肩の辺《あたり》に腰かけている。彼は私がFキッサテンの片隅でボウゼンとしている時、私が木々の緑なる水のほとりを歩く時、私が年若い学生の群とすれちがう時、私の耳に囁くのである。オレは、今までお前につきまとって来たが、遂《つい》にそれはGムダであった。お前は、かつて、一度もオレを満足させたことがなかった、と。そうだ、私は彼を満足させることをしなかった。

しかし、だからと言って、私が青春を知らなかった事にはならない。むしろ私は、それを所有しなかっただけ、それだけ、強烈に青春を知っていたような気がする。私は、青春というものを、青春らしい生活形式や交友や恋愛やスポーツそのものとしては所有しなかった。しかしそれ等を所有しないことで、正確に言えば、所有しないと思ったとき、青春は私にあった。私は、長い間かかって、青春らしい生活の形は、大したものでないこと、更に大胆に言えば、三そんなものはツマラヌモノであることを理解した。私の肩の上に坐《すわ》って、私につまらぬことを囁くやつは、それは、私が論理的には棄《す》てた奴《やつ》が、単に情緒的に、仮りにそこに坐って、私を失われたものへの情感に誘惑しているHボウレイに過ぎないのである。

私は、もう一度言うが、青春らしいものを所有しないことによって青春の存在を痛切に知ったのであった。二十歳の私にとっては、ある日、陽《ひ》の光に照らされている一少女の頬《ほお》を、自分のものとして所有しないことが、生きていないと同様のことに思われた。若し、Iタイメンや礼節というものが私をJボウガイしなかったならば、私はその少女を白日のもとに抱きしめたであったろう。その時、私はそれをしなかった。その「しなかった」ということは、生命をシメ木にかけてシボるような痛切な非存在感で私の心に傷をつけた。私はそこで血を流し、そしてその痛切さにおいて私は生きた。そのようなものの連続が私の青春であった。

——伊藤　整「青春について」

問い一　傍線部**A**・**B**・……**J**のカタカナで書かれた語を漢字で書け。

問い二　空欄**ア**・**イ**・……**オ**に最も適当な語を次の語群から選び記号で答えよ。ただし同じ語を二度使ってはいけない。

a 現象　b 主観　c 孤立　d 困惑　e 充実　f 敏感　g 脅迫
h 自由　i 客観　j 倫理　k 認識　l 象徴　m 理想　n 高揚

問い三　傍線部一「人生というものを全部まだ「手つかず」で所有している」とはどういうことか、自分の言葉で説明せよ(三〇字以内)。

問い四　傍線部二「人生らしい人生を生きることができないだろうことを予感させ」とあるが、なぜそういえるのか説明せよ(五〇字以内)。

問い五　傍線部三「論理的には棄《す》てた奴《やつ》が、単に情緒的に、仮りにそこに坐って」とはどういうことか説明せよ(五〇字以内)。

【解答・解説】

出典　伊藤整「青春について」(『伊藤整全集』第一七巻、新潮社)

解答

問い一
A—博識　B—同断　C—資力　D—搾取　E—負担　F—喫茶店　G—無駄
H—亡霊　I—体面　J—妨害

問い二
ア—k　イ—a　ウ—f　エ—c　オ—g

問い三
自己が生きる将来の可能性をすべて白紙の状態で持っていること。(三〇字以内)

問い四
青春にあるべき要素を持つことのできない自分は、その先にある普通の人生も得られないだろうと感じたから。(五〇字以内)

問い五
青春らしい生活形式や交遊などを理屈としては否定したが、感情では一時的にもそれを欲していたということ。(五〇字以内)

解説

文章展開

① 日夏耿之介の青春を所有するという詩を十六歳で読んだ私は、若さが詩の中に捉えられ生きていることを感じ、青春が手つかずの人生を全部所有しているのと同じだと理解した。

② だが私にとって、それは全く所有していないのと同じであり、詩で言われるような青春の所有は自分にはほとんどなく、持つ可能性もほとんどないと意識した。

③ 私の感じやすさ、傷つきやすさはマイナスの負担になり、友人や力、美貌など青春の輝かしいものを所有しないという意識に苦しみ、非人間的な人生の予感に脅え、今もその恐ろしさを思い起こす。

④ しかし、それは青春を知らなかったということではなく、むしろ所有しないことにより青春の存在を痛切に知り、長い間かかって青春はつまらないものと論理的に理解した。青春らしいものの非存在感に傷つき、痛切さにおいて生きることの連続が私の青春であった。

問い二 語句補充

ア 難問。日夏耿之介は「所有」によって若さを捉え、私も若さを「捕捉」していることから、「所有」が「認識」の核という展開が最も適する。

イ 空所前後で自己の状況を具体的に語っており、「現象」の説明といえる。

ウ 同文後半の「感じやすい傷つきやすい心」が「形容的文字」の内容であるので、「敏感」が最適。

エ 「何人の助けも得られずに放り出されている」とあり、「孤立」が適切。

オ 空所前の文脈で私は「おびやか」されており、「脅迫」が最適。

問い三 内容説明

ここでの「人生」の意味を把握する。傍線一直前に「青春が所有するもの」は「全人生」とあり、次の段落ではそれを「未開発なる人生の未来」で「自分が持つ可能性のある」ものと受け取っていることから、将来の人生の可能性を意味するとわかる。それを「全部まだ『手つかず』で所有している」とあるので、現在全くまっさらな状態で保持していることを指す。

問い四 理由説明

問い三で、「私」が「青春」の所有が人生に直結すると考えていることを読み取っているので、この考え方を基本に置くと、傍線二の前にあるとおり、青春の最も輝かしいものを、その持つべき時期に「全く欠いて」いる「私」には、その先の人生も成立しないだろうという結論が導かれる。この論理展開が「人生らしい人生を生きることができない」という予感の理由説明になる。〔解答〕では「欠いている」という文中の表現から、青春に「あるべき要素」という説明を導き出している。

問い五 内容説明

傍線三前後の文脈から、「私」は、「青春らしい生活の形」としての青春はたいしたものではない、つまらないものであると論理において否定したことがわかる。しかし、その「棄てた奴」が「失われたものへの情感」として情緒的に誘惑し、「仮りに」私の肩に座っている。この部分の一般化が難しいが、少女を抱きしめることを「しなかった」ということからくる「痛切な非存在感」などの表現から考えて、「私」は否定しながらも、仮に一時的に心ではそれを望んでいた、と解釈できるだろう。

参考 伊藤整（一九〇五～一九六九）は小説家、評論家。小説『鳴海仙吉』、評論『小説の方法』『日本文壇史』など。北海道に生まれ小樽中、小樽高等商業学校と進み文学に関心を持つ。『若い詩人の肖像』はこの頃の自伝的小説。教職を経て東京商科大学（現・一橋大学）入学、その後退学。後、東京工業大学教授。

二〇〇三年度

一

次の文章を読んで後の問いに答えよ。

先進工業社会における一般的傾向は、およそ次のように要約することができるだろう。生活の面では、第一に、都市化と、それに伴う生活環境の相互にカクリされた細分化ということがある。地域共同体の幅の広い人間関係がそこで崩れる。都会に秋が来ても、隣が何をする人かは問題でなくなる。第二に、大量生産と組織化に伴って、いわゆる「組織人」がかつての生産者としての職人を圧倒し去る。人格と仕事との結びつきは弱まる。大きな機械の歯車の一つとしては有能な人物が、その機械の外では、無能でグレツになるだろう。彼の能力は、限られた特殊な空間においてのみ発揮され得るからである。第一と第二の傾向は、かくして相互に他を強め合う。職場と家庭との間を往復する「組織人」は、それぞれ、現実の特殊な局面に接し、他の局面に接する機会をほとんど全くもたない。しかもそういう状況を、第三に、消費生活のキカク化・被操作性がつつむ。広告が誰にも共通の欲望を作り、大量生産工場がその欲望をみたす商品を作る。消費生活は急速に個性的でなくなる。現状適応主義 conformisme は、生活様式の全体に及ぶだろう。もちろんこのような特徴のすべては、歴史的文化のちがいにより、また政治的体制と社会組織のちがいにより、日本、ソ連、ヨーロッパ、北アメリカなどの異なる社会では、それぞれ異なるあらわれ方をする。しかしここでは、先進工業国一般にイチジルしい共通の傾向に注目するのである。

生活の面での特徴は、また知識の面での特定の傾向にも、反映している。後者の基本的な傾向は、情報量の増大——情報量の増大と情報量の増大する速さの増大——である。その原因として（科学技術の進歩）、またその結果として（一人の人間の情報処理の限界）、第一に、知識の専門化ということがある。もはやたとえば「名医」という者はない。科学者としての医者は、内科専門ではありえず、循環器専門であり、さらに進んで循環器のなかの特定の部門、たとえばＥシンゾウの電気現象の専門家である。三もちはもち屋であるばかりでなく、もち屋はもちのみである。知識の対象領域の細分化は、まさに生活の面での細分化された現実との接触ということに重なるだろう。第二に、専門化された知識は、現実の問題を処理するために、それだけでは役立たず、他の専門化された知識と組み合せられなければならない。したがって情報量の増大という面からも、あらゆる種類の組織の必要が生じる。専門家集団の組織（行政機関、大規模の技術的に洗練された工業、多部門企業など）は増加し、巨大化する傾向があり、知識の専門家は、同時に「組織人」となる。第三に、学校教育のつめこみ主義が生じる。それぞれの専門家が最低限度の常識と考える知識のＦソウワは、一人の生徒や学生が、充分に消化することのできる限度を超える。そこに競争試験という条件（それはどの社会にもある）が加わると、学校は断片的な多量の知識を暗記し、操作する知的な軽業の訓練場となるだろう。みずからものを考える能力は、そこで殺《そ》がれるか、少くともそこではＧツチカわれない。断片的な知識が豊かで、考える能力の弱い人間の型は、現状適応主義に傾く。しかもその傾向を、大衆報道機関、殊にＴＶが助長するだろう。細分化された知識は、現実の全体像をあたえない。しかるに部分を意味づけるためには何らかの全体像、または一般的なＨワクグみを必要とするから、みずから全体像を意識的に作りえない（みずから考えない）人々は、事実上、大衆報道機関のＩテイキョウする全体像をそのまま受けとることになる。

かくして高度の工業技術社会は、そのＪセイインに、生活環境の変化を通じても、情報量の増大を通じても、細分化された現実との接触を強制し、現実の全体像に関しては現状適応主義を必然的にするだろう。

――加藤周一「文学の擁護」

問い一　傍線Ａ・Ｂ・……・Ｊのカタカナで書かれた語を漢字で書け。

問い二　傍線一「職人」とはここではどのようなものであると考えられているのか、簡潔に答えよ。

問い三　傍線二「現状適応主義 conformisme」（他、二箇所の波線）とはここではどういう意味か、それぞれの文脈における使われ方を考慮して意味を説明せよ（四〇字以内）。

問い四　傍線三「もちはもち屋であるばかりでなく、もち屋はもちのみである。」とはどういうことをいっているのか、答えよ（五〇字以内）。

【解答・解説】

出典 加藤周一「文学の擁護」〈プルーストの一行・註釈〉(『加藤周一著作集 1』平凡社)

解答

問い一

A―隔離　B―愚劣　C―規格　D―著　E―心臓　F―総和　G―培

H―枠組　I―提供　J―成員

問い二

自分の人格・個性が反映された製品を、一人ですべて作り上げる生産者。

問い三

生活や知識の細分化で個性や思考力を失い、社会が提供する全体像に従うという意味。(四〇字以内)

問い四

科学技術の発展で専門知識が細分化し、その分野だけで全体把握ができない専門家が現れているということ。

(五〇字以内)

解説

文章展開

① 先進工業社会の一般的傾向は、生活の面では、第一に都市化とそれに伴う生活環境の細分化、第二に大

量生産と組織化により組織人が有用になること、第三にこれらが相互に影響し、消費生活の規格化・被操作性により現状適応主義が生活全体に及ぶことである。

② 生活の面の特徴は、知識の面での基本的な傾向である情報量の増大に反映されている。その原因・結果として、第一に、知識の専門化・対象領域の細分化がある。第二に、専門化された知識は他の分野と組み合わせる必要があり、組織の必要が生じる。第三に、知識を教える学校教育のつめこみ主義が生じ、自らものを考える能力が培われず、現状適応主義に傾く。自ら全体像を考えられないために、全体像を提供する大衆報道がこの傾向を助長する。

③ こうして高度の工業技術社会は、生活と知識の両面から、現状適応主義をもたらす。

問い二　**内容説明**

文章展開①のうち、先進工業社会における生活の面での第二の傾向が説明されている内容から、「職人」についての要素を読み取る。

まず、「大量生産と組織化」以降の生産者と正反対のものであるので、個人ですべてを生産する形式であること。さらに、「組織人」は「人格と仕事との結びつき」が弱いとあるので、「職人」は個人の人格が製品に反映されていること。この二点を押さえて説明する。

問い三　**内容説明**

「現状適応主義」は最後の波線部分にあるとおり、社会の「全体像」に対して、その現状を受け入れて追認するという意味。「それぞれの文脈における使われ方」を考慮して四〇字でまとめるという条件が厳しい。

傍線二は、生活の面における三つの傾向（**文章展開**①）から、誰もが相互に隔離されて細分化され、個性を失った結果の「現状適応主義」のことである。他の二箇所は、知識の面における情報量増大に伴う思考力の低下による現状適応主義（②）と、全体のまとめとして説明されている、「現実の全体像」に関して必然的となる現状適応主義（③）である。これらから、生活の面・知識の面双方での細分化により個性と思考力を失ったという内容、そしてその結果が提供された全体像に従うことであるという説明を盛り込んでまとめる。

問い四 内容説明

傍線部前の文脈は、知識の専門化の例として、近年の医学の専門化と医師の専門分野の関係を比喩的に説明した部分。続く「もちはもち屋」は、それぞれの分野に専門家がいることを喩えているが、傍線部後半の「もち屋はもちのみ」とは、最近の専門家が専門分野のみにしか対応できないことを述べていると読み取れる。この内容を、傍線部前の科学技術の進歩という原因に関連させて説明する。

参考 加藤周一（一九一九〜二〇〇八）は評論家、小説家、医学博士。政治や文学、美術評論、思想史など日本文化の特質を問う幅広い言論活動を七〇年余りにわたり行った。『日本文学史序説』『羊の歌』『日本文化における時間と空間』など著書多数。二〇一六年度早稲田大学（政治経済）など、難関大の大学入試問題にもたびたび取り上げられている。

二〇〇二年度

一

次の文章を読んで後の問いに答えよ。

開高健『人とこの世界』という本に、奄美《あまみ》大島に作家島尾敏雄を訪ねた折のことを記した一文がある。そのなかにこの島育ちの島尾夫人が、「かつて島にみちみちていた精（ケンムン）たちがどんどん姿を消していった……。森と野と海岸は古代そのままだった。女学生のときに古事記を読んでいると、どうしてもいまこの島のことが書いてあるのだとしか思えないのだった」と語ったとある。さらに島尾氏じしん、「いまのこの島は古代と現代があって中世がないんや。……戦争中にぼくが特攻隊できたときは古代だけやった。いまは現代が洪水を起してるわ。古代は後退するいっぽうや。……さびしいことや」ともらしたともある。

例えば古事記を「わが古典」と感じるようになるかも知れぬ一女人の姿が、ここに彷彿《ほうふつ》と浮かんでくる。これに接しかつて教師時代、教室でつきあった沖縄出身の学生たちがいわば「中世」をとびこして記紀万葉の世界にたいし、打てばひびくみたいに反応したことどもが私にはおのずと想《おも》いあわされる。その根底には、その人の経験とそれによって養われた感受性というかなりインビ(A)な問題が存するはずで、いくら「現代が洪水を起してる」からといって、こうしたことまでうやむやに流してしまっていいとは限るまい。

このごろは稀《まれ》にしか使われなくなったが、「人となり」という語がある。「性」とか「天骨」とかの字を古ブンケン(B)であてているので分かるとおり、これはまだ物心つかぬ幼年期についていう語である。日本ではいささか青年期が重んじられすぎる嫌いがある。これは青春というものに多くの可能性を託そうとするロマンチックな人間観のあらわれである。

青年期が大事なのはむろんとしても、その前の幼年期のもつ意味をないがしろにすると、個人における歴史の深部が脱落してしまうのではなかろうか。どんな作品が「わが古典」になるかも、この期に経験した生活の質とどこかでひそかに結託（?）しているように見える。意識化されぬとはいえ、すでにそこには他者や外界との諸関連を有する生活が歴と、存したのである。生れ出ること、それはこの世への一種のイニシエイションであった。

むろん人の経験は年とともに蓄積され、時には大きく屈折し、そして変ってゆく。それが総体としてどんな図形を描くかは人によって異なり、多分に未知の要素を孕《はら》む。つまり不透明な渾沌《こんとん》がそこにはある。だが「わが古典」ということの絡みで幼年期のもつ独自性をとり出してくる手立てがまるでないかといえば、必ずしもそうでない。私の提案したいのは、散文というものをしばらく棚上げし、問いを詩歌の分野に限って実験してみることである。分化したことばを多少とも知的に再組織することによって成りたつ散文作品とは違い、身体という多少とも不変なものを通したリズムが、ことばの未分化な単一性と結合して息づいている詩歌に接するさいには、原的経験とでもいうべきものが本人の知らぬ間にサドウし、閃光《せんこう》のようにみずからを開示すること、稀ではないからだ。

そのへんの消息をハッキリ見きわめるには、万葉集と古今集あるいは新古今集を拉《らっ》し来たり、その何《いず》れにたいし共鳴音が発するかを試すのが一つの早道——和歌と俳句のどちらに心ひかれるかを問うという選択肢もありうる——だと私は考える。例えば正岡子規は「貫之《つらゆき》は下手な歌よみにて古今集はくだらぬ集に有之候《これありそうろう》」（『歌よみに与ふる書』）といい放つ。別のところでは「小倉百人一首は悪歌の巣窟《そうくつ》なり」（『歌語』）ともいう。党派性があらわなのは、ある特定の「当代大家」どもの「胴中を射貫《いぬ》くために放たれたものである」（土屋文明、岩波文庫『歌よみに与ふる書』解説）のとムエンでないらしいが、「当代」をこえる一種弾丸のような力がこの文章にはこめられている。和歌を革新しようとする子規の精神が、批評としてそこでは炸裂《さくれつ》しているといっていい。

これを読むと今でも「古今集はくだらぬ集」かどうかにつき、「イエス」か「ノー」かの返答を待ったなしに迫られる気がする。そして両者五分五分だとか、どちらも捨てがたいとかいった中性的な答は、しょせんごまかしであり許されそうにない……。私は無条件で子規にグンバイをあげようとしているのではない。子規の発言に、王朝のミヤビを解そうとせぬ田舎者の蛮声を聞きとる向きがあっても何らおかしくないし、げんにそういう人は多いはずである。つまり古今集を「くだらぬ集」と受けとろうが受けとるまいが、応答としてそれはまったく対等なのである。そのさいものをいうのは、かつて身体的に刻みこまれたであろう経験、それと不可分に包みあうところのその人の感受性にほかならぬと見て誤らない。

　こういえば宿命論に聞こえるかも知れぬが、ことほどさように、ないがしろにされた領域がここには存することになろう。肝心なのは、わが身に刻印されている曰《いわ》くいいがたいこの何ものかをいかに自覚し、いかに耕し、培い、その射程を延ばし、そしてそれをどこまで多旋律化——八方美人化ではない——できるかにかかる。そのような過程をくぐらぬ「わが古典」観は、所与の狭い土地にしがみつき、それを守ることにきゅうきゅうたる、いわゆる「五反百姓」の心情に否応《いやおう》なく似てくるだろう。かといって、足が地から離れ上空をあちこち飛翔《ひしょう》するやりかたも論外である。これらは決して人ごとでない。何が「わが古典」かについてではなく、「わが古典」とは何であろうかについて私が云々《うんぬん》したのも、そのへんのことが気になっていたせいであるらしい。くわばらくわばら。

——西郷信綱「『わが古典』とは何か」

問い一　傍線部A・B・……Eのカタカナで書かれた語を漢字で書け。

問い二　傍線部一について、なぜ「幼年期のもつ独自性」をとり出す手立てとして、「詩歌」に限ることが効果的なのか、「幼年期のもつ独自性」に説明を加えつつ、答えよ（一〇〇字以内）。

問い三　傍線部二「応答としてそれはまったく対等なのである」とあるが、なぜ「対等」なのか、わかりやすく説明せよ（四〇字以内）。

問い四　傍線部三「そのような過程」を、できるだけ自分のことばを用いて説明せよ。

【解答・解説】

出典　西郷信綱「『わが古典』とは何か」（『古典の影――学問の危機について』平凡社）

解答

問い一

A―隠微　B―文献　C―作動　D―無縁　E―軍配

問い二

幼年期に外部と接した経験を通して無意識に養った個人独自の感受性は、ことばを知的に再組織した散文ではなく、身体を通したリズムがことばの未分化な状態と結合して成り立つ詩歌により、自ずと明らかになるから。（一〇〇字以内）

問い三

古今集への評価はすべて、その人の幼年期からの経験に基づく感受性によるものだから。（四〇字以内）

問い四

幼少期から経験を通して養ってきた感受性が、どのような原体験によるいかなる性質のものかを認識し、さらに広範囲で多様なものになるよう努力して育てていく過程。

解説

文章展開

① 開高健の本に記された、古事記を「わが古典」と感じる奄美大島の女性の話や、沖縄出身の学生が古代の文学に反応したことから、根底にある人の経験と感受性という問題がみえてくる。

② 何が「わが古典」になるかは、幼年期の意識化されない他者や外界との関係の歴史が影響する。特に、分化したことばを知的に再組織した散文ではなく、身体のリズムがことばの未分化な単一性と結合した詩歌に触れることで、その原的経験とともに明らかになると思われる。

③ それを見きわめるために、どの歌集に共鳴するかを試す方法がある。例として、正岡子規は古今集や小倉百人一首を酷評したが、その評価への賛否を答えるとき、各自の身体に刻み込まれた経験とそれに不可分な感受性が影響するだろう。

④ これは宿命論に聞こえるかもしれないが、肝心なのは自己に刻み込まれたものがどのようなものかを自覚し、それを養い培って、その範囲を広げ多様にすることにかかっており、これが「わが古典」とは何であろうかということに着目する理由なのである。

問い二　理由説明

文章展開②からの問題。筆者のいう「幼年期のもつ独自性」は、第二段落後半「その人の経験とそれによって養われた感受性」、第三段落後半「意識化されぬとはいえ、すでにそこには他者や外界との諸関連を有する生活が歴と、存した」などの表現から、人が幼年期から外部との接触の経験を通して無意識のうちに得た感受性のことと読み取れる。これを取り出す手立てとして詩歌が効果的な理由は、傍線部直後の散文と詩歌を比較した部分が該当する。分化したことばを知的に再組織した散文よりも、身体を通したリズムがことばの未分化な単一性と結合している詩歌であれば、原的体験としての感受性の作動を期待できるからと説明できる。

問い三　理由説明

ここでの「対等」は、傍線部直前にある「古今集を『くだらぬ集』と」受け取るか受け取らないかという反応がどちらでも対等であるということ。なぜ対等かという根拠は、傍線部直後の一文に書かれている。身体的に刻み込まれた経験と、それと不可分に関連するその人の感受性の発露がこの受け取り方の違いにつながっており、どちらの反応も人それぞれの幼少期からの経験であるという面で対等だという理由が読み取れる。

問い四　内容説明

「そのような過程」とは傍線部直前の説明にある「わが身に刻印されている…できるか」という過程だが、かなり抽象的な表現なので、設問の要求どおり具体的に「自分のことば」に直して説明する必要がある。文章展開②・③から、「わが身に刻印されている…何ものか」とは、幼少期から外部との接触の経験に基づいて無意識のうちに構成された感受性のこと。それを「自覚し、いかに耕し、培い、その射程を延ばし」「多旋律化」するわけであるが、これは自己の感受性を認識し、それを養い発展させ、視野をのばし、範囲を広げることなどと説明できるだろう。この過程が重要であると筆者は述べているのである。

参考　西郷信綱（一九一六〜二〇〇八）は国文学者。古代文学専攻で『古事記注釈』『日本古代文学史』『古代人と夢』などの著書がある。

近代文語文・現古融合文篇

【近代文語文・現古融合文を解きはじめる前に】

一橋大学の国語の大きな特徴が、近代文語文の出題である。近代、もしくは近世のある程度の長さをもった論理的文章を読解し解答を記述するというものである。その意味で評論の読解と同じ意味合いの問題であるが、文語文はすでに「古典化」している。また文語文の文体は漢文訓読調のものも多く、漢文読解の要素も含まれる。つまり漢文を含む古典の学習をしっかりした上で、読解、記述の練習をするという準備が必要である。二〇一六年度は『枕草子』『紫式部日記』という平安時代の女流文学の読解を求められる現古融合問題であった。このことからも、やはり古典全体の学習をしっかり積み重ねておくことは不可欠であることがわかる。古典学習の基礎固めを行った上で、一橋大学特有の文語文評論の出題に慣れることが大切である。

文語文の文体や表現に慣れるためには、森鷗外『舞姫』などの明治の文語体の小説、本居宣長の文章など江戸時代の評論、随筆などで読解の練習をするのがよいだろう。他大学では、成蹊大学（E方式）で近代文語文が出題され続けている。早稲田大学文化構想学部では現代文と複数資料問題の形で、坪内逍遙（二〇一六年度）、二葉亭四迷（二〇一七年度）という明治時代の作家の文章が出題され、二〇一八年度から二〇二一年度は現代文と本格的な近代文語文との複数資料問題となっている。また近代文語文が出題されていた大学としては、上智大学経済学部（二〇二〇年度まで）、二〇一三年度に千葉大学文・法経学部（現在の法政経学部）、京都大学（二〇〇二年度まで）などがあり、それらの過去問も利用できるだろう。ただし、文章の分量・難度に慣れるためにも、本書を活用して練習することをすすめる。

①出題形式・出典・出題内容

設問は、現代語訳（解釈）問題と内容説明問題、理由説明問題などである。特に、語句の意味を説明する問題と、内容説明問題が中心である（巻末付録「出典一覧・分析表」の「大問二　近代文語文・現古融合文」を参照）。やや長い文章の内容をいかに正確に素早くつかむかという点が重視されている。

文章のテーマは、開化期以降の学問や政治論を中心に出題されている。明治初期の歴史や思想の流れについての理解があると読みやすいが、これは逆にいえば、そうした基礎知識がないと理解が厳しいものもあるということである。

江戸時代の文章も出題され（あるいは現代文の中に含まれ）ている。これらの文章においては、本居宣長の思想や「もののあはれ」についての考え方などの基礎知識があると読みやすいものが多い。実際に、二〇〇四年度のように、筆者（杉田玄白）についての知識がないと厳しい出題もみられ、注意が必要である。なお、二〇一六年度は現代文の中に中古の文章が引用されている形式である。

②近代文語文の注意点

> 夫れ学芸の進むや之を撫育養成する者ありて而して進むなり。豈に独り自ら開展発達するものならんや。
>
> （二〇一四年度）

とあったときに、すぐに内容が読み取れるだろうか。

文語文の大きな特徴は漢文訓読の文体が多いということである。「夫れ」「而して」「豈に〜んや」など漢文の句形の知識を用いて文章の内容を追えるようにしなければならない。また、「撫育養成」「開展」などの漢語も多用されるので、漢字の意味を考えながら文脈をつかむことも大切である。入試におけるいわゆる「漢文」の問題のような語句の読み問題は出題されていないが、意味を答える問題は出題されており、漢文の学習が大いに役立つのはいうまでもない。

また、本居宣長、杉田玄白の著作といった江戸時代に書かれた文章が出題される場合、および二〇一六年度のように中古の文章が含まれる場合もあり、古典の基礎固めは必須である。この場合も文法の独立問題はないが、現代語訳の問題は高い頻度で出題されており、文法の知識を正確に反映させた訳出が不可欠である。

近代文語文、あるいは現古融合文であっても、文章に向き合う際に必要になるものは現代文と変わるものではない。国語に限らず、学問は知識をいかに総合的に使えるかが問われる。一橋大学をはじめとして難関大学が受験生に特に求めるのはこの力だろう。だからこそ入試科目が多いともいえるのである。次ページから問題演習がスタートするが、このように近代文語文をまとめて読む機会はめったにないはずである。日ごろの授業から得られることを無駄にしないように活用するとともに、様々な分野に興味をもち、様々な時代背景の文章にあたることで、総合的に使える知識の幅を広げよう。

二〇二一年度

二

次の文章を読んで後の問いに答えなさい。

吾れ人の性を顧るに喜ぶ者と共に喜ぶの心は悲しむ者と共に悲しむの心よりも遥に薄弱なりと云《い》はざるを得ず。是れ一は社会的の必要に出でて所謂《いわゆ》る社会的の練習によりて同悲の性情が同喜の性情よりも其発達完全なるによるならん。然れども亦一は快楽を享受する者を見る時は吾れ人の性情として抑え難き嫉《ねた》みてふものが大なる妨害を為すにもよるならん。故にジャン、パウルは一他の喜を喜ぶは天使の心、其悲を悲しむは人間の心と云へり。予が茲《ここ》に云ふ所はこの悲を悲しむ人間の心にして此心を満足せしむるものは我性の一の強大なる要求を満足せしむるものなり。

故に予は思ふ、小説若しくは戯曲を読んで可憐《かれん》なる少女の悲哀に泣くを見て我も共に泣く時の心の中に言ひ難きの快味《スウイートネス》を覚ゆるは是れ我社会的の性情を満足せしむるによるならんと。我れ他の為めに泣く時は我狭隘《きょうあい》なる、窮屈なる利己の圧束を脱して我心は人類の大なるが如くに大に、社会の広きが如くに広きを覚ゆ。是れ我心の一時の救《サルヴエーション》にあらざる乎《か》。狭隘なる利己の心は是れ我本真の性にあらず。他人の為めに涙を流して他と我との差別を忘るるの時は是れ我本性の光明を放つ瞬間なり。吾れ人は其本性に復《かえ》らんことを求む。是れ之れによりて仮我を去つてア実我を得ればなり。是れ真に我に復るなり。彼の所謂る社会的の性情は(若し其根本を云はば)即ち此復我の一片のみ。詩歌と云ひ、美術と云ひ、皆此大目的に向かつて進むものにはあらざる乎。

見よ弱肉強食の無情界に匍匐《ほふく》する陋巷《ろうこう》の愚夫愚婦が義人の不運を悼み、雅人の薄命に落涙せんとて一日の閑を偸《ぬす》んで演劇場に入り来るは是れ知らず識らず利己の狭きを脱して同情一致の広きを求めんとするにはあらざる乎。我本真の性に契《かな》ふの喜びを求めんとするにはあらざる乎。我若し我身を忘れて他人の為めに落涙する時は我心は恰《あたか》も敵視世界の塵埃《じんあい》を洗ひ去られたるが如きの感イなくんばあらず。他人の悲哀をもて我心を充たし、其悲哀と我とは別物にあらざるが如くに思ふの瞬間は自らこぼす涙によりて我諸悪を洗ひ去られたるが如きの思あり。譬《たと》へば天然界の真美景に接するか若しくは人間界の真美人に接せば（若し其真美を見るの眼あるものなれば）只だ恍惚《こうこつ》として其前に直立して我を忘れたるの有様に陥るべし。只だ唯だ其美しさに見取れて慾《よく》も思もなきに至るべし。此境界に至りてこそ始めて真に其美を嘆美すると云ふべけれ。此境界に至れるの瞬間は（ショーペンハウエルの云へる如く）殆《ほとん》ど一切の煩悩を打忘れて我心が一時の浄楽に入れるの有様とウ云ひて可ならん。二他人の悲哀に我身を打忘れて熱き涙を流す時も亦右と同じく一時の救に入れるが如きの思あるなり。

——大西祝「悲哀の快感」

問い一　傍線ア「得ればなり」、傍線イ「なくんばあらず」、傍線ウ「云ひて可ならん」を現代語に訳しなさい。

問い二　傍線一「他の喜を喜ぶは天使の心」とあるが、「他の喜を喜ぶ」ことがなぜ「天使の心」と言えるのか、答えなさい（二五字以内）。

問い三　傍線二「他人の悲哀に我身を打忘れて熱き涙を流す時も亦右と同じく一時の救に入れるが如きの思あるなり。」とあるが、「他人の悲哀に我身を打忘れて熱き涙を流す」ことがなぜ「救に入れるが如きの思」を発生させるのか。文章全体をふまえて説明しなさい（六〇字以内）。

【解答・解説】

出典　大西祝「悲哀の快感」

解答

問い一
ア―得るからである　イ―ないはずがない　ウ―言ってよいだろう

問い二
人の本性としては、他者の幸福を嫉むのが普通だから。（二五字以内）

問い三
他者の悲哀に共感して涙を流すときは、無情な社会で培われた狭隘な利己心から解放され、人間本来の姿に戻る瞬間だと言えるから。（六〇字以内）

解説

通釈

①　われわれの性質を顧みると、喜ぶ者とともに喜ぶ心は悲しむ者とともに悲しむ心よりも遥かに弱いものだと言わざるを得ない。この理由の一つは、社会的必要から出て、いわゆる社会的な練習によってともに悲しむ性質がともに喜ぶ性質よりも発達が完全であることによるであろう。だけれどももう一つの理由は、快楽を享受する者を見るときわれわれの性質として抑えがたい嫉みというものが大いに妨害をすることに

もよるだろう。ゆえにジャン・パウルは他人の喜びを喜ぶのは天使の心、その悲しみを悲しむのは人間の心と言っている。私がここに言うところはこの他人の悲しみを悲しむ人間の心であって、この心を満足させるものは、われわれの性質の一つの強大な要求を満足させるものである。

② だから私は思う、小説もしくは戯曲を読んで可憐な少女が悲哀に泣くのを見て、私もともに泣くときの心の中に言葉で表しがたい快感を覚えるのは、我が社会的性情を満足させることによるのだろうと。私が他のために泣くときは私の狭隘な、窮屈な利己心の圧迫を脱して、私の心は人類と同様の大きさ、社会と同様の広さを覚える。これは我が心の一時の救いではないだろうか。狭隘である利己の心は我が本来の性質ではない。他人のために涙を流して他と我との違いを忘れたときは我が本性の光を放つ瞬間である。われわれはその本性に帰ろうとすることを求める。これはそれによって仮の自分を去って本当の自分を得るからである。これにより本当に我に帰るのだ。かのいわゆる社会的な性情は（もしその根本を言うならば）すなわち我に帰るひとつのみ。詩歌といい、美術といい、皆この大目的に向かって進むものではないだろうか。

③ 見なさい、弱肉強食の無情世界にはいつくばるむさくるしい愚かな男女が義人の不運を悼み、雅人の薄命に涙を落とそうと一日の暇を見つけて演劇場に入って来るのは、知らず知らずのうちに、利己心の狭さから逃れて同情一致する心の広さを求めようとするからではないだろうか。我が本来の真の性質にかなうことの喜びを求めようとするからではないだろうか。私がもし我が身を忘れて他人のために落涙するときは我が心はあたかも敵視する世界のちりやほこりを洗い去られたような感があるはずである。他人の悲哀をもって我が心を満たし、その悲哀と自分とは別物ではないように思う瞬間は、自らこぼす涙によって我が諸悪を洗い去られたような思いがある。たとえば自然界の真の美しい景色に接するか、もしくは人間界の真の美人に接すれば（もしその真の美を見ることのできる眼があるものならば）ただ恍惚としてその前

に直立して我を忘れたような有様に陥るだろう。ただただその美しさに見とれて欲も思いもない状態に至るだろう。この境界に至ってこそはじめて真にその美を感心し褒めると言えるだろう。この境界に至った瞬間は（ショーペンハウアーの言っているように）ほとんど一切の煩悩を忘れて我が心が一時の清浄な楽しみに入っている有様だと言ってよいだろう。他人の悲哀に我が身を忘れて熱い涙を流すときもまたこれと同じく一時の救いに入っているような思いがあるのだ。

問い一　現代語訳

文語文の表現は基本的に古典文法に従って読んでいく。

ア　「得れば」はア行下二段活用動詞「得」の已然形に接続助詞「ば」が接続しており、順接の確定条件で訳す。文脈から原因理由の訳が最適であり〝得るからである〟〝得るのである〟の訳が可能だろう。

イ　「なくんばあらず」は漢文訓読では仮定の句法であるが、明治期の文語文では慣用的に二重否定として用いられたようであり、〝ないわけではない〟〝あるはずである〟などと訳せる。ここは文脈の確認が必要だろう。

ウ　「可ならん」は「可なり」に推量の助動詞「む」がついた形であり、〝可能であろう〟と訳せるので、〝言うことが可能であろう〟〝言ってよいだろう〟などと訳す。

問い二　理由説明

傍線部の前の文にあるように、「他の喜を喜ぶは天使の心」であるのは、快楽を享受する者を見ると、人間の性情として抑えがたい嫉みが妨害をして一緒に喜ぶことができず、他人の喜びを一緒になって喜べるのは人間の心ではなく「天使の心」だから。この展開を説明したいが、字数は二五字しかないので、人間の本性、性質として他者の喜びを嫉むことが常だからという内容でまとめる。

問い三　理由説明

「他人の悲哀に我身を打忘れて熱き涙を流す」ことが「救に入れるが如きの思」を発生させる理由を文章全体から読み取り、記述する。第二段落から読み取れるように、可憐な少女の悲哀に同情して涙を流す「快味」とは、自分の狭隘で窮屈な利己心の圧迫から脱して、自分の心の広さを感じることで一時の「救」を得られることである。狭隘な利己心は人間本来の性質ではなく、他者への同情の涙は自分の人間としての本性が現れる瞬間だと述べられる。このことは第三段落でも繰り返し説明され、弱肉強食の無情な世界にいる人々が涙を流すために演劇を観るのは、利己の心を脱して自分の本当の性質が現れる喜びを求めるからだと述べられている。この展開をまとめると、他人に同情し自分を忘れて涙を流すことで、無情な世界で培ってしまった狭隘な利己心から脱して、人間本来の性質を取り戻した瞬間が「救に入れるが如きの思」を発生させているとなる。この内容を字数内で記述する。

参考　大西祝《おおにしはじめ》（一八六四～一九〇〇）は哲学者、思想家。岡山県で生まれ、郷里の山にちなんで操山と号した。同志社英学校神学科を卒業後、東京帝国大学哲学科、大学院にすすむ。東京専門学校（現在の早稲田大学）、東京高等師範学校（筑波大学の前身）で教えるが病により三六歳で急逝する。「良心起原論」など多数の論考があり、「悲哀の快感――心理幷文学上の攷究」は明治二四（一八九一）年三月に『國民之友』に掲載された論文。悲哀に快感を覚える理由を六か条に分けて説明し、その五番目に出題部分である同情作用、あるいは社会的性情の満足が挙げられている。

二〇二〇年度

二

次の文章を読んで後の問いに答えなさい。

天下の人、指を学者に屈すれば必ず井上哲次郎君(注)を称し、必ず高橋五郎君(注)を称す。吾人は幸にして国民之友(注)紙上に於て二君の論争を拝見するを得たり。井上君拉甸語《ラテン》、伊太利亜語、以斯班牙語《イスパニア》を引証せらるれば高橋君一々其出処を論ぜらる。無学の拙者共には御両君の博学ありありと見えて何とも申上様なし。一去りながら博学畢竟《ひっきょう》拝むべき者なりや否や。若しもシエーキスピーアを読まずんば戯曲の消息を解すべからずとせばシエーキスピーアは何を読んでもシエーキスピーアたりしや。若しも外国語に通ぜずんば大文豪たる能はずんば、未だ外交の開けざる国に生れたる文家は三文の価値なき者なりや否や。二君の博学は感服の至りなれども博学だけにては余り難ㇾ有くもなし、勿論こはくもなし。然るに奇なるかな世人は此博学の人々を学者なりとてエラク思ひ、学問は二の町なれど智慧《ちえ》才覚ある者を才子と称して賞讃の中に貶《へん》す。二是豈衣裳《いしょう》を拝んで人品を忘るる者に非ずや。

才子なるかな、才子なるかな、吾人は真の才子に与《くみ》する者也。

吾人の所謂《いわゆる》才子とは何ぞや。智慧《ウィズドム》を有する人也。智慧とは何ぞや、内より発する者也、外より来《きた》る者に非る也。事物の真に達する者なり、其表面を瞥見《べっけん》するに止《とどま》る者に非る也。自己の者也、他人の者に非る也。智慧を有する人に非んば世を動かす能はざる也、智慧を有する人に非んば人を教ふる能はざる也。更に之を詳《つまびらか》に曰へば智慧とは実地と理想とを合する者なり、経験と学問とを結ぶ者なり、坐して言ふべく起つて行ふべき者なり。之なくんば尊ぶに足らざる也。

吾人の人を評する唯正に彼の智慧如何と尋ぬべきのみ、たとひ深遠なる哲理を論ずるも、彼れの哲理に非ずして、書籍上の哲理ならば、何ぞ深く敬するに足らんや。たとひ美を論じ高を説くも其人にして美を愛し、高を愛するに非んば何ぞ一顧を価せんや。自ら得る所なくして漫りに人の言を借る、彼れの議論奚《いずくん》ぞ光焔《こうえん》あり精采あるを得んや。博士、学士雲の如くにして、其言聴くに足る者少なきは何ぞや。是れ其学自得する所なく、中より発せざれば也。彼等が唯物論として之を説くのみ、未だ嘗て自ら之を身に躰《たい》せざる也。故に唯物論者の経験すべき苦痛、寂寥《せきりょう》、失望を味はざる也。彼等が憲法を説くや亦唯憲法として之を説くのみ、未だ嘗て憲法国の民として之を論ぜざる也、故に其言人の同感を引くに足らざるなり。彼等の議論は彼等の経験より来らざる也、彼等の智識は彼等の物とはならざる也。

明治の文学史は我所謂才子に負ふ所多くして彼の学者先生は却つて為す所なきは之が為なり。

――山路愛山「明治文学史」

（注）井上哲次郎（一八五五～一九四四）哲学者。帝国大学教授。
（注）高橋五郎（一八五六～一九三五）語学者、評論家、翻訳家。
（注）国民之友　雑誌。評論を多く掲載した。

問い一　傍線一「去りながら博学畢竟《ひっきょう》拝むべき者なりや否や。」を現代語に訳しなさい。

問い二　傍線二「是豈衣裳《いしょう》を拝んで人品を忘るる者に非ずや。」とあるが、このたとえで筆者が批判したいのはどういうことか、簡潔に答えなさい（二五字以内）。

問い三　筆者の考える「才子」とはどのようなものか。文章最終行にある「学者先生」と対比しつつ答えなさい（五〇字以内）。

【解答・解説】

出典　山路愛山「明治文学史」（『明治文学全集　第35巻』筑摩書房）

解答

問い一

しかしながら幅広い学識は結局恐れ入ってありがたがるべきものであるのかどうか（敬うに価するものであるのかどうか）。

問い二

世間が博学の者を尊重し知恵のある人を軽視すること。（二五字以内）

問い三

書籍などから得た学識をひけらかす学者先生ではなく、自己の経験を基に内面化された知で社会を動かす者。（五〇字以内）

解説

通釈

①　世にいる人が、指おり学者を数えると必ず井上哲次郎君をあげ、必ず高橋五郎君をあげる。私は幸いにして『国民之友』誌上において（井上、高橋）二君の論争を拝見する機会を得た。井上君がラテン語、イタリア語、スペイン語を用例として引かれると高橋君は一つ一つその典拠を論じられる。無学の私どもに

は御両君の幅広い知識がありありと見えてなんとも申し上げることはできない。しかしながら博学は結局恐れ入ってありがたがるべきものであるのかどうか。もしもシェークスピアを読まなければ戯曲の事情がわからないとするのであれば、シェークスピアは何を読んでシェークスピアになったのだろうか。もしも外国語に通じなければ大文豪と言えないのであれば、未だ外国との交流の開けていない国に生まれた文学者は三文の価値もないものであるのかどうか。（井上、高橋）二君の博学は感服の至りだけれども博学だけではあまりありがたくもなく、もちろん怖くもない。それなのに不思議なもので世の人はこの博学の人々を学者だとして偉いと思い、学問は二流だけれど智慧才覚がある者を才子と呼んで賞讃しながらおとしめる。これはどうして（外見である）衣装を拝んで（内面の）人品を忘れることでないだろうか（、いや内面を軽視することだ）。

② 才子であるよ、才子であるよ、私は真の才子に賛成する者だ。

③ 私の言う才子とはどういうものか。智慧を有する人だ。智慧とはなんだろうか、内面より発するものだ、外面から来たものではないのだ。事物の本質を見通せるものだ、その表面をちらりと見るだけにとどまるものではない。自己のものであって、他人のものではない。智慧を有する人でなければ世を動かすことはできない、智慧を有する人でなければ人を教えることはできない。さらにこれを詳しく言うと智慧とは現実と理想とを合わせるものだ、経験と学問とを結ぶものだ、座って言うことができ（同時に）立って行うことができるものだ。これがなければ尊ぶに足らないのだ。

④ 私が人を評価するときにはただ正にその智慧があるかどうかを問うだけであり、たとえ深遠な哲学を論じても、その人の哲学ではなくて、書籍上の哲学ならば、どうして深く尊敬するに足りるだろうか。たとえ美を論じて高尚なことを説いてもその人が美を愛し、高尚なことを愛するのでなければどうして一顧の価値があるだろうか。自ら体得するところはないのにむやみやたらに人の言葉を借りる、その人の議論は

どうして光り輝く炎のような力強さがあり生き生きとした活力があるだろうか。博士、学士が雲のようである（＝おおぜいいる）のに、その言葉を聞くに足る者が少ないのはどうしてか。これはその学問を自分で得ることなく、自分の内から発しないからである。彼らが唯物論としてこれを説くだけで、未だかつてこれを自分自身で体得していないのだ。だから唯物論者の経験するはずの苦痛、寂寥、失望を味わっていないのである。彼らが憲法を説くとまたただ憲法としてこれを説くだけで、未だかつて憲法を制定した国の民としてこれを論じない、だからその言葉は他人の共感を得るのに足りないのだ。彼らの議論は彼らの経験から来たものではない、彼らの知識は彼らのものとはなっていないのだ。

⑤　明治の文学史は私の言う「才子」に負うところが多くてあの学者先生はかえってすることがないのはこのためである。

問い一　現代語訳

「去りながら（さりながら）」は古文でも使われる接続詞、〝しかしながら〟の意。「博学」はこのままでもよいかもしれないが、訳すならば〝幅広い学識〟。「畢竟」は〝つまるところ、結局〟。「べき（べし）」は当然（〜べきだ、〜なければならない）または適当・勧誘（〜がよい）で訳すのがよいだろう。以上より、〝しかしながら博学は結局恐れ入ってありがたがるべきものであるのかどうか〟というのが訳。つまり、学者の博学は尊敬してありがたがるものではないという内容。

問い二　内容説明

「豈」は反語の構文。傍線部は〝これはどうして衣装をありがたがって人品を忘れることでないだろうか、いや人品を忘れることだ〟という内容。ここでの「衣裳」は人の外面にあるものと考えると、「人品」は人の内面、本当の実力という意味をイメージできるだろう。つまり傍線部では、人の外見を尊重してその内面を軽視していると批判している。筆者は傍線部の直前で「世人は此博学の人々を学者なりとてエラク思ひ、学問は二の町なれど智慧才覚ある者を才子と称して賞讃の中に貶す」と述べており、ここでの「衣裳」は博学の学者、「人品」は智慧才覚のある才子を指し、世の人々は博学ばかりを尊重して智慧のある才子を軽んじていると批判していると読み取ることができる。字数制限が厳しいので、筆者の批判の中心である、内面の知をもった人を世の人々が軽視していることを表現したい。

問い三　内容説明

「吾人の所謂才子とは何ぞや」以降の説明から筆者の考える「才子」を読み取る。通釈にも示したが、「才子」とは智慧をもった者であり、この智慧とは内面から発する、事物の真理に達するもので、「実地と理想とを合する」「経験と学問とを結ぶ」もの。そして智慧をもった者は座って言い、立って行うような、実践して世を動かすことができる者である。そして「才子」の智慧は「学者先生」のように外から得た書籍などによる学識ではない。「学者先生」の知識を筆者は「博学だけにては余り難有くもなし、勿論こはくもなし」「其言聴くに足る者少なき」と痛烈に批判しているが、それは外から得た知識で「中より発」していないものだからだと読み取ることができる。問いには「学者先生」と対比しながら答えよという条件があるので、外から得た知識で論じるだけの学者ではない、という前提をまず示すと書きやすい。そのうえで、本文で強調されている、その人が経験によって体得した、その人の内側から発する事物の真理に達する智慧をもつ者だという説明ができるだろう。才子の智慧でなければ世を動かすことはできず、「人の同感を引く」ことができないとあるので、解答では、社会を動かす者という結論でまとめ、さらに「学者先生」への批判のニュアンスも表現してみた。五〇字の字数制限はそれほど多いものではないので、対比の関係を明確にしながら簡潔な説明でまとめたい。

参考　山路愛山《やまじあいざん》（一八六四～一九一七）は評論家。徳富蘇峰が主宰する民友社に入り『國民之友』『國民新聞』に執筆、『信濃毎日新聞』の主筆や雑誌『独立評論』の刊行、政治運動にも関与した。「明治文学史」

は北村透谷と山路愛山の論争（人生相渉論争）での愛山側の論として『國民新聞』に明治二六（一八九三）年三月一日から七回にわたって連載された。北村透谷の評論「人生に相渉るとは何の謂ぞ」に対し、山路愛山が文学は事業であり「人生に相渉ら」ぬ美文は無意味だと批判、透谷が文学は実世界での事功を目的とせず、想世界にある「美妙なる自然」を表現すべきだと反論した。これは文学独自の価値を追求する透谷の文学観と、愛山の功利主義的文学観との対立である。愛山は史論家として「明治文学史」によって文学の意味を論じて自己の正しさを主張しようとしたが、透谷の健康問題を配慮して連載を中止したと言われている。出題部分は、福沢諭吉を論じる部分で社会を動かす「才子」について説明している部分である。

二〇一九年度

二

次の文章を読んで後の問いに答えなさい。

拝啓仕候。近来東京府内には古書画類の流行最も盛なる由にて、或は何処の展覧会、或は彼処《かしこ》の競売などとて、書画の評判やたらに高く、値段も共に高きよしなるが、其原因を尋れば全く退守主義流行の然らしむる所なるべしといへども、又一つには外国人等が此一種奇風の日本画を悦び、高価に購ひて本国に携え帰るも多きが故なりといへり。

然るに外国の好事家輩が何故斯く日本画を愛するやと聞くに、西洋画の日本画に劣り日本画の西洋画より勝れたるがゆゑにはあらず、唯日本画の一種特異の風致あるがために、是も一種の美術なりとて、好事者の贅沢に携え帰るものなるべし。其有様を形容すれば、五味八珍に飽きたる口には香の物に茶漬も時にあつさりとして妙なりと誉められ、石造煉瓦造りの高楼に住居する人が四阿屋《あずまや》流の日本家を見て風致、石室に百倍せりなどと時に大に賞賛するの類なるべし。

然るを世の老眼古癖者流は、香の物に茶漬、真に八珍よりも美なり、白木の日本家、実に石室に勝れる事かと心得、今の忙はしき世に生存《なが》らへる甲斐もなく、無用の古物を珍襲するが如きは、実に気の毒の至りと云ふべし。併し古癖先生等、若し果して多くの古書画を得んと欲せば、今の時に及び苟《いやしく》も金になる時機を外さずして、成る丈け沢山に外国人へ売渡すべし。彼等が既に沢山の日本画を所持して恰も之に満腹し、余り珍らしき風味もなきことを発明して少し厭きの来る時節に至れば、一山百文にても買人《かいて》さへあれば何よりの仕合《しあわせ》なりと、悦び勇みて再び日本に輸入し来ること請合《うけあい》なり。

即ち今の与ふるは後の取るなりと覚悟して、一つ与へて二つ取るの工夫は如何。好しや此工夫にして大に其当《あて》がはづれ、後来遂に古画古書の価、下落の時節なしとせんか、古癖先生等、決して小生の策略に乗ぜられたりと怨むに及ばず。何となれば書画を楽むは元と是れ富人閑人の仕事なり。失敬ながら日本人等は当時未だ富人にもあらず閑人にもあらず。鉄道は欲しけれども金がなく、軍艦も欲しけれども金がなく、火事に焼けぬ煉瓦家も欲しけれども矢張金がないにはあらずや。金が欲しくばなぜ働かぬぞ。

朝から晩まで汗水たらし一生懸命に骨折りても尚ほ且つ貧乏の歩みに及ばざらんことを恐るるの分際にて、何の書画の楽みかあらん。日本の古癖先生等も西洋諸国人並の富人閑人と為られた上にて書画の玩弄も可然《しかるべき》かと奉存候《ぞんじたてまつりそうろう》。恐惶謹言。

――福沢諭吉「古書画流行」

問い一　傍線ア「工夫」、傍線イ「当時」をわかりやすくいいかえなさい。

問い二　傍線一「一つ与へて二つ取る」とあるが、著者は具体的にどう説明しているのか、答えなさい（六〇字以内）。

問い三　筆者は「古癖先生等」を批判している。批判の二点を簡潔に述べなさい。

【解答・解説】

出典　福沢諭吉「古書画流行」

解答

問い一
ア―方法・方策・考え　イ―現在

問い二
日本の古書画を珍しがって高値で買う外国人に売り、外国人が飽きてしまい価値が下がった時に売った時の値段より安く買い戻す。（六〇字以内）

問い三
• 珍しいという理由で古書画を愛好する外国人の影響を受け、高値で古書画を買い集めている点。
• 経済的に豊かな者がすることを、西洋に後れを取り、貧しい現状にある日本人が行っている点。

解説

通釈

① 拝啓申し上げます。最近東京府内には古書画類の流行が最も盛んであるようで、ある日はどこの展覧会、ある日はあそこの競売などといって、書画の評判がやたらに高く、値段もともに高いと聞いているが、その原因を追及するとまったく退守主義流行のさせるところだろうといえるが、また一つには外国人たちが

この一種変わった様子の日本画をよろこび、高い値で買って本国に持ち帰るものも多いことが理由であるともいえる。

② しかし外国の好事家たちがなぜこのように日本画を愛するのかと聞くと、西洋画が日本画に劣り日本画が西洋画より優れていることが理由ではなく、ただ日本画が一種独特な趣をもっているために、これも一つの美術だといって、好事家の贅沢のために持ち帰っているのだろう。そのありさまを形容すると、ごちそうに飽きた口には漬物に茶漬けも時にあっさりとしておいしいと褒められ、石造りレンガ造りの高い建物に住む人があずまや流の日本家屋を見てその趣が、石造りの家に比べて百倍も良いなどと時に大いに賞賛するのと同じようなものであろう。

③ それなのに世間の老眼古癖者（＝古くさいものばかりをよしとする者）たちは、漬物に茶漬けが、本当にごちそうよりもおいしいのだ、白木の日本家屋が、まことに石造りに勝っているということかと納得し、今の（時の流れが速く）忙しい世に生きるかいもなく、無用の古物を珍重するような姿は、実に気の毒の至りと言うべきだ。それにしても（古くさいものばかり好む）古癖先生たちは、もし結果として多くの古書画を手に入れようと思うならば、（古書画が流行している）今の時期に及んで仮にも金になる機会を外さないようにして、なるべくたくさん（古書画を）外国人に売り渡すべきだ。彼らがすでに大量の日本画を所持してまさにこれに満足し、あまり珍しい感じもないことを発見して少し飽きてしまった時がくれば、一山百文の安値でも買い手さえいれば何よりのしあわせだと、喜び勇んで再度日本に（逆）輸入してくることは確実だ。

④ つまり今（外国人に）与えることは後の利益だと覚悟して、一つを与えて二つを取るという方法はどうだろう。もしこの方法で大いに当てが外れて、後になって結局古画古書の値段が、下落する時がないとしても、古癖先生たちは、決して私の策略に乗せられたと恨むには及ばない。なぜならば書画を楽しむこと

は元々は富んだ人や暇な人のすることだ。失礼ながら日本人たちは現在いまだ富んだ人でもなく暇な人でもない。鉄道はほしいけれども金がなく、軍艦もほしいけれども金がなく、火事で焼けないレンガ建ての家もほしいけれどもやはり金がないのではないか。金がほしければなぜ働かないのか。朝から晩まで汗水たらして一生懸命に骨を折ってもそれでもなお貧乏の歩み（の速さ）にも及ばないことを恐れるくらいの分際で、どうして書画の楽しみを求められるだろうか。日本の古癖先生たちも西洋諸国人なみの富んだ人や暇な人となられた上で書画の趣味もできるものかと考え申し上げます。恐惶謹言。

問い一　**語句の意味**

ア　古書画を外国人に売り渡して儲ける「工夫」について述べている。「好しや此工夫にして大に其当がはづれ」と言っており、この「工夫」は金を儲ける〝方法・方策・考え〟と読み取ることができる。

イ　傍線部「当時」以降の文脈では過去のことではなく、〝現在〟の日本人の状況を説明している。

問い二　**内容説明**

「一つ与へて二つ取る」の内容を具体的に説明する。傍線部の一つ前の段落で、外国人が古書画を珍しがっている「金になる時機」を外さずに大量に売却し、外国人が「沢山の日本画を所持して」飽きてしまい、珍しさも感じなくなった時機に「一山百文」、つまり二束三文で売りに出すだろうから、自分が売った値段以下の価で買い集めることができるだろうと述べている。「一つ与へて二つ取る」は需要と供給の差から生じる価格の差に乗じて利益を得ることを述べており、価格の上下による差益について説明する必要があるだろう。

問い三　**内容説明**

筆者の「古癖先生等」批判の論点を二つ読み取る問題。筆者は前半部分で、古書画類の流行の理由を、外国人が「日本画の一種特異の風致」、言い換えるならその珍しさから買い求めていることにあると指摘している。つまり、日本の古書画そのものの価値が評価されて高値になっているわけではないのに、外国人に影響され、本来の価値を考えずに高値で買い求める日本の「古癖先生等」を批判しているのである。さらに後半では、書画を楽しむことは本来経済的に豊かな者がするべきことであるのに、鉄道や軍艦、近代的建物などインフラ整備もできない貧しい日本の「古癖先生等」が追い求めていることを強く批判している。この二点の批判を解答としてまとめる。この文章は、古書画の流行という現状を通して、外国の影響を真に受けて自らの価値を考えることなく行動し、さらに西洋諸国に追いつく努力をしなければならない現状を忘れた行動をする日本人への批判となっている。

参考　福沢諭吉（一八三五～一九〇一）は著述家、啓蒙思想家、教育者。慶應義塾の創設者であり、商法講習所（現在の一橋大学）、土筆ヶ岡養生園（現在の北里大学北里研究所病院）、伝染病研究所（現在の東京大学医科学研究所）などの創設にも尽力し、東京学士会館（現在の日本学士院）初代会長を務めた。

「古書画流行」は、福沢諭吉が一八八二年（明治十五年）に創刊した新聞『時事新報』の明治十六年十一月十五日に「寄書」として掲載されたもの。今でいう投書であり、福沢の名ではなく「珍貧寒人」の署名で、「明治十六年十一月十三日　時事新報編集人先生足下」宛てで掲載されており、編集部への手紙の形式になっている。

二〇一八年度

二

次の文章を読んで後の問いに答えなさい。

一 たとへ小なる試験に合格せざるとて、何ぞ直ちに失望すべきことか之れ有らん。自己の能力遥かに他に超越せるに、試験に応ずるに及びて不幸他に一著《いっちゃく》を輸すとして自ら怨ずるは、是れ謬妄《びゅうもう》の甚しきもの、他の合格して我れ独り能はざるは、其の地位に必要とする技倆《ぎりょう》の他に比して劣れるに因る。若し自己の能力更に大に他に超越せるを信ずる、須らく更に大なる事業を経営し一層崇高なる地位を占むるに努むべし。自ら偉大の能力あるを信じて、依然小事に齷齪《あくさく》し卑官を求むるに汲々たるは、身を処するの道を知らざるなり。将た又た雋才《しゅんさい》異能ありて、更に偉大の事業を遂行するに堪ふるにせよ、唯だ漠然之れ有るべきを恃みとして空しく其の時の到来を待つも亦た同じく身を処するの道を知らざるなり。蓋し人として世に立つ、何れの時何れの処にても常に其の為し得べきの事を為さざる可らず。時来《きた》れば之を成すべく、而して時来らざる、猶ほ必ず為す所あるを要す。或は機熟せざるが故に為さずとし、地位高からざるが故に為さずとする、人たるの分を疎略にする者と謂《い》ふべし。之を総ぶるに、人の能不能は試験に因りて充分に判定する能はず。他も之を知るに難んじ、己れ亦た知ること難し。唯だ各自に其の職分を守り、孜々《しし》之を履行するの外ある無し。乃ち小なる試験に適するあるべく、又た大なる試験に適するあるべく、或は常に失敗に終ることあるべく、又た意外に成功し得ることあるべけんが、苟《いやしく》も人として守るべき所を守り、為すべき所を為しつつある、成敗利鈍は固より憂ふるに足らざるなり。初め小学に在る、専ら自己の知識を開発するを旨とし、而して試験ありて一種の難関を作す。進みて中学に入る、又た専ら自己の知識を開発するを旨とし、而して亦た試験ありて一種の難関を作す。爾来《じらい》常に自己の知識を養ふに専らに、而して又た必らず直接間接の試験あり。然るに其の試験の行はるる時、応じて発露する知識の量や極めて尠少《せんしょう》、僅《わずか》に識る所の一小部分に就て試験さるるに止まる。其の専門学を習修し、業卒へて官庁に入るに方《あた》りても、職務に応用する所は亦た極めて僅少の部分に過ぎず。概して他人と関係の際に用ゐる知識の量は、比較的甚だ少し。但だ他と関係の際に用ゐる知識の量は、実に僅かの部分なりと雖も、其の用ゐられざる所の多量のものの必ず無用なるを謂《い》ふべからず。蘊蓄《うんちく》する所の多ければ、其の多きだけ人として進歩せりと為すべく、之を用ゐるべき場合あると否とは全く別事に属す。或は之れ有るやも測られず、又た之れ無きやも保し難し。若し之れ有るかの如くに信じ、空しく其の到らざるを喞《かこ》つは、愚の至りとせざる能はず。二謂《いわ》ゆる人事を尽くして天命を待つとは、如何の時如何の処にも適用すべきものたるを忘るべからず。

――三宅雪嶺「試験を論じ運命に及ぶ」

問い一　傍線一「たとへ小なる試験に合格せざるとて、何ぞ直ちに失望すべきことか之れ有らん。」を現代語に訳しなさい。

問い二　傍線二「謂《いわ》ゆる人事を尽くして天命を待つとは、如何の時如何の処にも適用すべきものたるを忘るべからず。」とあるが、筆者がこの一文で言いたいのはどういうことか。文章全体をふまえて答えなさい（六〇字以内）。

問い三　筆者は試験をどのようなものと考えているか。文章全体をふまえて答えなさい（五〇字以内）。

【解答・解説】

出典　三宅雪嶺「試験を論じ運命に及ぶ」

解答

問い一　たとえ小さな試験に合格しないからといって、どうしてすぐに失望しなければならないことがあるだろうか。いやない。

問い二　蓄積した知識すべてを使うことはないが、人としての進歩を目標に、知識が必要となる時のために努力して準備すべきだということ。（六〇字以内）

問い三　自己が蓄積した知識を測るための関門であるが、人の能力全体を過不足なく判定することはできないもの。（五〇字以内）

解説

通釈

たとえ小さな試験に合格しないからといって、どうして、すぐさま失望しなければならないことがあろうか（、いやない）。自己の能力がはるかに他の者より優れているのに、試験に応じてみると不幸なことに他の者に負けたといって自身で恨み言をいうのは、でたらめの甚だしいものであって、他の者が合格して自分ひとり合格できないのは、その地位に必要とする技量が他の者に比べて劣っていることによる。もし自己の能力がさらに大いに他の者に卓越していると信じるならば、必ずさらに大きな事業を経営し一層崇高な地位を占めるように努めなければならない。自ら偉大な能力があると信じて、依然として小事にあくせくし、つまらない官位を求めることに汲々とする者は、自らの生き方を判断する方法を知らないのである。はたまた素晴らしい才能や他にない能力があって、さらに偉大な事業を遂行するに堪えるとしても、ただ漠然とこれ（＝その能力）があるはずだということを頼みにして空しくその時が来るのを待つ者もまた同じく自らの生き方を判断する方法を知らないのだ。おおよそ人として世に立つ者は、いつでもどこでも常にそのできるはずのことをしなければならない。時が来ればこれを成し遂げるはずだが、そうして時が来ない場合、それでもやはり必ずやることをやる必要がある。あるいは機が熟さないからやらないといい、あるいは地位が高くないからやらないという者は、人としての身の程を粗略にする者といえるだろう。これをまとめると、人の出来不出来は試験によって十分に判定することはできない。他者もこれ（＝出来不出来）を知ることが難しく、自分もまた知ることは難しい。ただ各自がその職分を守り、熱心にこれ（＝職分）を実行するほかはない。すなわち小さな試験に合格するだろうこと、また大きな試験に合格するだろうこと、あるいは常に失敗に終わるだろうこと、また意外に成功できることもあるだろうが、かりにも人として守るべき所を守り、すべきことをしつつある者は、成功や失敗、利巧さや鈍さはもとより憂う必要はないのだ。はじめ小学校にある時、もっぱら自分の知識を開発することを目標として、そうして試験があって一種の関門をつくる。進んで中学に入ると、またひたすら自分の知識を開発することを目標として、そうしてまた試験があって一種の関門をつくる。それ以降常に自分の知識を養うことに専心し、そしてまた必ず直接間接の試験がある。しかしその試験が行われる時、それに応じて表される知識の量は極めて少なく、わずかに知っている知識の一部分について試験されるにとどまる。各自の専門の学問を修習し、学業を終えて官庁に入るにあたっても、職務に応用するところはまた極めてわずかな部分にすぎない。おおむね他者との関係の際に用いる知識の量は、他と比べてははなはだわずかだ。ただ他者との関係の際に用いる知識の量は、実にわずかの部分であるといっても、その用いられない多量の知識が必ずしも無用であるということはできない。蓄積する知識が多ければ、その多いだけ人として進歩しているとすべきで、これ（＝知識）を用いるだろう場合のあるかないかとは全く別のことに属する。あるいはこれ（＝知識）があっても測られず、またこれ（＝知識）がなくても身を保ち難い。もしこれ（＝知識）が自分にあるかのように信じて、むなしくその試験に受からないことを嘆くのは、愚の骨頂と言わざるを得ない。いわゆる人事を尽くして天命を待つとは、どんな時どんな所でも適用すべきものであるということを忘れてはならない。

問い一　現代語訳

〝小さなそれほど重要ではない試験に合格しない（から）といって、どうして直ちに失望すべきことがあるか、いや失望すべきではない〟という反語の構文。漢文では「何……之有」で「何の……か之《こ》れ有《あ》らん」と読む句法である。

問い二　内容説明

傍線部前の文脈には、試験や就職後の職務で使う知識は蓄えた中の一部分であることを述べている。ただ、「蘊蓄する所の多ければ、其の多きだけ人として進歩せりと為すべく」とある通り、人間としての成長のためには知識の蓄積は重要であり、それを使うか使わないかとは別問題であって、知識があるかのように思い込んで合格に至らないことを嘆くのは愚の骨頂だと述べる。つまり、どのような時でも、知識を蓄積する努力をして「人事を尽くして天命を待つ」べきだというのが筆者の言いたいことであるといえるだろう。

問い三　内容説明

筆者は「須らく更に大なる事業を経営し一層崇高なる地位を占むるに努むべし」「蘊蓄する所の……為すべく」と述べるように、知識を蓄積する努力をして、人間として進歩すべきだと主張する。その中で人生の各段階で行われる試験については、「人の能不能は試験に因りて充分に判定する能はず」「試験の行はるる時、応じて発露する知識の量や極めて尠少、僅に識る所の一小部分に就て試験さるるに止まる」と述べて、試験は蓄積した知識の一部分を測るにすぎず、人間の能力全体を十分に判定できるものではないと説明している。だからこそ、冒頭にあるように、小さな試験に不合格でも失望すべきではなく、問い二で見たように、知識を身につける努力により人として進歩すべきだと主張している。試験をどのようなものと考えているか、という問いであるので、試験が知識の一部分を測るものであり、人間の能力全体を測定できるものではないという筆者の論をまとめる。

参考　三宅雪嶺（一八六〇～一九四五）は明治から昭和にかけて活躍した言論人、思想家。東京大学文学部哲学科の最初の卒業生であり、学生時代から欧化主義に反対し「国粋」の保存に基づいた国民主義を展開した。代表作に『真善美日本人』『明治思想小史』『同時代史』などがあり、一八八八年に創刊した雑誌『日本人』（途中『日本及日本人』『亜細亜』と改称）を中心に言論活動を展開した。「試験を論じ運命に及ぶ」は『日本人』（第三次）一四〇号（明治三十四年六月五日発行）の巻頭にある論文である。

二〇一七年度

二　次の文章を読んで後の問いに答えなさい。

御承知の通り西洋の音楽は由来も久しけれども其の進歩は首として楽譜の編集ありて広く世間に伝播するに在り。勿論モザート(注)其人の如き天賦の妙手に至ては世々に出《いず》るものにもあらざれども、概して之を云ふ時は西洋の音楽は次第に進歩せる者と謂ふべし。是は往時より楽譜編集の方法あること猶文字ありて書籍編集の方法あると ア一般なれば、名手出《い》で一新曲を造意する毎には之を編輯して世間に出《いだ》すが故に イ不日にして大方に伝播し、一たび出《いず》れば百年も滅せず。故に常に好楽の気風をして世間に絶えざらしむ。近世(注)に至ては版権保護の方法も密なれば造意者も世人も 一共に裨益を得ることなり。仮令《たとい》屈手の名手とまで行かずとも造意出版者は多ければ世間にては常に新曲を得ざるの時なし。随て時時流行の曲もあることと為れり。

日本にては此事甚だ不十分なり。勿論笛類には ウまま譜本あり又他の古楽器にも折々はあるべしと雖も、其体裁甚だ疎なるが上に出版して世間に流行せしむる等のことは無之《これなき》に似たり。彼の越天楽《えてんらく》(注)等も亦唯膠柱《こうちゅう》(注)の古曲に過ぎず。生《せい》が聞く所にては琴三味線抔《など》には譜本編輯の方さへ無しと云ふ。往時は夫《そ》れぞれ師匠あり検校《けんぎょう》(注)などありて師弟相伝の外はなければ心に記憶せる者の外は他曲を知らず。其も百番とやら云ふ様なる御定めものにて数十年百年を経ても同一物なり。教授を以て一種専有の職業と為し版権保護の法も立たざる世勢に在ては深く咎むべきにもあらざれども進歩を旨とする今日に在ては深く注意すべきことと存候。承るに近時は文部省にて大に計画せる所あり。亦宮中の伶人(注)も此事ある由。喜ぶべし。

因に記す。七八年前、生窃《ひそか》に感ずる所ありて、琴三味線に譜本編輯の法ありや又如何にせば其法を得べきやを穿鑿《せんさく》せし際に、工部大学(注)生徒に好楽者一人あり新に琴譜を工夫し編輯したる一本を得たり。其人は間も無く故人となり大に其業を果すこと能はざりしは惜むべしと雖も、将来の日本音楽史には忘る可らざる者と被存《ぞんぜられ》候。

――末松謙澄『歌楽論』

（注）モザート……ヴォルフガング・アマデウス・モーツァルトのこと。一七五六～一七九一。
（注）近世……近い過去の世。
（注）越天楽……雅楽の一曲。
（注）膠柱……昔から少しも変わらないこと。
（注）検校……琵琶、三味線などをなりわいとする盲人にあたえられた最高の位。一八七一年に廃止。
（注）伶人……雅楽を演奏する人。
（注）工部大学……工部大学校。一八七七年に工部省により設置され、一八八六年に帝国大学の工科大学となる。

問い一　傍線**ア**「一般」、傍線**イ**「不日にして」、傍線**ウ**「まま」をわかりやすくいいかえなさい。

問い二　傍線**一**「共に裨益を得る」とあるが、どういうことなのか答えなさい。

問い三　著者の考える「進歩」とはどういうものなのか、本文全体の内容に即して答えなさい（五〇字以内）。

【解答・解説】

出典　末松謙澄「歌楽論」

解答

問い一

ア―同じこと。　イ―短期間で。　ウ―ときどき。

問い二

版権が保護された上で楽譜が広まり、作曲者と音楽を楽しむ者の両方が利益を得るということ。

問い三

楽譜の編集と版権保護の方法を確立し、新曲が広まりやすくすることで、音楽文化を高めてゆくということ。（五〇字以内）

解説

通釈

①　ご承知の通り西洋の音楽はその来歴も長い期間に及ぶけれども、その進歩は主として楽譜の編集によって広く世間に伝播することにある。もちろんモーツァルトのような天賦の名手にいたってはいつでも出てくるものではないが、概してこれ（＝進歩の様態）をいう時は西洋の音楽は次第に進歩するものといえるだろう。これは昔から楽譜編集の方法のあることが、ちょうど文字があって書籍編集の方法があるのと同

じことであるので、名手が出て一曲の新曲を作曲するごとにはこれを編集して世間に出すので、時をおかず広く伝播して、一度出れば百年も消えることはない。だから常に音楽を好む気風を世間に絶えさせることはない。近い過去の世に至っては版権保護の方法も確実であるので、作曲者も世の人々もともに利益を得ていることである。たとえ屈指の名手とまでいかなくても、作曲する者、出版者は多いので、世間では常に新曲を得ない時はない。したがってその時々に流行の曲も出ることとなる。

② 日本ではこのこと（＝楽譜の出版）は甚だ不十分だ。もちろん笛類にはときどき楽譜があって、また他の古楽器にも時折はあるだろうとしても、その体裁は甚だ大まかな上に出版して世間に流行させるといったことはないに等しい。かの越天楽などもまたただ昔から変わらない古曲に過ぎない。私が聞くところでは琴三味線などには楽譜編集の方法さえないという。往時はそれぞれ師匠がいて検校などがあって師弟相伝の他にはなかったので、心に記憶する者以外は他の曲を知らない。それも百番とやらいうようなお決まりのものであって、数十年百年を経ても同じものである。（音楽を）教授することを一種専有の職業とし、版権保護の法律もできない時勢にあっては深く咎めるべきことでもないけれども、進歩を旨とする今日にあっては深く注意すべきことだと考えます。聞くところには近く文部省で大いに計画するところがある。また宮中の雅楽を演奏する人もこのこと（＝楽譜化）があるということだ。喜ぶべきことだ。

③ ちなみに記す。七、八年前、私はひそかに思うところがあって、琴三味線に楽譜編集の方法があるか、またどのようにすればその方法を得られるだろうかということを研究した際に、工部大学校の生徒に音楽を好む人がひとりいて、新たに琴の譜面を工夫し編集した一本を得た。その人はまもなく故人となってしまい大いにその業を果たすことができなかったことは惜しむべきであるけれども、将来の日本音楽史には忘れてはならないものと思われます。

問い一　語句の意味

ア　ここでは、楽譜編集の方法があることと、文字があって書籍編集の方法があることが〝同一〟、〝同等〟だという意味で使われている。

イ　「不日」は〝日ならずして〟〝近いうちに〟という意。音楽伝播の早さを説明している文脈であることが把握できれば、〝短期間で、時をかけないで〟という意味が読み取れるだろう。

ウ　傍線部分は「～のまま（儘）」というよく使う形ではない。「まま（間間）」を副詞で、〝ときどき起こるさま、時として〟という意味で使っている。

問い二　内容説明

西洋の状況を説明した文脈であり、楽譜出版により音楽が世の人々に広まり、さらに版権保護によって作曲者も守られるという展開から、「裨益を得る」は利益を得ることと読み取れる。「裨」の元の意味は〝足りないところを補う〟である。「共に」とあるので、音楽を作る「造意者」と音楽を聴く「世人」の両者が利益を得るという記述が必要。

問い三　内容説明

筆者の考える「進歩」を本文全体の内容を通して説明する。

「進歩」は、冒頭の文の西洋音楽の「進歩」、二文目の「西洋の音楽は次第に進歩せる者と謂ふべし」、②段落後半の「進歩を旨とする今日に在ては」の三か所にある。冒頭二つは、楽譜が編集されることで音楽が広く世界に伝播して西洋音楽が発展するという意味の進歩。そこには新曲の作曲と伝播が素早く行われて「好楽の気風」が絶えないこと、版権保護により多くの作曲者が現れ安心して新曲を出せるという、作曲者、享受者両者の利点が述べられる。三つ目の「進歩」は、楽譜の作成方法が確立されず「数十年百年を経ても同一物」である日本の状況を述べ、「進歩を旨とする今日」には日本の状況は深く注意すべきことと憂慮する部分にある。最終段落で、工部大学校の生徒の琴譜の編集が日本音楽史に残る業績だと賞賛するが、（注）に示される通り工部大学校は一八七七年（明治一〇年）から一八八六年（同一九年）の間に存続した学校。この文章は明治十年代の時代状況を念頭に書かれていることが明らかであり、ここでの「進歩」は、明治当初の西洋の技術・文化を導入した日本の進歩と読み取ることができるだろう。冒頭二つの「進歩」と、やや意味が異なる三つ目の「進歩」の内容を反映させた解答を作成したい。字数が五〇字と厳しいため、楽譜編集と版権保護の方法が確立され新曲が出ることで、音楽文化が高まるという方向性で書くとまとめやすいだろう。

参考　末松謙澄（一八五五～一九二〇）は評論家、翻訳家、政治家。小倉に生まれ、漢学、詩を学び文才を評価された。明治四年（一八七一）上京して英学を修得し、伊藤博文の信任を得て官界に入り、要職を歴任。明治一一年（一八七八）公使館書記官を命じられ渡英、ケンブリッジ大学に学び、明治一九年（一八八六）に帰国した後、演劇改良に尽力した。「歌楽論」は英国留学中の明治一七年（一八八四）九月から翌年二月にかけて、福地桜痴（源一郎）が主宰していた『東京日日新聞』に八回掲載された。帰国を前にして、海外から日本の文学、社会に注意を促した内容になっている。

二〇一六年度

二

次の文章を読んで後の問いに答えなさい。

わたしが、もっとも執着したのは次の章段である。

「世の中になほいと心憂きものは　人ににくまれむことこそあるべけれ。誰てふ物狂か、我人にさ思はれんとは思はむ。されど、自然に宮仕所にも、親・はらからの中にても、思はるる思はれぬがあるぞいとわびしきや。よき人の御ことはさらなり、下衆などのほどにも、親などのかなしうする子は、目たて耳たてられて、いたはしうこそおぼゆれ。見るかひあるはことわり、いかが思はざらんとおぼゆ。ことなることなきはまた、これをかなしと思ふらむは、親なればぞかしとあはれなり。親にも、君にも、すべてうち語らふ人にも、人に思はれむばかりめでたき事はあらじ。」

何が辛いと言っても、人に憎まれるくらい辛いことはなく、人に愛されるくらいすばらしいことはない。というこの章段の特徴は、『紫式部日記』の一節と対照する時、より明確になる。『源氏物語』は虚構である。ほぼ同時代の二人の女性の、生活の行事記録であり心情の記録でもあるという点で、『枕草子』と『紫式部日記』を対照して考えることには不都合もないだろう。

次にあげるのは、『紫式部日記』の一節、彼女が仕えた中宮彰子御産の後の項である。御前に伺候している女房たちはみんな白装束なので、髪かたちや肌の色合だけが際立っている。見渡すと、全体がちょうど墨がきの絵のようである。女房たちの長い髪だけが、本物の髪をくっつけたように見える。引込み思案のわたしは「いとど物はしたなくて、かがやかしき心地すれば、昼はをさをささしいでず、のどやかにて」云々。

中宮のご滞在になっている土御門邸に、やがて行幸の日が近づいてくる。邸内の手入れがはじまる。けれどいったいどうしたことだろう。わたしが世間なみの物思いのできる人間だったら、こんな時には風流好みにふるまい、無常なこの世をもっと楽しく過すことができるだろうに。めでたいこと、おもしろいことを見聞きするにつけても、ただ思いつめた憂いごとにばかり心が強くひかれ、知らず知らず、憂鬱《ゆううつ》になって沈んでしまう。そんな自分がいやでたまらない。「めでたきこと、おもしろきことを見聞くにつけても、ただ思ひかけたりし心の引くかたのみ強くて、ものうく、思はずに、なげかしきことのまさるぞ、いと苦しき。」云々。

　また、別の項ではこうも記している。大勢の人の中にまじって生活すると、消極的になる。もう何も言うまいという気になり、自分の心を理解してくれそうもない人には、何を言っても無駄だと思う。「心得まじき人には、三いひてやくなかるべし。」何かとけちをつけ、我こそはと威張っている人の前では、うっかりしゃべると後がうるさいので、ものを言うのも億劫《おっくう》になる。

　ことに十分に、何事につけても心得ている人は少ないものだ。ほとんどの人が自分の恃《たの》むところに固執して、他人のことなど眼中におくまいとする。「ただ、わが心の立てつるすぢをとらへて、人をばなきになすめり。」そんな人が内心とは別のわたしの顔をじっと見ても、わたしは内心を隠したまま、別の顔をつき合せていたことさえある。「それ、心よりほかのわが面影をば、つと見れど、えさらずさし向ひまじりゐたることだにあり。」なんのかのと、他人から非難されるのがいやで、気後れしたわけではないが、とやかく言うのも面倒で、呆けてものを感じないような人になりすまして過してしまった。「しかじかさへもどかれしと、恥づかしきにはあらねど、むつかしと思ひて、ほけしれたる人にいとどなりはてて侍れば」云々。

　理解されそうもない人には何を言っても無駄だと思う、と紫式部は言う。自分の内心など、それほど容易に理解されるとも思われない。それも不思議なことではない。人と人との間で誤解は避けられないことだし、理解が浅くてもそれはやむを得ないことなのだ。誤解するならさせておこう。必要があれば仮面を被りつづけもしよう。華やかさの中にいて深い憂鬱にとらえられる女の心の世界と、この世の中で、人に憎まれるくらい辛いことはない、と言い切る女の心の世界とは、とうてい親しく交るものではない。内心を決して露《あら》わにしようとせず、憎みたい人には憎ませておけばいい。誤解されたとしても、相手がそれほどの人でなければ、強いて釈明する必要もないというような神経は、清少納言には恐らく耐えられない神経だっただろう。すべての人に愛されることが不可能なことぐらい思い及ばぬ清少納言の才智ではなかったはずである。それにもかかわらず彼女は愛されることのすばらしさを、憎まれることの辛さを書かずにはいられなかった。

わたしは『枕草子』のこの章段を、清少納言の人間関係についての認識をもっとも端的にあらわした章段として注目した。日常的世間での人間関係をどのように認識するか。つまり、自分と他人との関係をどのように認識するか。そこには作家の姿勢を語る重要なにものかがあると考える。ただ一人の人にではなく、自分を知っているすべての人に理解されないことの、愛されないことの辛さを嘆かずにいられなかった清少納言に、この日常的世界は、つねに自分にとって居心地のよい、平衡の、調和の保たれた世界であることが望ましかった。したがって日常的世界でのその調和のための清少納言のたたかいが、すなわち『枕草子』のモチーフだったのだとわたしは思う。

——竹西寛子『続・往還の記』

問い一　傍線一「親などのかなしうする子は、目たて耳たてられて、いたはしうこそおぼゆれ。」を現代語に訳しなさい。

問い二　傍線二「物はしたなくて」とはどのような意味か、答えなさい。

問い三　傍線三「やく」を漢字で表記するとすれば次のイ～ニのどの漢字が適当か、記号で答えなさい。

イ　役　　ロ　訳　　ハ　益　　ニ　易

問い四　著者は清少納言と紫式部はどのような点において対照的だと考えているのか、自分の言葉を補って答えなさい（一〇〇字以内）。

【解答・解説】

出典　竹西寛子「続・往還の記」〈その三〉（『往還の記――日本の古典に思う』）

解答

問い一　親などがかわいがる子は、他人から目をかけられ聞き耳を立てられて、大切にしたいと思われる。

問い二　なんとなくきまりが悪くて

問い三　ハ

問い四　清少納言は他者に認められ愛されることを望み、周囲と調和した居心地のよい場を求めて社交的に行動したが、紫式部は内向的な性格で、他者の理解は必要ないと考え、内心を隠し周囲との調和を求めなかったという点。（一〇〇字以内）

解説

要旨

『枕草子』の章段「世の中になほいと心憂きものは」では、人に憎まれることは辛く、愛されることはすばらしいという。『紫式部日記』の紫式部は大勢の人の中で憂鬱になり、内心を露わにせず、憎みたい人には憎ませておけばいいという姿勢をとるが、対照的に清少納言は愛されるすばらしさと憎まれる辛さを書く。ここに清少納言の人間関係における認識が表れ、作家の姿勢を語る重要なものがある。清少納言は居心地のよい調和の保たれた世界を目指し、その調和のためのたたかいが『枕草子』のモチーフであった。

古文解釈

【枕草子】「世の中でやはりとても嫌なものは、人に憎まれることであろう。どんな変わり者が、自分が人にそのように（＝憎まれよう）と思うだろう。しかし、おのずから宮仕えする所でも、親、兄弟のなかであっても、思われる思われないがあることはとてもせつないことだ。身分の高い人の御ことはいうまでもない、身分の低い者などのなかでも、親などがかわいがる子は、目をかけられ聞き耳を立てられ（＝関心を注がれ）て、大切にしたいと思われる。見る価値あるような（かわいい）子ども（が大切にされること）は道理であり、どうして親が大切に思わないことがあるだろうと思う。ふつうの子どもはまた、これをかわいいと思うようなことは、親ゆえであることよとしみじみと感じられる。親にも、主君にも、一般に親しくする人にも、人に思われるようなことほどすばらしいことはない。」

【紫式部日記】（傍線二を含む部分）「ますますなんとなくきまりが悪く、恥ずかしい気持ちがするので、昼は少しも（御前に）顔を出さず、ゆったりしたさまで」

問い一　現代語訳

「かなし」には、〝いとおしい〟の意味になる「愛し」、〝せつない、かわいそう〟の意味の「悲し」があるが、直前に「親などの」とあることから〝親などがかわいがる〟の訳が当てはまると判断できる。「いたはし」は〝苦労する〟の意味もあるが、〝大切にする〟の意味があり、「目たて耳たてられ」つまり、目をかけられたり、耳で関心を示されたりして、〝大切にしたいと思われる〟の現代語訳が適する。

問い二　語句の意味

「はしたなし」は〝どっちつかずで落ち着かない、きまりが悪い、そっけない〟などの意味がある。傍線前の筆者の説明では、〈引っ込み思案のわたしが白装束で集まっている女房の中で…〉という文脈であるので、〝きまりが悪い〟の意が当てはまる。接頭語の「もの」が表す〝なんとなく〟の意味を添えて解答する。

問い三　書き取り

本文は古文の内容を説明した後に、「　」で古文を示す展開になっており、筆者の説明と対応させると「いひてやくなかるべし」は〝何を言っても無駄だろう〟の意味であるとわかる。この意味には「益なし」が最適。

問い四　内容説明

清少納言と紫式部の違いを説明する問題。文章全体を通して、清少納言を中心に据え、紫式部と比較して説明しており、その中心となるのが冒頭の『枕草子』の章段とその説明である「人に憎まれるくらい辛いことはなく、人に愛されるくらいすばらしいことはない」の部分。これとは対照的に『紫式部日記』の紫式部は「引込み思案」であり、「大勢の人の中にまじって生活すると、消極的」で、「理解してくれそうもない人には、何を言っても無駄」と考えて内心を露わにしようとはしない。そして筆者は最後の段落で清少納言の特質をまとめ、「居心地のよい、平衡の、調和の保たれた世界」が望ましくその調和のためのたたかいが『枕草子』のモチーフだと結論づける。解答はこの対照的な点を説明する。ただし、「自分の言葉を補って」とあるので、清少納言の積極性や外向性、紫式部の消極性や内向性などの対比的キーワードで説明するとよいだろう。

参考　竹西寛子（一九二九〜）は作家、評論家。『往還の記――日本の古典に思う』は一九六三年から六四年にかけて同人雑誌に発表され、単行本として筑摩書房より刊行された（のちに中公文庫、岩波書店同時代ライブラリーでも刊行）。日本の古典文学を現代文学の問題として考えるという発想で書かれている。

二〇一五年度

二

次の文章を読んで後の問いに答えなさい。

余輩私に何を以て世の読書あり、学識ある青年が、此の如く身を誤るもの多きやを考察するに、蓋し最初学校を出づるに当りて、毅然として独立独行するの気慨に乏しきに因るなり。貧困に甘んじ妄りに人の下風に立たざるの精神に欠くるに因るなり。然り而して最大原因たるものは彼れが天性の美なることなるが如し。何を以て天性の美なるは青年をして其身を誤らしむる乎《か》。余輩請ふ今之を述べん。夫れ天性美なるものは、読書に巧みにして文辞に長ぜり。是を以て学校にありては教師に愛せられ、校友に重んぜられ、嘗て修学の苦あるを知らざるなり、是れ亦た可なり。其学校を出でて世務に当らんとするや、教員校長等の推薦する、必ず此人を以て第一となす。是を以て此人や世間風波の困難なるを知らざるなり。抑《そもそ》も世間風波の困難なることを知らざるものは、一鍛錬せざる鉄の如きものなり、其天性如何に美なりと雖も堅緻なる所なし。然り而して此風波や青年の勇気勃々たる時に当りて経過せざるべからざるものなり。然るに彼の青年は其天性美なるの故を以て、此必要なる煉磨を経ずして、一飛して厚給を受け、仕送りの学資未だ用ひ尽さざるに、早く錦衣玉食の情味を解するに至る。天下之より不幸なるはなきなり。嗚呼此人や之より如何なる生涯を為すぞや。最初には左《さ》までにあらずとも、数日にして其地位の安固と、給料の源泉とは、全く頭上一人の意見に存することを解するに至らん。数月にして其栄達と危険とは、其意見を奉じて、勤勉するとせざるとに存することを解するに至らん。数年にして其人の意を迎へて鞅掌《おうしょう》（注）従事するの最も安全にして最も利益ある方法たることを解するに至らん。嗚呼是れ此人の為に止むを得ざるの進路にして、而して又た此人をして天然の勇気を沮喪せしむるの進路なり。此時に於ては、此人定めし妻あるべし、定めし児あるべし、而して驕奢の美味、既に其心身に浸染したれば、又其地位を下だして独立独行の新舞台に出づる能はず、勢ひ上者の命是れ奉じて、役々是れ務めざるべからず、二人生固有の勇気を消耗せざらんと欲すと雖も得んや。況んや、教育の進み英才の出づるは、年毎に新なれば、此人の漸く沮喪するに当りて茲に新鮮なる一青年を出し、之と競争せしめ、優勝劣敗の理に因りて漸く排斥の運に向ふは止むを得ざるの命運なるをや。白楽天の所謂、百年苦楽因他人とは特に婦人の身の事にあらず、三今の青年俊才の生涯も亦た然るものあるなり。

——田口卯吉「青年独立の困難」

（注）　鞅掌　休む暇がないほど忙しく働くこと。

問い一　傍線一「鍛錬せざる鉄」という表現は何をたとえたものなのか、問題文全体の内容をふまえて説明しなさい（三〇字以内）。

問い二　傍線二「人生固有の勇気を消耗せざらんと欲すと雖も得んや。」を、主語を補って現代語に訳しなさい。

問い三　傍線三「今の青年俊才の生涯」を筆者はどう考えているか、問題文全体の内容をふまえて説明しなさい（一〇〇字以内）。

【解答・解説】

出典　田口卯吉「青年独立の困難」

解答

問い一　生来の才能を周囲から尊重され、世間の試練に接していない青年。（三〇字以内）

問い二　才能はあるが保身のため上位者に従うだけの者が、人に備わった独立自尊の勇気を失わないように望んでも不可能である。

問い三　今の才能ある青年は、試練を経ずに世に出て安定した人生のため上位者の意向に沿った生き方をするが、新たな若い才能との競争に敗れ排斥されるのが必然であるので、独立の精神を養い独自の生き方を模索すべきだ。（一〇〇字以内）

解説

通釈

自分は私的に、世間において読書による学問があり、学識もある青年に、どうしてこのように身を誤る者が多いのかを考察すると、たしかに最初学校を出るにあたり、毅然として独立独行する気概に乏しいことによるのだ。貧しさを受け入れてむやみに人の影響下にいないようにするという心が欠けていることによるのだ。そして最大の原因であるものは彼らが生来才能を備えていることにあるようだ。どうして生来優れていることが青年にその身を誤らせるのか。私は今この理由を述べよう。そもそも生来の才能がある者は、学問において優秀であって文章や言葉に優れている。だから学校にあっては教師にかわいがられ、友人に重んじられ、それまで学業に困難があることを経験していないのだ、（と）このように考えられるだろう。その学校を出て世の仕事に就こうとすると、教員や校長等が推薦する際、必ずこの人を第一とする。そうしてこの人は世間の波風の困難を経験しないのだ。元来世間の波風の困難さを経験しない者は、鍛えていない鉄のような（脆い）ものであり、その生来の才能がどれほど素晴らしいといっても堅く念入りなものではない。そしてこの波風は青年の勇気が盛んにわき起こる時に経験しなければならないものである。そうであるのにその（学識ある）青年はその生来の才能を備えていることによって、この必要な鍛錬を経ないで、一気に高給を受け、仕送りの学資を使い尽くさないのに、早くも贅沢な暮らしの味をあじわうにいたる。世間でこれより不幸なものはないのだ。ああこの人はその後どのような生涯を送るのだろうか。最初はそんなことを気にしなくても、数日でその地位の安定と、給料の源が、すべて自分より上位にある人間の意向にあることを理解することになるだろう。数カ月でその出世と身の危険との差違には、その（上位者の）意向を奉って、勤勉に行動するかしないかが関係することを理解するにいたるだろう。数年でその（上位者の）意向に応じて休む暇がないほど忙しく働くことが（自分にとって）最も安全で最も利益のある方法であることを理解するだろう。ああ、これはその人のためにやむを得ない進み方であって、しかしまた、この人にとって人として自然な勇気を喪失させる進み方である。この時にいたっては、この人にはきっと妻がいるだろう、きっと子がいるだろう、そして贅沢の味はすでにその心身に浸透しているので、またその地位を下げて独立独行の新しい舞台に出ていくことはできず、必然的に上位者の命令を奉って、苦労してこれを務めないわけにはいかず、その人生に備わる勇気をすり減らさないようにしようとしてもそうすることはできない。まして、教育が発展することで英才の輩出は、毎年毎年新たに行われるので、この人がしだいに衰える時にあたってここに若々しい一青年を出し、これと競争させ、優れたものが勝つ道理によって（以前の学識ある青年が）だんだんと排斥される方向に向かうことはやむを得ない運命であることは言うまでもない。白楽天のいわゆる、百年苦楽他人による（＝できることなら夫によって人生の苦楽が決まってしまう女には生まれたくないものだ）とは婦人だけのことではなく、今の青年俊才の生涯もまたそのようなものなのだ。

問い一　内容説明（比喩）

本文は明治時代に書かれた漢文訓読調の文語文であり、当時の「学識ある青年」に「身を誤るもの」が多い理由を考察した文章である。その過ちの原因として、学校を出るにあたり「毅然として独立独行するの気慨（原文ママ）に乏し」く、貧困にあっても独自の生き方に邁進するという精神に欠けていることを挙げる。そしてその独立心が欠ける理由として、前半で、「天性の美」により在学中や卒業し世間に出るに際して「世間風波の困難」を知ることがないからだと述べる。後半では、社会に出て仕事に就くと、上位者の意向に従うことが安定した生活を送る方法であることに気づき、独自の生き方をする勇気を失うのだと説明する。傍線一はその前半部のまとめにあたり、「鍛錬せざる」は世間の困難を経験していないことの比喩、「鉄」は学識ある青年の比喩であることが読み取れる。この内容を字数以内で説明する。「問題文全体の内容をふまえて」とあるので、青年がその才能を周囲から評価され愛されるからこそ困難に直面しないという、理由部分を明示して説明する。

問い二　現代語訳

傍線二の主語を明示した上で現代語訳する問題。

問い一で解説したとおりこの文章は前後半に分けられるが、傍線二は後半のまとめの文脈にある。かつての学識のある青年が社会に出て、地位と生活の安定のために上位の者の命に従うことで身の安全を図るので、独立独行の新しい道に生きることはできないというのがその内容である。ここから、この部分の主語は端的には〈社会に出たかつての青年〉と説明できるが、やはり後半部分の文脈を反映させ、〈生活のため保身のために上位者に従うことしかしない人物〉という言及をしたい。その上で、傍線部分を訳していく。「人生固有の勇気」は直前の文脈から、独立した人間として自らの意志で生きていく勇気を指すと読み取れる。その勇気を消耗し失わないようにと「欲すと雖も得んや」、つまり〝願うとしてもそうできるだろうか、いやできない〟と解釈することができる。文末が「得んや」となっており、反語の構文であることに着目することが大切である。

問い三　**内容説明**

傍線三は本文末にある。問題文全体の内容から「今の青年俊才の生涯」を筆者がどのように考えているかを読み取り、まとめる問題。

問い一、問い二で確認したとおり、学識ある青年が生き方を誤る理由は、本文前半で在学中、後半では社会に出てからのことが述べられている。前半の、生来の才能故に試練を経ないで世に出ること、後半の、上位者の意向に沿って安定した生活を得ようとすること、という二つの理由により、貧しさに身を落としてまで独立の気概を守る生き方はできないという内容をまとめ、さらに傍線二直後の「況んや」以降の、新たな英才が生み出され続けることで、独立独行できないかつての青年は競争に敗れて居場所を失ってゆくという内容を説明していく。この展開をまとめただけでも指定の字数に到達するが、最後の「百年苦楽因他人」とは特に婦人の身の事にあらず」という部分に着目し、自分自身の意志ではなく他人の意向に沿った人生を送ってしまう「今の青年俊才」への批判を反映させたい。独立独行の気概を持つべきだという筆者の「考え」を読み取れば、まとめることができるだろう。

参考　田口卯吉（一八五五〜一九〇五）は明治時代の自由主義経済学者。鼎軒と号し、外国語や経済学の研究に従事し、『日本開化小史』『自由交易日本経済論』などを著した。自由主義経済学の樹立につとめ欧米の経済学を輸入したことで大きな功績を残した。また、日本最初の私鉄である両毛鉄道会社社長、衆議院議員になるなど実業界、政界でも活躍した。明治一二年（一八七九）『東京経済雑誌』を創刊。本文「青年独立の困難」は明治二一年に同誌に掲載された論文の一部である。この論文では、明治維新以来の学校教育を受けた青年には独立して仕事を切り開くという面が欠けており、実業界で成果を出していないので、青年自らが認識し努力すべきだと論じている。

二〇一四年度

三 次の文章を読んで後の問いに答えなさい。

教師は一個人たる義務の外、ア又学士たるの義務あり。而して此義務は大に其童子を教育するの本務に関係を有するものなり。何をか学士の義務と謂ふ。曰く学芸の為め心身を労するこれなり。夫《そ》れ学芸の進むや之を撫育養成する者ありて而して進むなり。豈に独り自ら開展発達するものならんや。是故に学芸は人を待て進達し人は学芸に倚《よ》て聡明なり。抑《そもそ》も学芸の類亦多し。其善く完全備具して欠くるなきものは未《いま》だ嘗てこれあらざるべし。故にニウトン氏(注)老後歎じて曰く、嗟乎学海の広且大なる洋々たる大海も啻《ただ》ならず何処にか其の際限を見るを得ん、余纔《わずか》に其浜沼に達し水を渉《わたり》て貝殻の美麗なる者二三を拾得たれども未だ渺《びょう》(注)たる滄海の底に何物のあるを知らず、水蕩々として余を遮り舟の以て航すべきなし、嗚呼余今将に此を去らんとす、誰か能く余に継て彼の幽底を探らんと。ニウトン氏の如きは宇宙引力を始とし其他許多の学理を研究し今に其の名を垂るる程の大人学士なるも、而も尚未だ解し得ざる者多くして其学識の浅狭なるを歎きしなり。且夫《それ》学芸は倉廩《そうりん》(注)の如し。人々一粒一個の発明を積み漸を追ひ充《あつ》るを期するのみ。豈に一人一個の労、能く之を充実するを得んや。故に学芸の田に耕し理術の実を獲て以て此に収納するは人々の当に務むべき所なり。仏人某は陶窯の技を研究して妻子を飢餓に啼かしめ、米人某は炭酸気の毒質を試験して自ら其命を墜せり。是等の人こそ学芸技術に忠にして文世の豪傑とも称すべけれ。嗟乎今の学士たる者心を斯《ここ》に用ひずしてイ徒に寡能短智に誇り、之に倚て以て名利を求めんとす。滔々たるもの天下皆是なり。豈に歎ぜざるべけんや。人、国に生る故に国に尽すの義務あり。人、父母に育《やしな》はる故に父母に尽すの義務あり。人、学芸によつて幸福を得、豈亦之に尽すの義務なからんや。然り而して世人は国家に尽すの義務と父母に尽すの義務とを知つて而して独り学芸に尽すの義務を知らざるは蓋し何ぞや。若し国民にして国民たるの義務を尽さざれば其の国民たらざるを責め、人子にして人子たるの義務を弁へざれば其の人子たらざるを詰《なじ》らば、学者にして学者の義務を知らざれば其の学者たらざるを尤《とが》むべきなり。然則苟も学芸を以て自ら任ずる者は、能く其義務を弁へ日夜黽勉《びんべん》(注)刻苦し始めて一学士たるに恥ぢざるなり。二 豈に生徒を教育するの一事を以て足れりとせんや。

——三宅米吉「学士の義務」

(注) ニウトン氏　アイザック・ニュートン　一六四二〜一七二七。
(注) 渺　はてしないさま。
(注) 倉廩　倉庫。
(注) 黽勉　精を出すこと。

問い一　傍線ア「学士」・傍線イ「寡能短智」について、文中におけるふさわしい意味を答えなさい。

問い二　傍線一「故に学芸の田に耕し理術の実を獲て以て此に収納するは人々の当に務むべき所なり。」の大意を文脈をふまえて説明しなさい（五〇字以内）。

問い三　傍線二「豈に生徒を教育するの一事を以て足れりとせんや。」とあるが、なぜそういえるのか、文章全体をふまえて答えなさい（八〇字以内）。

【解答・解説】

出典 三宅米吉「学士の義務」

解答

問い一

アー大学を卒業した学者。 イー能力が不足し、知恵の浅いこと。

問い二

学芸は個人の成果の集積なので、研究に励み、その成果で学業の発展に寄与するのが学者としての責務である。（五〇字以内）

問い三

教師は生徒を教育する義務だけではなく、刻苦して学術研究を行い、新しい理論や技術を学問の世界に蓄積して学芸の発展に寄与する、研究者としての義務も果たすべきだから。（八〇字以内）

解説

通釈

教師は一個人としての義務の他、さらに学士としての義務がある。また同時にこの義務は生徒を教育するという本務に大いに関係あるものである。何を学士の義務というのだろうか。学芸のために心や体すべての面で努力することをいう。そもそも学芸が進歩するのは、大切に育て養成する者があってはじめて進歩するのだ。どうしてひとりでに自然に展開し発達するものだろうか。それゆえに学芸は人が研究するのを待って発展し、人は学芸のおかげで聡明であるのだ。もともと学芸の種類は多い。そのうちで完全に備わっていて欠けることのない学芸は、いまだかつてないであろう。だからニュートン氏は老後に嘆いていった、ああ学術世界の広く大きなことは、ひろびろとした大海以上で、どこにその際限をみることができるだろう。私はわずかに学術の浜辺に達して水際を歩いて貝殻の美しいものを二、三拾うことができたけれども、いまだに果てしない学術の海の底に何があるのかを知らない。水はとうとうと流れて私を遮り、乗って漕ぐべき舟もない、ああ私は今この世を去ろうとしている、誰が私のあとを継いでその深い底を探ることができるだろうか、と。ニュートン氏のような人は宇宙の引力をはじめとしてその他様々な学問上の理論を研究し、現在にその名を残すほどの大学者であるけれども、それでもなお、いまだ理解できないものが多くあり、その学識の浅く狭いことを嘆いたのである。また学芸は倉庫のようである。（学問をする）人々は（それぞれ）ひとつひとつの発明を積み、少しずつ追究し、（学芸の倉庫を）充実させると決意するだけだ。どうして一人のひとつの努力（だけ）で、この倉庫を満たすことができるだろうか。だから学芸の田を耕し理論の実をえて、それをこの倉庫に収めることは人々が当然つとめるべきことである。あるフランス人は陶芸の技術を研究して妻子を飢餓に苦しめ、あるアメリカ人は二酸化炭素の毒性を試験して自らその命を落とした。これらの人こそ学芸、技術に忠実な学問世界の豪傑とよぶべき人々だ。ああ、今の学者たちは心をこの学術研究の努力に用いないで、ただむなしく、能力知恵が不足しているのにおごりたかぶり、これ（＝学士の称号）によりかかって名誉と利益を求めようとする。勢いがよく盛んな者は皆このような者たちだ。どうして嘆かないでいられようか。人は国に生まれたからには、その国に尽くす義務がある。人は父母に育てられたからには、その父母に尽くす義務がある。人は学芸によって幸福を得たら、どうしてまた学芸に尽くす義務がないといえるだろうか。それにもかかわらず、世の人々は国家に尽くす義務と父母に尽くす義務とを理解して、ただ学芸に尽くす義務だけを知らないのはどうしてだろうか。もし国民であって国民としての義務を尽くさない場合に、その人が国民として欠けていると責め、人の子であって人の子としての義務をわきまえない場合に、その人が人の子ではないとなじるのであれば、学者であって学者の義務を果たしていない場合に、その人が学者としての資格がないことを咎めるべきである。そうだとすればかりにも学芸の道にあると自分で認める者は、その義務をよくわきまえ日夜学問に精を出し厳しく努力し、そうして初めて一人の学者であることに恥じないでいられるだろう。どうして生徒を教育するというひとつのことだけで足りるだろうか。

問い一　語句の意味

ア　「学士」は大学の課程を修了した者に与えられる称号。学者や研究者に限らないので注意。傍線部の次の行で、学芸に携わる者であるとするが、一一行目に「之に倚て以て名利を求めんとす」とあるとおり、学士の称号で名誉や利益を得る人々が多いと筆者は批判しており、この文章では単なる大学卒業者ではなく「学芸」に従事する「学者」の意味で用いられている。本文は明治一四年に発表されており、明治期の「学士」の社会的地位は高かった。

イ　「寡」は「寡作」「寡黙」などの熟語でわかるとおり、〝少ない〟の意。「寡能」で〝能力が少ない〟こと。「短智」は「短慮」からも連想されるように、〝知恵が浅い〟こと。

問い二　内容説明（比喩）

「大意を文脈をふまえて説明しなさい」という問題。比喩的表現の内容をまとめる。

「故に」は先に述べたことの結果を導くので、直前の三文の、学芸は倉庫のようで、学問を行う人々の研究成果を積み重ねることが必要であるという内容をふまえることが求められる。傍線部「学芸の田に耕し理術の実を獲て以て此に収納する」は、研究を行う努力によって理論技術という成果を出し、その成果によって学芸を充実させること。「人々の当に務むべき所なり」は再読文字「当に〜べし」が使われているので、学問を行う人々が当然努力すべきところだという意味になる。

なお、傍線部の大意ではないので必須ではないが、一人では倉庫を埋められない、という内容から、学問の広大さに言及してもよい。

問い三　理由説明

「豈に～せんや」は漢文の反語の句形。傍線部は〝どうして生徒を教育するというひとつのことだけで足りるだろうか、いやそれでは足りない〟の意味なので、なぜ生徒の教育だけでは足りないかを文章全体の展開からまとめる。

まず、教師には教師の義務とともに学士として学芸の発展に寄与する義務があり、ニュートンの例や倉庫の喩えから、学芸は一人では達成できず、一人一人が研究して発展させるものであると説明され、命を賭して学芸、技術の発展に寄与した例も示される。しかし、現在の学士は研究の努力を怠り、学士の称号で名利を求め、学者としての義務を果たしていないと非難する。以上の展開から、傍線部が、学士の称号を得た教師が研究者として学術研究に努力し、刻苦して学術の発展に貢献すべきことを述べた文であることを押さえて解答する。

なお、ニュートンの例の中に「余に継て」とあるのが教師と関連しそうで気にかかるが、これは反語的に学問の広大さを示す表現なので、ここでは触れなくてよい。

参考

三宅米吉（一八六〇～一九二九）は明治・大正期の歴史学者で日本の考古学の開拓者。東京高等師範学校長、帝室博物館総長などを歴任。本文は『文学博士三宅米吉著述集』（昭和四年発行）に集録された「学士ノ義務」の一部。「学士ノ義務」は明治一四年一月に「培根社雑誌第六号」に掲載されたとあり、出題部分とその後の部分で、西欧の具体例と比較しながら、当時の学士が研究、勉学に真剣に携わっていないため、学芸が発展していないという批判を展開している。

二〇一三年度

二 次の文章を読んで後の問いに答えなさい。

今の時は則ち科学旺盛と称す。然り、之を前時に比するに、頗る見るべきものあり。是れ吾人の敢て異議を挿《はさ》まざる所。然るに此科学の旺盛と共に、亦世に一流の謬見者を生ずるものあるは、吾人の警誡《けいかい》すべきことに属す。彼《か》の科学心酔者と云ふべき人士の言論即ち是《これ》なり。彼れ心酔者は、科学的知識の進歩確実なるに驚倒し、此の科学的知識は、独力以て宇宙の根底を検覈《けんかく》(注)し、万化の実際を窮尽するに足るものと妄信し、一も科学、二も科学、と一切の事件を挙げて、之を科学の管下に致さんことを欲す。乃ち哲学をして科学的たらしめ、宗教をして科学的たらしめ、世界をして科学的たらしむべしと云ふ。1若し自ら能く科学に熟達せるの人士にして、此言あらしめば、吾人は寧ろ其自ら信ずるの厚きに服せずんばあらず。然れども、其実際は、大に奇異の感を免れざるものあり。何んとなれば、彼の科学全権を呼号するの人士は、多くは自ら科学に熟せず、科学の真相を知らず、只科学の皮相に眩惑し、彼の燦爛《さんらん》の光輝を取り来りて、以て一切を塗飾せんとするものなればなり。吾人は其ア広言に迷はざるべからざるなり。

科学は、如何なる範囲に於て、如何なる作用を為し得るものなるや。自ら科学に熟せるの人士は、科学の範囲の極めて制限あるものなるを知り、又其作用の決して全能にあらざることを識る。科学は常に与へられたる材料によりて制限せられ、与へられたる法則によりて活動す。与へられたる材料とは、所謂実験の事実なり。与へられたる法則とは所謂幾多の原理なり。科学は決して事実と原理とを左右する能はずして、却て彼の為に左右せらると、是れ忠実なる科学者の常に承認する所なり。乃ち知るべし、哲学宗教の事の如き、決して科学の左右し能はざる所なることを。何んとなれば、宗教は事実にして、哲学は原理の学なればなり。換言せば、宗教は一種の事実にして、他の事実と同じく、科学の基礎材料となるべきもの、若し科学者にして、此基礎により此材料を採りて、以て宗教の一科学を構成せんとせば、其事決して不可なるにあらず。現に宗教学と称するものは、蓋し這般《しゃはん》(注)の研究なり。而して哲学は是れ固より**イ**究竟《くきょう》原理の学、此学立ちて後、始めて諸学立つことを得るの根基。然るに現在諸学が哲学を顧みずして存立せるが如き観なきにあらずと雖ども、是れ唯皮相表面の見《けん》、若し夫れ其真義に就きて云へば、諸学の根本原理は、皆是れ哲学の考究検定を経べきもの。今其考究検定が哲学に於て、不完全なれば不完全なる丈《だけ》、其れ丈《だ》け此《かく》の如き原理に依て立つ所の諸学が、根本的に不完全たるものなり。彼の真正なる科学者が、常に此根本を記憶し、其自家の科学が本来仮定的のものなることを忘れざるは、寔《まこと》に学者の態度を失却せざるものと云ふべし。

夫れ此の如く、科学は事実と原理とを基本として成立するもの。而して宗教は一種の根本的事実、哲学は是れ究竟原理の学。則ち宗教をして科学的たらしめ、哲学をして科学的たらしめざるべからずと云ふが如きは、全く不成立の言句と云はざるべからず。

——清沢満之「科学と宗教」

(注)　検覈　　厳密に調べること。
(注)　這般の　　この。

問い一　傍線**一**「若し自ら能く科学に熟達せるの人士にして、此言あらしめば、吾人は寧ろ其自ら信ずるの厚きに服せずんばあらず。」を、文脈をふまえつつ訳しなさい。

問い二　傍線**ア**、**イ**について、この文脈に即した意味を答えなさい。

問い三　筆者は科学と宗教・哲学との関係をどのように考えているのか、全体をふまえて述べなさい（一〇〇字以内）。

【解答・解説】

出典　清沢満之《きよざわまんし》「科学と宗教」

解答

問い一
もし自ら科学によく精通している人が、すべてを科学で説明できると言うのであれば、私はむしろその科学を信じる思いの強さに感服するしかない。

問い二
アー大げさなもの言い。　イー根本的な。究極的な。

問い三
科学は実験による事実と法則という原理により成立するが、宗教は根本的な事実を調べ、哲学は原理を明らかにするという科学の基礎にあたる学問であり、科学によって宗教、哲学を捉えることは不可能だと考える。
（一〇〇字以内）

解説

通釈

① 現在は科学全盛の時代といわれている。まさにそのとおりで、これ（＝科学）を以前と比べると、（科学の進歩は）実に目覚ましいものがある。これは私も全く異論のないところである。しかし科学の隆盛に

伴って、世間に一種の誤った見解をもつ人々が現れたことは、我々の警戒すべきことだと思われる。それは（世間の）科学心酔者というべき人々の言説である。彼ら心酔者は、科学的知識の進歩の確実さに驚いて、この科学的知識は、それだけで宇宙の根本を厳密に調べ、万物の実態を究め尽くすのに足るものであると何の根拠もなく信じ込み、一にも科学、二にも科学、とあらゆる事象を取りあげて、科学の理解のもとに置こうとしている。そして哲学を科学的にし、宗教を科学的にし、世界全体を科学的にすべきだという。もし自らよく科学に精通している人が、このようにいうのならば、我々は（反論するよりも）むしろその科学を信じる思いの強さに感服するしかない。しかし、実際は、（この説を聴いて）大いに奇異に感じないではいられない。何故ならば、彼ら科学の万能を主張する人々は、その多くが本人は科学に通じているわけでもなく、科学の真のあり方に無知で、ただ科学の表面のみに目を奪われ、この（＝科学の）きらびやかな輝きを借りてきて、あらゆる物事を粉飾しようとする人々だからである。我々は（ともすれば）この誇大に言いふらされる言説のために混乱させられてしまいがちだ。

② 科学は、どれほどの範囲で、どんな機能をもち得るものなのか。自ら深く科学を学んだ人々は、科学の範囲が極めて限定されたものであることを知り、またその機能が決して万能でないことを認識している。科学は常に与えられた材料の制約を受け、与えられた法則に縛られている。与えられた材料とは、いわゆる実験の結果である。与えられた法則とは即ち各種の原理である。（したがって）科学は決して事実と原理に影響することはできず、逆にそれらに合わせて変わるものだということは、（学問に）忠実な科学者が必ず認めていることである。ここから我々は理解すべきである、哲学と宗教のような領域は、決して科学が影響することのできない分野であると。何故ならば、宗教は事実であり、哲学は原理そのものの学だからである。言い換えれば、宗教は一種の事実であり、その他一般の事実と同様に、科学研究の基本的な材料となるべきものであり、もし科学者が、こういう基礎から材料を採って、宗教という一つの科学を構

成しようとするのならば、それはもちろん可能なことである。現に宗教学と称するものは、そもそもこのような研究である。そして哲学は本来根本的な原理を探究する学問であり、この学の基盤の上に、初めて他の諸学が成立する、その根底の基盤なのである。それなのに現状では諸学が哲学と関係なく成立しているかのような感じがなくはないが、これはただ表面だけの浅薄な見方であり、もし正しい学問的見地に立っていうならば、諸学の根本とする原理は、すべて哲学による考察検証を受けるべきものである。ここで検証が哲学において、不完全であれば不完全であるだけ、その分このような（哲学の）原理に依存して成立する諸学が、根本的に不完全なものとなる。真に（学問に）忠実な科学者が、常にこの基本を念頭に置き、彼自身の科学（的研究成果）が本来仮定的なものに過ぎないことを忘れないのは、実に学者としての本分をわきまえた態度といえよう。

③ 以上に述べたように、科学は事実とその間の原理を基本として成立するものである。それに対して宗教は一種の根本的な事実であり、哲学は根本的な原理を探究する学である。したがって宗教を科学的なものにし、哲学を科学的なものにしなければならないというような議論は、全く成立するはずのない言説であるといわざるを得ない。

問い一 **現代語訳**

本文は漢文訓読調の明治文語文。「〜しめ」の使役、「〜せずんばあらず」という二重否定など漢文的表現がみられる。「文脈をふまえつつ」とあるので、「此言」の内容を解答に盛り込む必要があることに注意。

「此言あらしめば」の部分を文脈から補足すると、「科学心酔者」は科学的知識は宇宙の根底を調べ万化の実際を窮尽する、つまり科学がすべての事象を明らかにできると述べるものだ、という内容になる。もし科学に熟達し精通した人がこのように言うのであれば、私はむしろその科学を信じる厚さに感服しないではいられない、と筆者は述べている。ここでは傍線部の直後に「然れども、其実際は…」と「科学心酔者」への批判が続くことから、筆者の真意が〈実際には、真の科学者ならばそんなことを言うはずがない〉という主旨にあることをふまえた解答にしたい。「むしろ」という語句を残して盛り込めば、本文のニュアンスを損わずに訳せる。

問い二　語句の意味

ア　科学に熟達していない者の「科学全権」を言う「広言」に迷うと述べられており、〝大げさなもの言い〟の意。前の二文に「呼号」「塗飾」とあるのも、文脈に即して解答する上で手がかりになる。

イ　哲学について、次の文で「諸学の根本原理」と言い換えられていることから、根本的、究極的原理の意があてはまる。「竟」は「竟《お》わる」「竟《つい》に」などと訓み、「究竟」で〝究極の所、つまるところ〟の意味。

問い三　内容説明

本文は、宗教家であり哲学者であった筆者による、科学を万能とする時代風潮に対する批判。科学・哲学・宗教にはそれぞれ独自の存在意義があることを、科学と哲学・宗教との関係を見極めることで論じている。「科学の範囲」は第二段落以降で説明されている。科学は与えられた実験の事実と法則原理に基づいて成立するものであるから、事実と原理自体を左右することはできないという。宗教はそれ自体が「事実」である学、哲学は「原理」の学であり、これらが「科学の基礎材料」であると述べる。この関係性から、科学はすべてを明らかにできるものではなく、したがって、宗教、哲学に学問上の影響を及ぼして科学的にすることはできないという結論を導いている。この論旨を読み取って指定字数内にまとめる。

なお、科学の万能性については、「関係」に直接関連しないので解答に盛り込まなくてよい。

参考　清沢満之（一八六三〜一九〇三）は明治期の僧侶で宗教哲学者。大谷大学初代学長。明治期の仏教の危機的状況にあって、親鸞の思想を哲学的に基礎付け仏教の近代化を目指した。著作は『清沢満之全集』にまとめられている。

二〇一二年度

二　次の文章を読んで後の問いに答えなさい。

問ふ。古今世を捨てたる墨染の人として、恋の歌詠めること、挙げて数ふべからず。また憚《はばか》ることもせざるは何事ぞや。色欲は殊に深き仏の戒め、あるまじきことの第一なり。しかるを僧の恋歌詠めるも甚だ賞す。遍昭僧正の類《たぐ》ひ、ことに歌道に名高し。かかる不道心の僧をいかで賞美するや。憎むべきことにあらずや。

答へて曰《いわ》く、これ何事ぞや。先にも委《くわ》しくいへるごとく、歌は思ふことを程よくいひ出づる物なり。心に思ふことは、善悪に関《かか》はらず、詠み出づるものなり。されば心に思ふ色欲を詠み出でたる、何の事かあらん。その歌よろしく出で来たらば、これまたなんぞ美賞《ほめしょう》せざらんや。優れたる歌ならば、僧俗選ぶべきにあらず。一その行跡の善し悪し、心の邪正美悪は、その道その道にて褒《ほう》貶《へん》議論すべきことなり。歌の道にて、とかく論ずべきにあらず。この道にては、ただその歌の善悪をこそいふべきことなれ。二僧なれば恋の歌詠むまじき理《ことわり》なりなど、なんぞ由なき議論をなすべき。その上すべて出家とさへいへば、みな心まで仏菩薩《ぼさつ》のごときものぞと心得たるか。僧の少し好色がましきことあれば、人甚だこれを悪《にく》むこと、俗人と雲泥の如く、大悪《だいあく》のやうに思へり。まことに世尊の上なき戒め、輪廻《りんね》妄執の絆《きずな》、これに過ぎたることなければ、僧としては、もとも厭《いと》ひ避くべきことなれども、僧とてももと俗人と変はりたる性質にあらず。もと同じ凡夫なれば、三人情に変はりたることはなきはずなり。万人の同じくこのむ声色なれば、独り出家の好むまじき道理はなきことなり。

心に思ひ願ふことは変はらねども、出家したる上は、克レ己《おのれをかちて》随分慎み避くべきはもとよりのことなり。しかるを、僧なれば心に色を思ふをも憎み疎むは、三人情を知らぬ心なり。世尊の深く戒めたまふも、人ごとに離れがたき物なるゆゑなり。その戒めの厳しきを以《もち》ても、この事の避け捨てがたき程を知るべし。されば僧などは、いかにも慎み遠ざけて、恋すまじきものなれば、いよいよ心には思ひむすぼれて、情の積鬱《せきうつ》すべき理なれば(この心なきは岩木のたぐひなり)、せめて思ひを和歌に晴らさんこと、いと哀なることにあらずや。されば優れたる恋歌も、俗人よりは出でくべきなり。しかるを今の世の歌よむ僧も、恋の歌憚りて詠まず。また歌詠むに限らず、すべて僧の、色欲ごとは、少しも心に思ひ懸けぬやうにみせ慎む。これ今の世の僧俗ともに偽り多く、心得悪しきなり。僧とてなんぞ心には色を思はざらんや。これにつけても、昔の人は、正直質朴にして、偽り飾ることの少なかりしこと知るべし。

—本居宣長『排蘆小船』

問い一　傍線一「その行跡の善し悪し、心の邪正美悪は、その道その道にて褒貶議論すべきことなり。」とはどういうことか。文脈に則して述べなさい(五〇字以内)。

問い二　傍線二「僧なれば恋の歌詠むまじき理なりなど、なんぞ由なき議論をなすべき。」を現代語に訳しなさい。

問い三　傍線三「人情」はここではどのような意味か述べなさい。

【解答・解説】

出典　本居宣長『排蘆小船《あしわけおぶね》』

解答

問い一
人の行いや心のあり方は、歌によってではなく、それぞれの分野の価値観により評価すべきだということ。（五〇字以内）

問い二
僧であるので恋歌を詠んではならないのが当然のことであるなどと、どうして無意味な議論をする必要があるだろうか。いやその必要はない。

問い三
色情を好む人間の自然な性質という意味。

解説

通釈

①　質問する。「古今俗世を離れて出家した僧侶の身として、恋の歌を詠んでいる例は数限りない。そのうえそれを隠そうともしないのは何ということだろうか（＝あってはならないことだ）。色欲は特に厳しい仏の戒めであって、最も（僧侶が犯すことが）あってはならないものである。それにもかかわらず僧侶が

恋歌を詠んでいるものをたいそう賞美する。僧正遍昭などは、特に歌道において評価が高い。このような仏の道に背く僧侶をどうして褒め称えるのか。嫌悪するのが当然ではないか」

②（私宣長は）こう答えていうには、「これは何ということか（＝どうしてそんな愚かなことを考えるのか）。前にも詳しく述べたように、歌は心に思うことを言葉を整えて表現するものである。心に思うことは、善悪の区別なく、詠み表すのである。したがって心中の色欲を歌に詠み表すのに、何の問題があろうか。その歌が巧みに詠まれていたら、それをまたどうして賞賛せずにいられようか。優れている歌ならば、（作者が）僧侶か俗人かを区別する理由はない。人の行為の善悪、心の正邪・美醜は、その人の携わる専門の分野において褒めるなり貶すなり議論すればよいのである。（それらを）歌の世界にもち込んで、あれこれと論評する必要はない。歌の世界ではただその歌の良し悪しを論じるべきである。僧侶なのだから恋歌を詠むべきではないのが道理だなどと、どうしてつまらぬ議論をすることがあろうか。その上出家と名が付けば、皆が心の中まで仏や菩薩のよう（に清浄なもの）だと考えているのだろうか。僧侶に少しでも色情めいた言動があると、世間の人がひどくそれを憎み嫌うのは、俗人の場合とは雲泥の差で、とんでもない悪事のように考えている。なるほど（色情は）御《み》仏《ほとけ》の最大の禁戒であり、輪廻の世界に迷い、誤った執着の元となる悪縁として、これ以上のものはないので、僧侶としては、最も嫌悪し遠ざけるべきことであるが、僧侶といえども元来俗人と異なる人間性をもっているのではない。本来同じ普通の人なのだから、（色情において）本性に違いがあるはずもない。万人が等しく愛好するのは声（歌舞音楽）と色（色欲）だから、出家だけがそれを好むべきでないという道理はないのである。

③心中の思いや願望は（俗人と）同じでも、出家したからには、おのれを克服して極力自重して欲望から遠ざかるべきことはいうまでもない。だからといって、僧侶というだけで心に色情を懐《いだ》くのさえ憎み嫌うのは、人間本来の性情を知らない考え方である。御仏が色情を固く禁じられるのも、人が誰しも（色情か

ら）逃れられないからである。その禁戒の厳しさからも、色情を離れ遠ざかることの難しさを知るべきである。それゆえ僧侶などは、何としても（色欲を）避け慎んで、恋などしてはならないのだから、ますます心中に思いが凝り固まって、感情が鬱屈する道理なので（こういう気持ちのないのは人間ならぬ岩か木の類である）、せめてその思いを和歌によって慰めようとするのは、まことに心を打つことではないか。したがって優れた恋歌も、俗人以上に（僧侶から）生み出されるはずである。それなのに現今の歌を詠む僧侶も、恋の歌は遠慮して詠まない。また歌を詠む者に限らず、すべての僧侶が、色情に関わることは、全く考えもしないふりをして（世間に）気兼ねしている。これは現代の僧侶・俗人ともに偽りが多く、心得違いをしているのである。僧侶といえどもどうして心に色情を感じないことがあろうか。これと比較しても、昔の人は、正直で素直であって、（うわべを）偽り飾ることが少なかったと知るべきである」

問い一　**内容説明**

僧侶が恋歌を詠むことの是非について、宣長が答えている部分についての問題。

傍線部直前にあるとおり、宣長は、優れた歌は「僧俗」という詠み手の立場に関係なく優れていること、また、その人の行いの善悪や心の正邪・美醜という評価は、各人の道ごとに議論すべきだと述べている内容をまとめる。ここでは傍線部中の「その道その道」を適切に言い換えられるかどうかがポイント。傍線部直後に「歌の道」とあるので、それ以外の道、つまり僧侶ならば僧侶としての修行の道など、学問・芸術・武術・技術といった専門分野としての「道」であることを解答上で示すようにしたい。

問い二　**現代語訳**

基本的に傍線部の構造に合わせた形で訳していけばよい。その際、文法事項を解答上に確実に反映させること。

「僧なれば」は、断定の助動詞「なり」の已然形＋接続助詞「ば」で順接の確定条件、「まじき」は打消当然

（禁止）、「なんぞ〜べき」は反語の用法。

問い三　内容説明

「人情」は、一般的な意味として〝人間に自然に備わった人間らしい感情〟という説明ができるが、「ここではどのような意味か」と問われているので、文脈に沿った説明にする必要がある。

一つ目の傍線部の直前では、僧侶も「俗人と変はりたる性質にあらず。もと同じ凡夫」であるので、恋の道を好む感情は変わらないと説明されている。二つ目の傍線部を含む文脈は、僧侶であるならば色情を思うことがあってはならないとして僧侶の色情を憎む一般的な考え方に対し、「人情を知らぬ」ことであると批判している。いずれも、色欲が人間の「離れがたき」「捨てがたき」自然な性質の現れとして肯定する考え方を説く文脈である。解答には、「色欲を好む人間の自然な性質」や「色欲を好むという本質的な一面」といった内容を盛り込めば十分である。

参考

『排蘆小船』は本居宣長（一七三〇〜一八〇一）の歌論書。主に問答形式により和歌の意義、禁制、書きぶり、和歌の変化などを示している。体系的に整理されたものではなく、随想的な作品と捉えられている。題名は「生い茂った蘆の中をこぎ分けていく小船」の意で、和歌についての誤った考え方が一般的となる中でも、正しい理解を得ようとする意図を表している。

二〇一一年度

三　次の文章を読んで後の問いに答えなさい。

大凡《おおよそ》物必ず主なかる可《べか》らざる、木の幹あり、家の主人ある如し。これ無《なけ》れば立つこと能はず。而して地球上人々一同、一生の主とすべき者、最《もっとも》至重至大とす。其物なんぞや。夫れ天地に弥《わた》り、古今を貫き、其道二つ。曰く、善。曰く、悪。而して悪は善に非ざるの名《めい》にして、事物の主たるを得ず。一猶温素(注)主となつて冷は特に温素の減耗《げんこう》(注)に生ずる如し。温素なければ天地の気、用を為さず。善、主たらざれば、人の道絶滅、所謂バルバリー(注)是也。然る時は又、天地に弥《わた》り、古今を貫き、人の主として方向を定むべき者、唯善のみ。国は人を以て立つ、国の国たる所以の本、亦唯善のみ。然り而して、其善を立るは、唯信の厚きにあり。其信を厚くせしめて確然動かざるに至るは、唯政教・法教の二つある而已。蓋し国は人の集りて立つ者なり。故に国の立は人の立による。人は心を以て主領とす。故に人の立は心の立による。心は意識の本体にして、万事に応じ功用極て多端にして混雑迷惑、神経を転倒し易し。

故に其主を確立して方向・目的明白ならざる時は、事物皆狐狸妖怪となり転倒錯乱して禽獣に劣るに至る。主立ち、方向明なるも、之を信ずる厚からざる時は、其主動揺して船の水に漂ひ、木の葉の風に飄《ひるがえ》る如し。信ずる厚ければ水火の中も談笑して立べし。此に人あり大病に悩まさる、苟も信ずる所の医ある、死に至るも薬に迷はず、信ぜざる時は朝夕医を換へ、薬を転じ、狼狽死に至る。其治するは僥倖《ぎょうこう》のみ。是医は病時心の主たるを以て、信ぜざる時は益なければ也。二欧州諸大戦、名将の外名医を得れば闔軍《こうぐん》(注)勢を倍するも亦此為めなり。今某処に往《ゆか》んと欲するに、其路を信ぜずんば、東に行んか西に行んか終日門前に立つも一歩を進む可らず。苟も目的定り信ずる厚ければ、鈍拙の者に銃を放たしむるも、東に放つ可《べく》の丸、決して南に転ぜず、況や西に転ずるをや。能く習熟すれば百発百中に至る。

古人の言に心に主あれば動かずと。孔子の民に信なき立ずと称し、諸教法(注)の万殊(注)にして皆信を第一とするも此故なり。故に人として方向なく、方向あるも信薄き、万事万業何を以て之を世に立てん。且この大本なる者、地球上一《いつ》ならざるの処、一ならざるの人決して無し。一ならざる無し、故に一ならざる可らず。而して一ならざる時は、人に非ず、国に非ず。一家一ならざる、其家必ず乱る。三一国一ならざる、其国必ず乱る。

——阪谷素「政教の疑　第一」

(注)　温素　熱源。

(注)　減耗　減ること。

(注)　バルバリー　野蛮な状態や行為のこと。

(注)　闔軍　全軍。

(注)　教法　宗教。

(注)　万殊　様々に異なっていること。

問い一　傍線**一**「猶温素主となつて冷は特に温素の減耗に生ずる如し。」を必要なことばを補って説明しなさい(五〇字以内)。

問い二　傍線**二**「欧州諸大戦、名将の外名医を得れば闔軍勢を倍するも亦此為めなり。」とあるが、これはどういうことをたとえたものなのか、説明しなさい(三〇字以内)。

問い三　傍線**三**「一国一ならざる、其国必ず乱る。」とあるが、なぜそういえるのか、全体の内容をふまえて答えなさい(一〇〇字以内)。

【解答・解説】

出典 阪谷素《さかたにしろし》「政教の疑 第一」（『明六雑誌』明治七年一二月第二二号）

解答

問い一
善悪の関係で善が主で、悪は善ではない状態だというのは、熱源が減少した状態を冷というのと同じである。（五〇字以内）

問い二
人は信頼するものをもつことで本来以上の力が出せるということ。（三〇字以内）

問い三
万物の根本原理は善であり、国家は善に向けて人民を導くために方向や目的を定め、政治・法律によって人々の信頼を確立させるが、その根本である善を一貫させないのであれば国としての存立基盤を失うことになるから。（一〇〇字以内）

解説

通釈

① 総じて物事には必ず主体〔中心〕となるものがなくてはならないのは、木に幹があり、家に主人がいるようなものである。主体なしでは（木も家も）成り立つことはできない。そして地球上すべての人々が、

（共通に）生存上の主体とするものこそは、最重要かつ最大の主体である。それは何であろうか。そもそもこの天地に満ち、古今に通じる（普遍的な）道が二つある。それは善と悪である。そして悪は善に反する状態の名にすぎず、（実体として）事物の主体とはなり得ない。（それを冷と熱の関係に喩えると、）熱源が主体であってその熱量が減少することで冷（＝低温）の状態が生じるのと同じである。熱源がなければ、天地の気（＝エネルギー）が働かない。このように、善が（人間世界の）主体とならなければ、人としての道は絶え、いわゆる野蛮の状態となるのである。そのようなときはまた、天地に満ち、古今に通じ、人の主体となってその生き方に方向を与えるのは、ただ善のみである。国家は人民によって成り立っているのだから、国家の存立する根拠もまた、ただ善にある。そうして善を確立させるのは、ただ人々がそれを心から信じることにある。その信頼を育てて確実で揺るぎないものとする方法は、政治的教導と法律的教導の二つだけである。思うに国家は人民が集まって成立するものである。したがって国家の成立には個々の人民の確立が前提となる。（その個々の）人民の主体は心にある。故に個人の確立は心の確立に基づく。心は意識の本体であって、（外界の）あらゆる刺激に反応し、その働きは極めて多様で複雑に絡み合っているために、人の神経は混迷しやすい。

② そのために（人が）主体を確立しても（それを発揮する）方向・目的が明確でない場合は、（精神が安定せず、外界の）事物がすべて怪しげな妖怪変化の類いにみえるなど（判断は）混乱し錯乱して、動物以下の状態になってしまう。また主体をもち、方向が明確であっても、それに対する信頼が十分でない場合は、主体が動揺して船が漂流し、木の葉が風に翻弄されるような（不安定な）有様となる。（一方）十分な信念がある場合は水火の危難に遭っても余裕をもって行動できる。（例えば）人が大病を患っているときに、信頼する医者があるならば、死を迎えるまで薬の選択に迷うことはないが、信頼がない場合は次々と医者を替え、薬を替え、あわてふためきつつ死を迎える。それで病気が治ったとしても偶然の幸運にす

ぎない。こういうことになるのは病気のとき患者の心の主体となるのは医者であって、信頼がなければ役に立たないからである。欧州における多くの大規模な戦争において、名将だけでなく名医（に当たる指導者）がいると、全軍の戦力が倍加するのもまたこのためである。もしある所に行こうとするのに、そこへ行く道が信じられなければ、東に行こうか西に行こうかと終日門前に立っていても一歩も踏み出すことはできない。（射撃に喩えれば）標的が定まり心が決まれば、どんなに下手な射手でも、東に向けて撃つ銃弾を南に向けることは決してない。まして西に向けるはずがない。（やがて）十分習熟すれば百発百中も可能になるだろう。

③　古人に「心に主体があれば動揺することがない」という言葉がある。孔子は「人民が為政者を信じなければ国家の存立はない」と説き、また多くの宗教が（教義は）様々に異なっていてもすべて信仰を根本とするのもこの理由による。故に人として生きるのに方向をもたないか、またはもっていても確信がない場合、どんな事柄や事業であろうと何を拠り所に世間で成功できようか。なおまた大本であるもの（＝善）は、一致していない地域、一致していない人々はこの地上に決して存在しない。（即ち全体に）一貫していないことはなく、ゆえに一貫していなければいけないのである。そして一貫しない場合は、（人は）人とはいえず、（国家も）国家とはいえない。家族で一貫していなければ、その家庭は必ず乱れる。また国家で一貫していなければ、その国家は必ず乱れるのである。

問い一　**現代語訳**

「必要なことばを補って」説明することを求めている点に注意。傍線部の前の部分で、「地球上人々一同」の主とすべき「善」について説明されている。筆者は、善と悪の関係をどのように考えるかについて、善が主であり悪が従であることを示すために、悪は「善に非ざるの名」と述べている。傍線部は、この主従の関係の説明を冷と熱の関係（熱が主体であり、冷は熱をもたない＝マイナスの熱をもつ、といえる）の例と同様だと述べて補完するものである。したがって〔解答〕で示したとおり、善悪が主従の関係にあることを前半で補ってから、「これは……と同じことである」と「猶…（の）如し」の構文に即して意味を説明すればよい。

問い二　**内容説明（比喩）**

傍線部の前の文脈で、医者への信頼の例によって、信じることが人の心を安定させる重要な要素であることが示されている。それに続く傍線部では、信頼によって「軍勢を倍する」、つまり実力以上の力を出せることが示されているから、同じく具体例によって、信頼するものをもつことの重要性を述べていると読み取れる。後の部分では、信頼によって「進む」ことが可能になるとも表現されているが、傍線部の例が示す内容の説明としては、信頼によって力を発揮できることを述べればよい。

問い三　**理由説明**

なぜ「一国一ならざる、其国必ず乱る」といえるのか、その理由を説明する問題。

傍線部は本文のまとめの部分であり、設問の要求のとおり全体の内容把握ができているかどうかが重要となる。全体の把握のポイントは、傍線部中の「一ならざる」の「一」の意味を明らかにすることである。

第一段落では、「善」がすべての根幹であり、国家の運営も善を目標に、国民の信頼を確立するために「政教・法教」つまり政治・法律によって行うべきだと述べられている。第二段落は前段落の内容を具体例で補強する役割。第三段落では信頼の重要性を再確認して、この「大本なる者」が一貫していることの重要性を説く。つまり、「一」は「一貫していること」を指す。一貫させなければならない「大本」とは、第一段落で示されたように、すべての根本となる「善」であると読み取れる。以上から、「大本」としての善が国家の根本原理として一貫していなければ国は乱れ、国家として存在することができないという筆者の主張が理解できる。

解答では、国家は善を目指すという姿勢で一致しなければその根本原理を失うために存立できなくなる、という論理をはっきり示すこと。また、全体をふまえるべきであるから、国家が善を一貫させるべきなのは、政治・法律によって国民の信頼を確立させるというその過程においてであるという関係にも言及すること。「政治・法律」というキーワードを忘れずに盛り込むようにする。

参考　阪谷素（一八二二〜一八八一）は幕末から明治の儒学者、漢学者。朗廬と号した。出典は『明六雑誌』第二二号（明治七年一二月）に掲載。『明六雑誌』（明治七年三月創刊、明治八年一一月終刊）は、明治六年（一八七三）に森有礼、福沢諭吉らによって結成された啓蒙思想団体「明六社」の機関誌。近代日本最初の総合学術雑誌で、文明開化期の日本に多大な影響を与えた。

二〇一〇年度

二　次の文章を読んで後の問いに答えなさい。

奇なるかな世潮の変遷、試みに最近数年間の文学界を回顧せば年ごとに流行の一新するあるを見る。二十二年(注)は小説流行のときにして二十三年は和文、漢文の流行は二十四年に始まりてしかして二十五年は史論の盛行を見るにあらずや。もとよりその間に密確なる区画をなさんは無稽の業に属すといへども大体の状態は概ね此の如きか。これそもそも人心の奇を好むによるか将《は》たその間必然の理勢ありて存するか流行の勢は滔々として氾濫の力を逞《たくまし》くし下土を水にし陵谷を汨《べき》(注)にし天下を挙げて深淵に溺没せざるものは幾稀《ほとんどまれなり》矣。而も静に前後の事情を通覧すれば流行の推移にも自ら必然の理路は歴々として見るを得るなり。それ称して流行といふ。流行の衣服、流行の結髪、流行の装飾、流行の俗唄、算へ来て而して之に対するに流行の学問といふ。寧ろⅠその当を失するの言なるなからんや。学の類たるや各その分ありといへども而もみなその目的とする所は千古に渉りて朽ちざるにありてその攻究には仔細の考察と静慮とを要するなり。学術に関するに流行の文字を以てす。A流行の学術は恐くはこれ真の学術に非るなからんか。而も見よ書籍の出版、学校の設立、雑誌の発刊、学生の趨向その変遷する所を推してしかして称するに流行を以てす必しも不可なるに非ず。しかも世間実に流行の跡を追ふて独り及ばざらんことを恐るるの浮薄の書生尠《すくな》しとせざるなり。此の如きの輩もと学術の何たるを知らざるもの須くその面に唾すべしといへどもまた勢の已むべからざるなきに非ず。けだしその流行の波濤に漂はさるるに際しては読者の趣味概ね泛《はん》(注)として定まるところなく批判の能力に乏しくして半銭の価値なきものも嘖々《さくさく》(注)して世人の賞粲《しょうさん》(注)に上る。すなはち僥倖を求めて名利を賭するもの雲の如くに起るまた自然の勢なり。而も競争の道はこれ自ら淘汰の法、老者退けられ、羸者《るいしゃ》(注)倒れ残るものは是れ深く蘊蓄するあるの士。しかも此の如きの士もと流行の如何に関せざるなり。

しかして世人も漸くその事の真相を知るに至れば復た一時の狂呼に任すべからざるを解するなり。ただそれ好奇心の飽くことを知らざるや何れの辺にか新奇を求めんとしかして鋭才の輩立てこの機に投ずるあり。茲《ここ》においてか模倣に巧なるもののその跡を追ふもの起りあるいは平生の究むる所偶々好運に会するなり。相和し相唱へて他の新流行は生ずるなり。流行の状概ね然り。二潮引き波去るの後に迨《およ》んで之を覧る塵埃瓦礫《じんあいがれき》紛として八方に散乱するのみ。また些《いささか》の益する所なきが如しといへどもこれによりてその学が世上の注意を惹くに至るあるは疑ふべからざるなり。もしそれ真に学に志さんとするものはもとより遠く塵寰《じんかん》(注)を脱して世潮の浮沈を度外に置くを要するや言を俟たざるなり。

——津田左右吉「史論の流行」

(注)　二十二年　明治二十二年(一八八九年)のこと。
(注)　汨　沈むこと。
(注)　泛　広いこと。
(注)　喈々　がやがやしているさま。
(注)　賞粲　ほめたたえること。
(注)　羸者　弱い者。
(注)　塵寰　俗世間のこと。

問い一　傍線一「その当を失するの言」とあるが、なぜ「当を失」するのか、説明しなさい(五〇字以内)。
問い二　傍線二「潮引き波去るの後に迨んで之を覧る塵埃瓦礫紛として八方に散乱するのみ。」とあるが、ここではどういう状況をたとえたものなのか、説明しなさい(三〇字以内)。

問い三　傍線**A**「流行の学術」とあるが、筆者は「流行の学術」をどう考えているのか、問題文全体の内容を踏まえて述べなさい（一〇〇字以内）。

【解答・解説】

出典　津田左右吉《そうきち》「史論の流行」

解答

問い一

学問は長期にわたって不朽の価値を探究するものであり、世の流れで変遷する流行とは相容れないものだから。（五〇字以内）

問い二

流行が去った後に、学問的に価値のないものだけが残される状態。（三〇字以内）

問い三

「流行の学術」は世間の注目を学問に集めるという効果はあるが、新奇なものを求める軽薄さを賞賛し学問の目的である真理に向けた精細な考察と熟考を淘汰してしまうものであり、真の学術とはいえないと考えている。（一〇〇字以内）

解説

通釈

世の中の移り変わりは実に奇妙なものであるが、その一例として最近数年間の文壇を振り返ってみると、毎年のように流行が入れ替わっているのがわかる。明治二十二年は小説流行の年で二十三年は和文、二十四年には漢文の流行が始まり、そして二十五年には史論の隆盛がみられたではないか。当然ながらその変遷を厳密に区分するだけの根拠はないが、大体の状況はおおよそこうであったろう。流行がもともと新奇なものを好む人間の心理のためか、あるいは他に必然的な理由があるのか（はともかくとして）、流行の勢いは止めようもなく氾濫して地上を水浸しにし丘も谷も水底に沈めて、世間のあらゆる人で流行の淵に溺れないものは極めて稀である。しかし冷静に前後の状況を見渡せば、流行の推移にもおのずと必然の筋道があることをはっきりとみて取ることができる。それを流行という。流行の衣服、流行の髪形、流行の装飾品、流行の歌謡と数えあげた上で、これらと並べて流行の学問ともいう。これは不適当な言い方ではないだろうか。学問にはそれぞれ専門の分野があるとはいえ、すべて学問の目的は永遠不滅の成果を残すことにあり、（それゆえに）学問研究には綿密な考察と冷静な判断が必要なのである。学術に関することにも流行という表現が用いられる。（しかし）流行の学術なるものは恐らく真の学術ではないであろう。ただし見方によっては書籍の出版、学校の設立、雑誌の発刊、学生の動向などの変化を考えて、そこに流行があるとするのは必ずしも不当ではない。それでもなお、世間にはこれらの流行を追いかけることだけに熱心な軽薄な学生が実に多い。このような連中はもともと学術の本質を知らない者であって当然軽蔑するべきだが、それも時代の動きの中でやむを得ない面もある。思うに（こうして学問に関わりのあるところで流行が生じると）人々はその流行の大波に押し流されてしまい、（書物や雑誌の）読者の気分も大抵は漫然として根底がなく批判する力も乏しくて、どんなに無価値なものも騒がしくもてはやされ世人に称賛される。それをみて賭けでもするように偶然の名声や利益を求める者が大勢現れるのは自然の趨勢である。しかし大勢が競争する世界はまた（適者生存の）淘汰の世界でもあり、老いた者は押しのけられ、弱い者は倒れて最後に残るのは十分に実力を蓄えた人物だけである。そうしてこういう人物は始めから流行などには無関心である（から流行は過ぎてゆく）。

こうなって世人もようやく流行という現象の真相を知るようになると、一時の異常な興奮状態に振り回されていてはいけないことを悟るのである。ただし人々の好奇心は満足することを知らないから、また別に新奇なものを求めようとし、それに応じて機敏な才能の持ち主が機会を捉えて成功する。するとそれに追随する人真似の巧みな者が現れたり、あるいはまた偶然平生の研究が運よく当たったりする場合が出てくる。こういう人々が仲間同士で集まり口々に同じ主張をして新しい流行が生まれるのである。流行（の始まりから終わりまでの）状況はおよそこういうものである。こうしていったん流行の大津波が引き去った後には、塵芥や瓦礫が雑然とその辺り一帯に散乱しているだけとなる。これでは流行は学問にとってまったく利益がないようであるが、そのお陰で学問が世間の注目を浴びるという効果があるのも疑うことのできない（事実な）のである。しかしもし真に学問に志す人であれば、当然俗世間を遠く離れて世の動きの浮き沈みを無視することが必要なことはいうまでもない。

問い一　理由説明

傍線一について、なぜ「その当を失する」のか説明する問題。ここでの「その」が直前の「流行の学問」を指すことを押さえて、「流行の学問」という「言」が「当を失する」、つまり〝道理を欠く〟と筆者が考えるのはなぜかを確認する。傍線部の次の文に、学問の目的は「千古に渉りて朽ちざるにありてその攻究には仔細の考察と静慮とを要する」とあるのが該当箇所。筆者は、学問とは長年の蓄積を必要とし、不朽となることを目指すものであるので、流行し推移する学問という言い方それ自体が道理を欠き矛盾する考え方であると主張している。以上をまとめる。こうした筆者自身の理想に対し、現実には流行が学問に介入して混乱を起こすことがあるのも事実であり、そのことへの理解が、続く問い二・問い三で扱われている。

問い二　内容説明（比喩）

傍線二までの展開から、この部分は、「流行の学問」が文字どおり「潮引き波去」った後、つまり流行の過ぎ去った後のことを述べているとわかるが、これが「どういう状況」をたとえたものであるか、比喩が指す内容をまとめる。「塵埃瓦礫」が「八方に散乱」するという表現から、流行の波に襲われ流行の「跡を追ふ」ような状況に巻き込まれた後、その潮が引いた学問の世界には、学問的に無価値なものが残るのみだという筆者の主張が読み取れる。解答は三〇字以内で、かなり簡潔にまとめる必要があるが、傍線部の内容を説明するという出題の意図を考慮すると、学問の世界から「流行が去った後」との前半部の内容は省略しないで盛り込むべきである。

問い三　**内容説明**

全体の内容をふまえて説明することに注意。文章展開を簡単に追ってみると以下のようになる。

❶年ごとに文学の流行が新しくなるが、学問は不朽のものを考究すべきもので、流行の学術は真の学術とはいえない。

❷しかし、流行を追う軽薄な者が多く、人々も流行に流され、老いた者弱い者は淘汰され、流行にかかわらない実力ある者だけが残る。世の人もその実情は知っているが、好奇心で新奇を求め機敏な才能が利を得て、流行後に何も残らない状況が生じる。

❸世間が学問に注意を払うという益はあるが、真に学問に志す者は世の流れを無視するべきだ。

筆者は学問が流行とかかわらないことを理想としており、「流行の学問」の弊害を主張している（❶・❷）。ただし一方で、学問の世界における流行の波が世間に現れることで世間の目を学問に集める益があるとして、ある程度の評価もしている（❸）。全体の流れはこの順だが、❸の内容を冒頭に示し、続いてそれを上回る問題点を対比して説明するとわかりやすい解答になる。問題点として指摘すべき点は、学問が不朽のものを目的とした考察であるべきという点、そしてそれが流行という軽薄な流れによりないがしろにされ、真の学術とはいえない状況になるという点の二つである。

参考　津田左右吉（一八七三～一九六一）は中国古代の宗教政治思想、日本古代史の批判的研究などを行った歴史学者。『文学に現はれたる我が国民思想の研究』は有名である。「史論の流行」は一八九二年（明治二十五）初出の筆者最初期の論説で、問題文の後の部分で、史学において正確性・実証性が重要であることを述べ、当時の考証史学派への神道・国学派の攻撃を批判する論になっている。

二〇〇九年度

二

次の文章を読んで後の問いに答えなさい。

学問も政治も、其目的を尋ぬれば、共に一国の幸福を増進せんとするものより外ならずと雖ども、学問は政治に非ずして、学者は政治家に異なり。蓋し其異なる所以は何ぞや。学者の事は社会今日の実際に遠くして、政治家の働きは日常人事の衝に当るものなればなり。之を譬《たと》へば、一国は猶一人の身体の如くにして、学者と政治家と相《あい》共に之を守り、政治家は病に当りて治療に力を用ひ、学者は平生の摂生法を授くる者の如し。開闢《かいびゃく》以来今に至るまで、智徳共に不完全なる人間社会は、一人の身体何れの部分か必ず痛所《いたみどころ》ある者に異ならず。治療に任ずる政治家の繁忙なる、固より知る可し。然るに学者が平生より養生の法を説きて社会を警《いまし》むることあれば、或は其病を未発に防ぎ、或は仮令《たと》ひ発病に及ぶも、大病に至らずして癒《いゆ》るを得べし。即ち間接の働きにして、学問の力も亦大なりと云ふ可し。

過日、時事新報の社説(注)にも云へる如く、我開国の初め攘夷論の盛なる時に当りても、洋学者流が平生より西洋諸国の事情を説きて、恰も日本人に開国の養生法を授けたるに非ずんば、我日本は鎖国攘夷病に斃《たお》れたるやも計る可からず。学問の効力、其洪大《こうだい》なること斯の如しと雖ども、其学者をして直ちに今日の事に当らしめんとするも、或は実際の用を為さざること、世界古今の例に少なからず。摂生学専門の医師にして当病の治療に活発ならざるものと一様の道理ならん。左れば、学問と政治とは全く之を分離して相互に混同するを得せしめざること、社会全面の便利にして、其双方の本人の為にも亦幸福ならん。西洋諸国にても、執政の人が文学の差図して世の害を為し、有名なる碩学《せきがく》が政壇に上りて人に笑はれたるの例もあり。又、我封建の諸藩に於て、老儒先生を重役に登用して何等の用も為さず、却て藩士の為に不都合を起して、其先生も遂に身を喪《ほろぼ》したるもの少なからず。畢竟、摂生法と治療法と相混じたるの罪と云ふ可きものなり。

学問と政治と分離すること、国の為に果して大切なるものなりとせば、我輩は、今の日本の政治より今の日本の学問を分離せしめんことを祈る者なり。即ち文部省及び工部省直轄の学校(注)を、本省より離別することなり。抑も維新の初には百事皆創業に係り、是れは官に支配す可き事、夫れは私《し》に属す可きものと、明らかに分界を論ずる者さへなくして、新規の事業は一切政府に帰し、工商の細事に至るまでも政府より手を出《いだ》すの有様なれば、学校の政府に属す可きは無論にして、即ち文部工部にも学校を設立したる由縁なれども、今や十六年間の政事、次第に整頓するの日に当りて、内外の事情を照し合せ、欧米文明国の事実を参考すれば、我日本国に於て、政府が直ちに学校を開設して生徒を集め、行政の官省にて直ちに之を支配して、其官省の吏人たる学者が之を教授するとは、外国の例にも甚だ稀《まれ》にして、二今日の時勢に少しく不都合なるが如し。

固より学問の事なれば、行政官の学校に学ぶも、又何れの学問所に学ぶも同様なる可きに似たれども、政治社会の実際に於て然らざるものあり。蓋し国の政事は、前にも云へる如く、今日の人事に当りて臨機応変の処分ある可きものにして、例へば飢饉には救恤《きゅうじゅつ》の備を為し、外患には兵馬を用意し、紙幣下落すれば金銀貨を求め、貿易の盛衰を視《み》ては関税を上下する等、俗言之を評すれば掛引《かけひき》の忙はしきものなるが故に、若しも国の学校を行政の部内に入るるときは、其学風も亦、自から此掛引の為に左右せらるるなきを期す可らず。掛引は日夜の臨機応変にして、政略上に最も大切なる部分なれば、政治家の常に怠る可らざる事なれども、学問は一日一夜の学問に非ず、容易に変易す可らざるなり。

固より今の文部省の学制とても、決して政治に関係するに非ず。其学校の教則の如き、我輩の見る所に於て大なる異論あるなし。徳育を重んじ智育を貴び、其術学、大概皆西洋文明の元素に資《と》て、体育養生の法に至るまでも遺す所なきは、美なりと云ふ可しと雖ども、如何せん、此美なる学制を施行する者が、行政官の吏人たるのみならず、直ちに生徒に接して教授する者も亦吏人にして、且学校教場の細事務と一般の気風とは学則中に記す可きにも非ざれば、其気風精神の由りて生ずる源は、之を目下の行政上に資《と》らざるを得ず。而して其行政なるものは、全体の性質に於て遠年に持続す可きものに非ず。又、持続して宜しからざるものなれば、政治の針路の変化するに従ひて、学校の気風精神も亦変化せざるを得ず。三学問の本色に背くものと云ふ可し。

――福沢諭吉『学問之独立』

（注）　時事新報の社説　一八八三年一月十一日社説「牛場卓蔵君朝鮮に行く」を指している。

（注）　文部省及び工部省直轄の学校　この文章が書かれた一八八三年当時、文部省直轄の大学として東京大学が、工部省（一八八五年まで存続）直轄の大学として工部大学校があった。

問い一　学問と政治との関係と同様の関係を、別のことばに置きかえて簡潔に表現しなさい。

問い二　傍線一「学問の効力、其洪大なること斯の如し」について、具体的にはどういうことなのか、説明しなさい（五〇字以内）。

問い三　傍線二「今日の時勢に少しく不都合なるが如し」とあるが、なぜ「不都合」なのか、説明しなさい（五〇字以内）。

問い四　傍線三「学問の本色に背くものと云ふ可し」とあるが、なぜそういえるのか、説明しなさい。

【解答・解説】

出典　福沢諭吉『学問之独立』

解答

問い一
摂生・養生と治療

問い二
鎖国攘夷論が支配的な中、洋学者が西洋事情を紹介し開国の必要性を説くことで、危機から救われたこと。（五〇字以内）

問い三
維新の混乱から時が経ち、国家体制が整った今でも国家運営に重要な学問と政治の分離がなされていないから。（五〇字以内）

問い四
持続性を保ち変化させるべきではない学問が、社会状況へ臨機応変に対処するために変化を常とする政治に制度実施や学校運営面で介入されることで方針の変化を強いられ、その本質を危うくしてしまうから。

解説

通釈

① 学問も政治もその目的を考えると、共に国家の幸福を増進させようとするものに外ならないが、学問は政治ではなく、学者は政治家とは異なる。考えるところ、その違いは何だろう。学者の行うことは今日の社会の実際から遠く、政治家の働きは日常の人事折衝に当たるものということだ。たとえると、一国はちょうど、一人の身体のようであり、学者と政治家がともにこれを守り、政治家は病気に対してその治療に力を用い、学者は普段の摂生法を与えるもののようだ。天地開闢から今に至るまで、智徳ともに不完全な人間社会は、一人の身体のどこかに必ず痛むところがあるのと同じだ。治療に当たる政治家の忙しさはもとより知ることができる。そこで学者が普段から養生の方法を説いて社会を戒めていれば、あるいは病を未然に防ぎ、あるいはたとえ発病しても、大病に至らないで治癒するだろう。すなわち間接の働きとして学問の力も大きいといえる。

② 先日の時事新報の社説にもあったように、我が国開国の初め、攘夷論が盛んであったときも、洋学者たちが普段から西洋諸国の事情を説き、まさしく、日本人に開国の養生法を与えなければ、我が日本は鎖国攘夷の病に倒れていたかもしれないようなものだ。学問の力の大きなことはこのようだけれども、その学者に直ちに今日のことに当たらせるのも、あるいは実際の用をなさないことは、世界の昔から今に至る例に少なくない。摂生学専門の医師が目の前の病気治療に活発ではないものと同じ道理だろう。そうであれば、学問と政治とは全くこれを分離して、相互に混同することのないようにすることは、社会全体にとって利があり、その双方のためにも益になるだろう。西洋諸国でも、政治を執る人が文学に介入して世の害となり、有名な学者が政治の世界に入り人に笑われた例もある。また、我が国封建時代の諸藩で、老儒者

先生を重役に登用して何の成果も出さず、かえって藩士のために不都合を起こして、その先生もついに身を滅ぼしたものも多い。つまるところ、摂生法と治療法を混用した害というものだ。

③学問と政治とを分離することは国のために大切なものであるならば、私は、今の日本の政治から今の日本の学問を分離させることを願うものである。すなわち文部省および工部省直轄の学校を、これらの省から分離することだ。そもそも維新の初めはすべてのことが創業により、これは官が支配すべきこと、それは民間に属すべきことと、明確に分けることを論ずる者さえなく、新規の事業はすべて政府が行い、工業、商業の細部に至るまで政府が手を出す様相なので、学校が政府に属すべきことは無論で、まさしく文部省、工部省も学校を設立したのがいきさつだが、今は一六年間の政治が行われ、しだいに整頓される時期にあたり、内外の事情を参照し、欧米文明国の実情を参考にすると、日本において、政府が直接学校を開設して生徒を集め、行政の官省がそれを支配し、その官省の役人の立場の学者がこれを教授する状況は、外国の例にも甚だまれであり、今日の時勢にとってやや不都合である。

④もとより学問のことなので、行政官の学校で学ぶのも、またどこの学問所で学ぶのも同様であるようにみえるが、政治社会の実際においては、そうはいかないところがある。思うに国の政治は、前にも言ったように、今日のことに当たって臨機応変の対応をすべきもので、たとえば飢饉には救恤の備えをし、外敵には軍事力を用意し、紙幣価値が下落すれば金銀貨を求め、貿易の盛衰によって関税を上下するなど、俗諺でこれを言えば駆け引きの忙しいものであるので、もしも国の学校を行政の中に入れるとすると、その学風もまた、自らその駆け引きのために左右させられてしまう。駆け引きは日夜臨機応変で、政略上最も大切な部分なので、政治家の常に怠ることのできないことだが、学問は一日一夜の学問ではなく、容易に変化してはならない。

⑤もとより今の文部省の学制としても、決して政治に関係するわけではない。その学校の教則は私の見る

ところにおいて大きな異論はない。徳育を重んじ知育を貴び、その学術は大部分みな西洋文明を元として、体育医学の方法に至るまでも余すところないのは、美点というべきだけれども、どうだろう、その素晴らしい学制を施行する者が、行政官の官吏であるだけでなく、直接生徒に接し教授する者もまた官吏で、さらに学校教室の細かい事務と一般の気風は学則に記すべきものではないので、その気風精神が起こる源は、これを身近な行政によらざるを得ない。そしてその行政は、全体の性質から長年持続するものではない。また持続してよくないものであるので、政治の方針の変化に従って、学校の気風精神もまた変化せざるを得ない。学問の本質に背くものだといえる。

問い一　内容説明

通釈①からの問題。「之を譬へば…政治家は…、学者は…の如し」で、学問と政治の関係について、一国家を一人の身体と考えた場合、政治家は病の治療を行い、学者は常日頃の摂生法や養生法を指導する者にあたると述べている。「学問と政治」の関係を「別のことばに置きかえて」との指示に従い「…と…」の形で答える。

問い二　内容説明

通釈②からの問題。具体的な説明が求められていることに注意。「学問の効力」が「洪大なること」は「斯の如し」とあるが、これは傍線部前の、開国の初めの攘夷論の盛んなときに、洋学者が西洋諸国の事情を日本人に説明することで、日本は「鎖国攘夷病」の危機から脱したという具体例を指す。この内容を字数内でまとめる。「開国の養生法」を具体的に解答に反映させること。

問い三　理由説明

通釈③からの問題。政府が学校に介入することがなぜ「今日の時勢」において「不都合」といえるのか、筆者の論の根拠を説明する。傍線部の段落のはじめに「学問と政治と分離すること、国の為に果して大切なるもの」とあり、②の内容から政治と学問の混用が国の運営に問題を生じさせるためにその分離が必要だと考えていることに留意する。そして傍線二の五行前「抑も維新の初には…」以下の内容が「今日の時勢」にあたるので、明確に読み取る。

「維新の初」の時期は、内政のすべてを創業する都合上、新規の事業はすべて「官」が行い、学校・学問も政府の管轄の下に置かれることになっても仕方がなかった。しかし、それから一六年が経過して内政が次第に整備されてきたという「今日の時勢」から考えて、内外の事情、欧米の文明国と照らし合わせたときに、学問と政治が分離していないのは国として「時勢」に遅れをとっている状態であるといえる。これが筆者が「不都合」と考える理由であり、この両者を分離させるべきだとする主張が前提となっている。

問い四　**理由説明**

学校・学問を政治（行政）の下に置くことが「学問の本色に背くものと云ふ可し」といえるのはなぜか、理由を説明する。**通釈**④・⑤からの問題。

傍線三の二つ前の文以下で、行政は長年持続するものではないという性質をもつために、学問への政治（行政）の介入は問題だという主張が述べられている。その根底にあるのは、第四段落の末尾にある「学問は一日一夜の学問に非ず、容易に変易す可らざるなり」（＝学問は容易に変化してはいけない）という考え方であり、つまり学問の「本色」（＝本質）は、研究の目的や方針の持続性にあることになる。したがって、社会の変化に応じて政策が変わる政治とは性格が異なる。学問が政治の変化に従って変化せざるを得なくなるのは、その本質に反することであるとする筆者の現状批判を解答に盛り込むこと。

参考　福沢諭吉（一八三五〜一九〇一）は慶應義塾の創立者で、啓蒙と教育に尽力した人物。本文にみられる政治と教育の関係や道徳教育、学校経営のあり方、教科書の検討に至るまでその主張は多岐にわたっている。『学問之独立』は明治一六年（一八八三）に刊行された。

二〇〇八年度

二　次の文章を読んで後の問いに答えなさい。

さて御前(注)より木工《もく》(注)殿を召され、「領分の者共相認《したた》め候護符(注)を見よ。この通りなり」と仰せられ候へば、見候上にて、「定めてか様《よう》に御座あるべしと存じ奉り候。」「これをば如何取計らひ申すべきや」と御尋ね遊ばされ候へば、「少しも御心配遊ばされまじく候。これらの者共(注)は、どちらへもつき候者ゆえ、善き人が遣《つか》へばよくなり、悪人が遣へば悪しくなるものに御座候へば、慮《おもんぱか》るに足り申さず候。これらの者共は死罪にも申しつくべき程の不届《ふとどき》に候へども、か様の悪事致し候者共は、器量これなくては相成り申さず候故、その器量を遣ひ候へば、一廉《ひとかど》御用にも相立ち候ものに御座候間、御前へ直《す》ぐに召し出だされ、随分面を和らげ遊ばされ、『今度木工へ領分の政道の儀を申しつけ候へども、一人にては万事行届くまじく候間、其方共へ木工が相役申しつけ候間、木工が差図《さしず》を受けて、木工と肌を合せて、万事計らひ申すべき』旨仰せ渡され下さるべし」と申され候へば、君の仰せには、「それにては其方が害にはなるまじきや」と仰せられ候へば、「いや、少しも構《かまい》御座なく候」と申し上げ候へば、「其方が為にさへ悪しくなくんば兎《と》も角も」との仰せ故、木工は退出す。

即時に右の者共を御前へ召し呼ばれ、平日よりも面を和らげ、右の趣き仰せつけられ候へば、皆々「畏《かしこま》り奉り、有難き仕合せ」の旨御請《うけ》申し上げ、退出す。

皆々打寄り相談の上、「今日御前にて仰せつけられ候趣きは合点のゆかぬ事なり。只今《ただいま》までの手前共の悪事を、百姓共が護符に認め御前へ差し出し、その事顕《あらわ》れたれば、今日召し出だされ候は、恩田木工が願《ねがい》にて決定《けつじょう》、御叱《おしかり》と思ひの外なる御意を蒙《こうむ》り、何《いず》れも如何思《おぼ》し召され候や。この度木工が万事の取計らひを見るに、その仁政、なかなか常の人の及ぶ所にあらず。若し又、われわれ木工になり代り、手前共の身の上を裁断せば、死罪にも申しつくべき程の事なり。それを相役とは、思ひの外なる事ならずや。

よもや御前の思し召しにてはあるまじく候。定めて木工の働きなるべし。手前共の及ばぬところ、[a]心服すべき所なり。これより手前共も心底を改め、御前の御意の通り、木工と肌を合せて忠義を尽くさずんば、誠に身の破滅、先祖への不孝なり。然らば、これより直ぐに木工殿へ参り、[二]謝礼申すが本意なり。何れも如何思し召し候や」と言へば、皆々、「これは御尤《ごもっとも》千万。なるほど、貴公仰せの通り、只今までの我々心底を改め、実に木工殿の[b]羽翼となり、忠勤を尽くすべし」とて、皆々木工殿宅へ罷《まか》り越し、「先づ以て御大役御苦労千万。広大の御仁政、感心し奉り候。就中《なかんづく》、今日御前に於て、手前共貴公の御相役仰せつけられ、有難き仕合せ存じ奉り候。これ皆貴公の御取成し故と、千万忝《かたじけな》く存じ奉り候。御存知の通り[c]不調法者共の儀に御座候故、万端遠慮なく御差図なし下され候様に願ひ奉り候。これに依り、御礼旁《かたがた》参上仕り候」旨申し入れ候へば、木工殿挨拶《あいさつ》に、「此方より罷り越し、御頼み申すべき所、遮って(注)御出でに預り、御念入れられ候事、忝く存じ候。この上各の御助けに預り申さず候ひては、か様の大役、拙者一人にて中々相勤まり候事には御座なく候。万事拙者気のつき申さざる所は、遠慮なく御心添へられ下さるべく候。この段偏《ひとえ》に頼み入る」と申しければ、皆々、「畏り入り候。拙者共存じつき候ほどの事は何分にも気をつけ申すべく候間、貴公よりは御差図頼み入り候」と、[d]慇懃《いんぎん》に挨拶して立帰り、これより誠に木工殿の羽翼となりしかば、木工の世話なしに盗人はなくなりけり。その訳は、下役の者共、「この儀はか様になし下され候様に仕《つかまつ》りたし」と言へば、「いや、左様にはならぬ。只今までとは違ひ、万一木工殿知ると身の破滅となる。向後《きようこ》万事左様に相心得よ」と、その道筋を知りたる大将殿が、心底を改めて手下の者に誡《いまし》めをなす故、自然と盗みする事もならず、末々までの者、皆忠義第一として、正直を元として、御奉公大切に勤むる段、皆これ御前の御聖智、木工殿の仁徳よりぞ発《おこ》りける。有難き事ぞかし。

――『日暮硯』

(注)　御前　江戸時代中期、信州松代藩の藩主真田幸弘(一七四〇―一八一五)。

(注)　木工《もく》殿　松代藩の藩政改革をまかされた家老恩田木工(一七一七―一七六二)。

(注)　護符　領民が人の悪しき素行を暴露した書状。

（注）これらの者共　公金をかすめ取った不正な役人。

（注）遮って　わざわざ。さきだって。

問い一　傍線一「死罪にも申しつくべき程の不届《ふとどき》に候へども、か様の悪事致し候者共は、器量これなくては相成り申さず候故、その器量を遣ひ候へば、一廉《ひとかど》御用にも相立ち候」を現代語に訳しなさい。

問い二　傍線**a**「心服」、傍線**b**「羽翼」、傍線**c**「不調法」、傍線**d**「慇懃《いんぎん》」の意味を簡潔に書きなさい。

問い三　傍線二「謝礼申す」ことにした理由を簡潔に書きなさい（五〇字以内）。

問い四　この文章全体から、木工殿の人に対する見方及び対応のし方について、簡潔に述べなさい。

【解答・解説】

出典　『日暮硯《ひぐらしすずり》』

解答

問い一

死罪を申しつけても当然なほどの不届きをしておりますが、このような悪事を働きました者たちは、それだけの能力がなくてはできませんから、その能力を使いましたらば、立派にお役にも立ちます。

問い二

a―心から感じいって従うこと。　b―指示の通りに補佐する者。　c―間違いを犯すこと。

d―礼儀正しく丁寧にすること。

問い三

死罪になっても仕方がない状況にある自分たちが、木工の取り計らいで藩政へ参画できるようになったから。

（五〇字以内）

問い四

人は導き方で変わるものなので、有能な者は過去を問わず活用するという見方に立ち、自らへりくだって対応することで相手の心をつかみ、自然に自分の政策を浸透させている。

解説

通釈

①　さて藩公が木工殿《もくどの》を召され、「領民たちが差し出した訴状をみよ。このとおり（＝公金横領は事実のよう）だ」と仰せられると、（木工殿は）目を通して、「確かにこのとおりだろうと存じます。」「この訴えをどう処置したものか」とお尋ねなさるので、「少しもご心配はいりません。これらの（不正を行った）役人たちは、善悪いずれにも変わる者で、善人が（上司となって彼らを）使えば善人となり、悪人が使えば悪人となるものですから、気にするまでもありません。この者たちは死罪を命じるのが当然なほどの悪行を犯しておりますが、こういう悪事を働く者たちは、それ相応の能力がなくてはできませんから、その能力を活用すれば、立派にお役に立ちますものでございますので、ただちに殿の前にお召しになり、極力穏やかなお顔で対応されて、『このたび木工に領内の政治改革を命じたが、一人では何事も不十分だろうから、お前たちに木工と同じ（＝藩政改革の）役を命じるので、木工の指示を受け、木工と一体となって、万事を処理するように』ということをお言いつけください」と申されますと、殿が仰せられるに「それではお前の邪魔になりはしまいか」とおっしゃいますので、「いいえ、少しも差し支えございません」と申し上げますと、「お前のために悪くさえなければそうしよう」との仰せなので、木工殿は退出した。

②　（藩公は）ただちにその者たちを御前に呼び出され、平生よりも穏やかな顔で、木工の進言どおりに言い渡されますと、全員「恐れ多いことで、ありがたく存じます」とお受け申し上げ、退出する。

③　（この者たちが）皆集まって相談するには、「今日御前で言い渡されましたことは合点のゆかないことだ。これまでの我々の悪事を、農民たちが訴状にして殿に差し出し、事実が露見したからには、今日のお呼び出しは、恩田木工の願い出によって必ず、お叱りがあるものと思ったのに案外のお役を受けたことを、皆

はどう思われますか。このたび木工の仕事ぶり全般をみると、その善政は、とても普通の者の及ぶところではない。もしまた、我々が木工の立場で、我々のことを裁くとすれば、死罪も申しつけられるほどの悪事である。それなのに木工と同役というのは、考えられないことではないか。まさか殿のお考えではありますまい。きっと木工の計らいだろう。我々の及びもつかぬことで、感服のほかはない。以後は我々も心を入れ替え、殿のお言葉どおり、木工と一体となって誠心誠意働かなくては、本当に身の破滅であり、先祖にも不孝となる。それゆえ、今すぐに木工殿のところに参上して、お礼を申すのが当然だ。皆さんはどう思われますか」というと、全員、「それは実にもっともなことだ。なるほど、あなたがいわれるとおり、我々はこれまでと心を入れ替えて、真実に木工殿の手足となり、真面目に仕事に励もう」と、皆で木工殿の屋敷に参上し、「このたびの大役ご苦労に存じます。立派なご仁政に、感服申しております。なかでも、本日殿の御前で、私どももあなたのご同役を命じられ、ありがたいことに存じます。これも皆あなたのお口添えのお陰と、たいそうありがたく存じます。ご承知のように不行き届きの者でございますから、何事も遠慮なくご指示くださるようお願いします。このことで、お礼かたがた参上いたしました」と申し入れますと、木工殿の返事には、「当方からお訪ねして、お願いするべきところを、先立ってお出でくださり、丁寧なお言葉で、ありがたく存じます。以後は皆さんのご助力がなくては、この大役が、私一人では到底勤まるものではありません。何事も私の気づかない点は、遠慮なく注意してください。このことを心からお願いする」とあったので、皆々、「承知いたしました。私たちで考えつきます範囲のことは何でも気をつけますから、あなたからもご指示をお願いします」と、丁寧に挨拶して帰り、それ以来、本当に木工殿の忠実な協力者となったので、木工の手を煩わすまでもなく公金の横領はなくなった。その実情は、配下の役人たちが、「(これまでどおり)この件はこうしていただきましょう」というと、「いや、それはできない。これまでとは違って、万一木工殿がこれを知ると(私は)身の破滅だ。以後はすべてそのように承知せよ」と、不正の手段を熟知した親分の方が、心を入れ替えて子分を戒めるので、自然と悪事もできなくなり、（今では）末端の役人まで、皆忠義を第一とし、正直を基本として、職務第一に勤めているのは、すべて殿の英知と、木工殿の寛容が元となっている。ありがたいことである。

問い一　現代語訳

本文は近世の文章である。丁寧語「候」の訳出に注意して現代語訳すること。

「器量これなくては相成り」の解釈に注意し、〈能力がなくては悪事はできないので、その能力を使いましたら役に立ちます〉という木工殿の考え方を把握する。

問い三　理由説明

傍線二を含む段落で、かつて悪事を行った者たちの会話部分の流れを押さえる。

木工殿の「仁政」「働き」、つまり取り計らいで、死罪となってもおかしくない自分たちの悪事が指摘されず、なおかつ藩政改革に参加するよう申しつけられたことは、呼び出された者たちにとって「謝礼」すべきことである。「簡潔に」とあるが、以上の内容を盛り込んでも五〇字なら余裕をもって整えられるだろう。

問い四　内容説明

木工殿の「人に対する見方」「対応のし方」の二点を盛り込む必要があるので、「…という見方で／から、…という対応をした」との展開でまとめるとよい。

人に対する見方としては、上に立って使う者しだいで相手の善悪はどちらにも変わること、過去に悪行を行った者でも、悪行をなすにはそれ相応の能力があると捉え、能力があれば使えばよいと考えている点が挙げられる。

対応としては、自分の下役になるかつて悪行を行った者に対し、非常にへりくだって能力や人物を尊重する態度をとることで相手の心をつかみ、能力を引き出すことに成功している。これら二点をまとめる。

なお、「文章全体から」述べよとの設問の条件に応えることを意識すると、解答の完成度が上がる。〔解答〕では、木工殿がこの対応の結果として、忠義を第一として不正を行わないように、との意思を藩全体に浸透させていることをあわせて指摘している。

参考　『日暮硯』は江戸時代中期に信州松代藩家老恩田木工が、甚だしく窮乏した藩財政の再建を任され、身を挺してその改革に当たった事績をまとめた説話。成立年代、作者ともはっきりしない。

二〇〇七年度

二　次の文章を読んで後の問いに答えなさい。

冷は氷よりも冷なるはなく、熱は火よりも熱なるはなし。しかれども、氷にあらずして冷やかなるものあり、火にあらずして熱きものあり。苟くも冷やかなるものみな氷なり、苟くも熱きものみな火なりと言ふは、その誤れるや明白なり。湯にしてやや冷を帯ぶものを見、これを指して水なりと曰ひ、水にして少しく熱を含むものを見、これを指して湯なりと曰ふ。ここにおいて一庸俗の徒は甚だ惑ふ。湯の微熱なるものと水の微冷なるものとはほとんど相近し。しかれども水は則ち水たり、湯は則ち湯たり。これを混同するはその始めを極めざるが故のみ。

政治上の論派を区別するもまたこれに似たるものあり。民権を主張するもの豈にことごとく共和論派ならんや。王権を弁護するもの豈にことごとく専制論派ならんや。ただその論拠の如何を顧みるのみ。仏国大革命の後に当り、政論の分派雑然として生ず。当時かのシャトーブリヤン氏とロワイエコロラル氏とはほとんどその論派を同じくし、世評は往々これを誤れり。しかれども甲は保守派中の進歩論者にして、乙は進歩派中の保守論者たり。何となればその論拠において異なる所あればなり。この故に政論の種類を知りその異同を弁ぜんと欲せば、まず政論の沿革変遷を通覧せざるべからず。徒《いたず》らにその名称を見てその実相を察せざるときは、錯乱雑駁《ざつぱく》なる今日の政界において二誤謬《ごびゅう》に陥らざることほとんど希《まれ》なり。

名実の相ひ合せざるや久し、風節(注)の衰ふるまた一日にあらず。儒名にして墨行、(注)三僧名にして俗行、自由主義を唱道してしかして密《ひそか》に権略を事とするものあり。進歩主義を仮装してしかして陰に功利を貪《むさぼ》るものあり。理宜しく永久平和を唱ふべき者また国防論を草するあり。理宜しく一切放任を望むべき者敢へて官金を受くるあり。名目の恃《たの》むに足らざるやかくの如し。この時に当りて良民それ何《いず》くにか適従すべき。思ふにその岐路に迷ふものすこぶる多からん。店に羊頭を掛けてその肉を売らんと言ふものあり。客入りてこれを需《もと》むればこれに狗肉《くにく》を与ふ。知らざる者は見て羊肉となししかして怪しまず。世間政論を業とするものこれに類すること多し。

——陸《くが》羯南《かつなん》『近時政論考』

（注）風節　風格気節。態度と心構えのこと。

（注）墨　墨子のこと。

問い一　傍線一「庸俗の徒」をわかりやすく言いかえなさい。

問い二　傍線二「誤謬に陥らざることほとんど希なり」とあるがなぜなのか、この段落の内容をふまえて述べなさい（三〇字以内）。

問い三　傍線三「僧名にして俗行」を説明しなさい。

問い四　傍線四「政論を業とするものこれに類すること多し」とあるが、どういうことなのか、述べなさい（五〇字以内）。

【解答・解説】

出典　陸羯南『近時政論考』〈緒論〉

解答

問い一　平凡で一般的な人々。

問い二　政論の成立過程から内実を理解せずに、名称だけで判断するから。（三〇字以内）

問い三　僧の名を名乗りながら、俗人と同じ行動をすること。

問い四　政論家の中に立派な主義主張を掲げながら、実際は自己の利益を追い求め民衆を欺く者が多いということ。（五〇字以内）

解説

通釈

① 冷たさでは氷より冷たいものはなく、熱さでは火より熱いものはない。しかし、氷以外にも冷たいものがあり、火以外にも熱いものがある。もし冷たいものはすべて氷であり、熱いものはすべて火であるとい

うならば、その誤りは明白である。湯のやや温度の低いものを見て、これを指して、これは水だといい、水のやや温度の高いものを見て、これを指して、これは湯だという。このような場合凡俗の衆人は（その言い方に）ひどく混乱するのである。湯のあまり熱くないものと水のあまり冷たくないものとはほとんど似たようなものである。しかし水は水であり、湯は湯である。これを混同するのはその由来を追究しないからである。

② 政治における論議の流派を区別するのもまたこれと似た点がある。人民の権利を主張する者がどうしてすべて共和主義者であろうか。国王の権利を擁護する者がどうしてすべて専制主義者であろうか。（それを区別するには）ただそれぞれの論拠がどこにあるかを考えるだけだ。フランス革命の後、政治的主張の分派が分裂して生じた。その当時シャトーブリヤン氏とロワイエコロラル氏とはその主張がほとんど同じであったために、世間の論評はしばしば両者の立場を誤解した。しかしその一方は保守派中の進歩主義者であり、他方は進歩派中の保守主義者である。なぜならば彼らの議論はその根拠が違っていたからである。こういうわけで、政治的主張の種類を理解しそれらの違いを判断しようと思うならば、まず政治的主張の推移と変化の全体の動きを見ないわけにはいかない。ただその名称だけを聞いてその実態が見抜けないと、様々な流派が錯綜した現在の政界において、誤った見方に陥らないことはまず不可能である。

③ （わが国の政治を論じる人々の）名目と実質とが一致しないのはずっと以前からのことであり、態度と心構えが堕落したのもまた最近のことではない。（世間に）名目は儒家で行動は墨家、名目は僧侶で行動は俗人（などの場合があるように）、自由主義を唱えながらその陰で権謀術数をもっぱらにする者がある。進歩主義のみせかけの裏で功名利益に貪欲な者がある。道理上永久の平和を主張するのが当然の者で軍備国防の議論を表明する者がある。道理上すべてに自由放任を要求するのが当然の者で平然と政府の資金援助を受ける者がある。（表面上の）名目が信用できない実情はこの通りである。この（混乱の）中で一般

人民は何に従ったらよいだろうか。その選択に迷う者はきわめて多いことであろう。（ここに）店頭に羊の頭を掲げてその（＝羊の）肉を売ろうという者がある。（しかし）客が来てそれを買おうとすれば犬の肉を売りつける。事情を知らない者は羊の肉と思い込んで怪しまない。今世間の職業的政論家にはこの（羊頭狗肉の）類が多いのである。

問い一　語句の意味

「庸俗」は普段見かけない語句だが、「凡庸」「俗人」などの熟語からイメージする。「庸俗」という語句自体は漢文や近代文語文に見られる語で、〝普通の、平凡な俗人〟の意味。漱石の『吾輩は猫である』に「普通と云ふと結構な様だが、普通の極平凡の堂に上り、庸俗の室に入つたのは寧ろ憫然の至りだ」との使用例がある。

問い二　理由説明

「誤謬に陥らざることほとんど希なり」は漢文訓読の二重否定の表現で〝誤りに陥らないことはめったにない＝誤りにまず間違いなく陥る〟の意。傍線二を含む段落の内容を踏まえてその理由を説明する。

この段落では「保守派中の進歩論者」と「進歩派中の保守論者」の例を挙げて、政治上の論派が細かく分派してしまい、それぞれの言論の実態は政論ごとの移り変わりの変化の過程を確認しなければ理解できず、その名称で理解しようとすると「誤謬に陥」る、つまり実態が見極められなくなってしまうと述べられている。ここから、政論の成立から現在に至る変遷を見渡して内容を理解せずに、その名称で判断するから誤るという論理展開を盛り込んで説明する。

問い三　内容説明

傍線三直前の儒家と墨家の関係と同様に、段落冒頭の「名実の相ひ合せざるや久し」の一例で、〈僧の名（出家して仏道修行を行う立場）において実質的には俗人の行いをする〉の意。

問い四　内容説明

「これに類する」が指す内容を読み取ると、傍線四直前の「羊頭狗肉」の行いをする者のこととわかる。「羊頭をかかげて狗肉を売る」（羊頭狗肉）はよく知られた成語であり押さえておきたい。「政論を業とする」者（政治家や言論人）が見せかけ上は立派な主張を行う一方で、裏では功利的に振る舞って内容が伴わないことが多いことを説明すればよい。内実を知らない者は「狗肉」、つまり犬の肉を店の者に言われるままに羊の肉だとして疑わないとあるので、これを政論家の場合に当てはめ、彼らの多くが理想的で立派な主張によって民衆をだまし、現実には自己の利益をはかっているという、「羊頭」と「狗肉」に該当する両者の説明を解答に盛り込む。

参考 陸羯南（一八五七〜一九〇七）は明治時代の新聞記者、政論家。新聞『日本』を創刊し社長兼主筆として新聞界の重鎮となった。その主張は民主主義とナショナリズムの結合を意図し、言論の自由のために活躍した。

二〇〇六年度

二

次の文章を読んで後の問いに答えなさい。

『東洋自由新聞』、『自由新聞』、今この『自由新聞』、自由の二字を冠むりたる新聞これまでに三箇生出せり。(注) 新聞は紙なり。『自由新聞』を発行するには皮肉(注)ある自由なかるべからず。皮肉ある自由とは人なり。即ち智慧《ちえ》ある、感覚ある、甘脆《かんぜい》(注)を嗜《この》む、軽煖《けいだん》(注)を好む、大廈《たいか》高楼(注)を喜ぶ、境遇を造作する、境遇に支配せらるる、至《いたつ》て強きかと思へば至て脆《もろ》き、弱点と号する無形の気孔にて充たされたる、一言すれば神と悪魔とより愛せられて常々これが玩弄物《がんろう》となる、一種不可思議の動物なり。彼《か》れそれ自由を喜びて乃ち自己の総《すべ》ての発達を喜ぶと同時に、ややもすれば他人の自由を害し他人の発達を害す。

彼れ心ありて善く思ひ、口ありて善く言ひ、腕ありて善く書き、自ら迷ふに由《よ》つてもしくは他人を迷はさんと欲して、ここに即ち是を非とし非を是とし、自由の二字を把《と》り来りその意義を去りて文字だけの物となし、この二字に冠むらすに極て不適当なる題字を以てし、この題字もて自由の意義を破滅し、しかる後天下に呼号して曰く、我らもまた自由主義を貴ぶ者なりと。主義的幻戯師なるかな。彼らが冠むらしたる題字は、早すでに自由の意義を破滅し去れり。残る所は題字のみなり。その題字は何といふか、国家、……国家とは音調佳《よ》き語なり、希臘羅馬《ギリシヤローマ》以来その音響瀏亮《りゆうりよう》(注)たり。

斯抜答《スパルタ》国中国家の声音殷々《いんいん》(注)たりし、国家の元素たる個人これがために犠牲となりし。羅馬国中国家の声音殷々たりし、国家の元素たる個人これがために犠牲となりし。国家の声音、中古まで響き来りて個人の声音為《た》めに百雷中の虫声にだも値せざりし。英吉利《イギリス》人先《ま》づ奮発して個人の声音始て発越し、仏蘭西《フランス》人次に奮発して個人の声音益々《ますます》発越し、爾来《じらい》欧州大陸諸国においても個人の多数は常に自己の声音を発越せんと務めたり。墺地利《オーストリア》の国家的宰相メテルニッキが国難を避けて英国に出走したるは、激発したる個人の声音に吹飛ばされての事なり。喧躁《けんそう》、讙譁《かんか》(注)、叫囂《きようごう》(注)、吶喊《とつかん》(注)、麺包《パン》と呼び米と呼び憲法と呼び革命と呼ぶ、忌まはしき畏《おそ》ろしき、筆にするさへ不祥なる、血の迸《ほと》ばしる声、肉の飛ぶ音は、皆国家てふ過大の声音の反響なりと知らずや。

二 歴史もし功なくんば、実跡もし力なくんば、瞑目《めいもく》澄坐して想像の一能に依頼せよ。人なくして国あるを得べきか。英人をなくして英国をあらし、仏人をなくして仏国をあらし、独人をなくして独国をあらす、彼らの想像は能ふか、吾人の想像は能はず。国をなくして人をあらす、諸国境上の標木を取去るも諸国人民これがために一時に消滅すべしとは、吾人は想像せず、彼らは想像するか。

政治学者に誤られたる政治家ほど、人を殺すものはあらず。

極端と極端とを並べて見せる、頑人の夢を覚ます唯この一法あるのみ。

三 彼ら満面得々然としていはん、政府の設け、兵馬の蓄へ、鉄道の布設、官立学校、皆これ国家的の表発にあらずや。国家的にあらざれば国家は保つべからずと。少《すこし》く考へよ、躁《さわ》ぐことなかれ。割出すものと割出されたるものと、誠に実に少しの区別あり、少しなれども区別は区別なり。

割出すものこれ個人、割出されたるものこれ国家、政府の設けは個人を安んずるがためなり。兵馬の設けは個人を護《まも》るがためなり。鉄道の布設は個人を運ぶがためなり。官立学校は個人を教ゆるがためなり。

目的と手段と、貴君これを知れりや、大兄これを省せりや。個人これ目的なり、国家これ手段なり。国の中には人実に元素たり、世界の中には国実に元素たり。

——中江兆民「国家の夢、個人の鐘」

（注）三箇生出せり　『自由新聞』には一八八二年六月創刊の第一次と、一八九〇年一〇月創刊の第二次とがある。

（注）皮肉　皮と肉。ここでは、内実。

（注）甘脆　食物の美味でやわらかいこと。

（注）軽煖　衣服の軽く暖かいこと。

（注）大廈高楼　大きく高い建物。

（注）瀏亮　音の明るく清らかなこと。

（注）殷々　音のとどろきわたること。
（注）譊譊　騒々しいこと。
（注）叫囂　やかましく叫ぶこと。
（注）吶喊　大声で叫ぶこと。

問い一　第一段落において、著者は自由と人との関係をどのようにとらえているのか、答えなさい（三〇字以内）。

問い二　傍線一「この題字もて自由の意義を破滅し」とあるが、これについて、

イ　「題字」とは何を指すのか

ロ　この傍線部で何を述べているのか

それぞれ答えなさい。

問い三　傍線二「歴史」とはどういう歴史なのか、直前の段落の内容をふまえて答えなさい（三〇字以内）。

問い四　傍線三「彼ら」が指すものと同内容のものを文中から三カ所抜き出しなさい。

問い五　筆者の考える国家と個人との関係について、簡潔に述べなさい（三〇字以内）。

【解答・解説】

出典　中江兆民「国家の夢、個人の鐘」

解答

問い一

人が自由を追求することで、他者の自由を侵害するという関係。（三〇字以内）

問い二

イ―国家　ロ―国家が自由を主義としながら、個人の自由を侵害するということ。

問い三

国家の個人への抑圧から、個人の主張が国家を動かす変遷の歴史。（三〇字以内）

問い四

主義的幻戯師・政治学者に誤られたる政治家・頑人

問い五

個人の自由という目的を実現するための手段として国家がある。（三〇字以内）

解説

通釈

①『東洋自由新聞』、『自由新聞』、そしてこの第二次『自由新聞』と、自由の二字を冠した新聞をこれまで

三紙出した。新聞はただの紙にすぎない。（したがって）『自由新聞』を発行するには、内実のある自由がなければならない。内実のある自由とは人間である。すなわち知恵があり、感覚を備え、美味でやわらかい食事を求め、軽く暖かな衣服を好み、大きく高い建物を喜び、環境を作り、環境に支配され、極めて強いかと思えば極めて弱く、弱点という形のない穴だらけの、一言でいえば神と悪魔の双方から可愛がられて、いつもその愛玩物になっている、一種の不思議な生き物である。この人間は自由を愛し、そして自己の心身のすべての発達を望むと同時に、どうかすると他人の自由を妨げ、他人の発達を邪魔する。

② 人間は思考能力を備えているのでよく考え、言語能力を備えているのでよく発言し、文章表現能力を備えているのでよく書き、（そのためかえって）自分が迷うことによって、あるいは他人を迷わせようとして、それで良いことを悪い、悪いことを良いといって（ごまかし、ある者は）、自由という二字を取り上げて、その真の意味を捨て去って形だけを残し、この自由という二字に全くふさわしくない題目を被せて、この題目によって自由の真の意味を破壊し、その後に天下に対して、「我々もまた自由主義を尊重する者だ」という。（こういった者たちは）自由主義を惑わす者だ。彼らが被せた題目は、いち早く自由の真の意味を破壊し尽くした。後に残ったのは題目だけである。その題目とは何であるか、それは「国家」。……国家とは口調のよい語であり、ギリシャ・ローマの昔からその語感は明るく清らかな響きをもっている。

③ スパルタの国中に国家という音声がとどろき渡ると、国家の基本要素である個人はその犠牲となった。ローマの国中に国家という音声がとどろき渡ると、（同じように）国家の基本要素である個人はその犠牲となった。国家という音声は、中古まで（継続して）響き渡り、個人の音声は、そのために激しい雷鳴中の虫の声にも及ばなかった（それほど個人の音声は小さいものであった）。（その後）英国人がまず奮起して、個人の音声をはじめて外へ発し、フランス人が次に奮起して、個人の音声をますます外へと発して、それ以来ヨーロッパ大陸の国々においても、多くの個人が常に世間に自分の音声を発散させようと努力し

た。オーストリア国家の指導者、宰相メッテルニヒが国内の争乱を避けて英国に亡命したのは、激化した個人の音声によって追い払われたのである。(自由を求める者の)喧噪、騒乱、怒号、絶叫は、パンや米を要求し、憲法制定や革命を要求する、忌まわしくも恐ろしい、文字にするだけでも不吉な、血の噴き出す音や肉のちぎれ飛ぶ音は、すべて国家という過大な音(＝権力)の反動だと知るべきである。

④(国家と個人の関係について)歴史に学ぶことなく、事実に教えられることがないならば、目を閉じて静かに座って想像力を働かせよ。人間がいなくて国家があり得るか、英国人がいなくて英国を存在させ、フランス人がいなくてフランス国を存在させ、ドイツ人がいなくてドイツ国を存在させる、そんなことを彼ら(＝国家主義者)は想像できるというのか、(民権論者の)私には想像できない。(逆に)国家がなくて人民を存在させるなら、国境の標示を取り払った瞬間に諸国の人民が一斉に消滅するとは、私には想像できないが、彼ら(＝国家主義者)は想像するのか。

⑤政治学者に誤った思想を吹き込まれた政治家ほど、(自由を抑圧し)人民を死に駆り立てる者はない。

⑥(私の論法は、相反する)極端と極端とを並べてみせる極論ではあるが、頑迷な人々を覚醒させるには、この方法しかないのである。

⑦彼ら(＝国家主義者)は得意顔で「政府機関、軍備、鉄道敷設、官立学校などは、すべて国家の事業ではないか。国家本位でなければ国家の存立はない」というであろう。(しかし)少し考えてみよ。動揺してはいけない。作り出すものと作り出されたものには、その実態に多少の相違があり、多少とはいえ相違は相違なのである。

⑧作り出すものとして存在するのは個人であり、作り出されたものとして現れるのは国家である。政府の設置は個人の安全のためである。軍備は個人の身を守るためである。鉄道敷設は個人を運ぶためである。官立学校は個人を教育するためである。

⑨ 目的と手段の違いを、みなさんは正しく理解しているか、あなたは深く考えたことがあるか。個人は目的であり、国家は手段である。国家においては、個人が基本的要素として存在しているのであり、世界の構成要素として国家は存在しているだけなのである。

問い一 内容説明

筆者は「自由と人との関係」について、第一段落で、まず内実ある自由とは人間の自由のことであり、続けて、人間は強い面と弱い面の両面を備えているから、「自由を喜び」同時に他人の自由を害すると述べている。以上より、人間は自由を喜び、自己のそれを内実あるものにしようと追求するが、そのことで他人の自由を侵害することになるという関係を説明する。

問い二 内容説明

イ　傍線一の後に「その題字は何といふか、国家」とあることから、「国家」が該当するとわかる。

ロ　イより、傍線一は〈国家が自由の意義を破滅し〉となる。傍線一のすぐ後で「我らもまた自由主義を貴ぶ者なりと」いうとある。「自由」とは、問い一より人間の自由のことであるから、ここでは自由主義を標榜する国家が、実際には個人の自由を上回り侵害していると説明されている。

なお、この問題は単純な内容説明ではなく「この傍線部で何を述べているのか」という問いなので、この文章が筆者の主張のうちどの部分を強調しているかという点に気を配りたい。ここでの文脈は自由主義を標榜する国家への批判である。これを踏まえて、〈解答〉では「国家が自由を主義としながら」という逆接の表現を盛り込み、兆民が国家の何を批判しているかを反映させている。

問い三 内容説明

傍線二直前の段落に基づいてまとめる。古代ギリシャの都市国家スパルタや貴族共和政から帝政に続くローマなど、古代の個人は国家中心の考え方の犠牲となってきた。その後、まずはイギリスの名誉革命で、続いてフランス革命で絶対王政国家に対する個人の声が高まり、その後もヨーロッパ諸国で国民の声が「国家てふ過大の声音の反響」として、つまり国家権力の過剰な圧力への反発として国家に立ち向かい、国家を動かすようになってきているという、古代から近代にいたるまでの歴史が説明されている。

問い四　箇所指摘

ここでの「彼ら」は傍線三直後の、国家が国民のために様々なものを準備し提供するのだから、個人の自由を上回って国家的でなければ国家そのものが保てないという主張を得意げにする人々のことで、これは傍線三の前にあるとおり、政治学者に誤りを教えられた「政治家」の主張である。この「頑人」の夢を覚ますのが「極端と極端とを並べ」る言葉だとある。もう一箇所は第二段落にある、国家を自由より優先させた上で「我らもまた自由主義を貴ぶ者なり」と主張する「主義的幻戯師」である。

問い五　内容説明

最後の二段落に国家と個人の関係がまとめられている。特に、最終段落に「個人これ目的なり、国家これ手段なり」と簡潔な文章があり、個人の生活のために国家があり、個人が存在するための手段が国家であると読み取れる。しかし、それを述べるだけでは不十分である。この文章全体で個人の自由の重要性が説明されていることに留意し、個人の存在の尊重、すなわち個人の自由が尊重され達成されるための手段が国家であるという説明をした方が、文章全体の強調点を損なうことなくまとめたことになるだろう。なお、これはルソーの社会契約説の基本思想であり、兆民の自由民権論の根拠である。

参考　中江兆民（一八四七〜一九〇一）は明治時代の思想家、哲学者。『東洋自由新聞』の主筆、『自由新聞』の社説担当として自由民権論を説いた。問題文は明治二三年（一八九〇）から発行された『自由新聞』（第二次）の第一号に掲載された論説。

二〇〇五年度

二

次の文章を読んで後の問いに答えよ。

七娘記《しちじょうき》(注)は八百屋お七(注)の事件についての論評である。事は天和《てんな》(注)年中の江戸に係《かかわ》るが、伝ヘ聞ク者今ニ至リテしかじかとあれば、也有《やゆう》の当時にもうわさにのぼっていたらしい。あるいはいう。放火の犯は多く盗賊か怨恨《えんこん》か、その災は他人におよぶから法きびしく刑が重い、七娘ノ事一旦ノ情欲ニ出ヅ、況ヤ少女ノ謀拙ニシテ且迂《う》(注)ナリ、故ニ災ノ大ニ至ラザルノミ、他日智ノ長ズルニ及ビテ前事ヲ憶《おも》ハバ、則自己モ亦慚悔《ざんかい》スベキノミ、官姑《しばら》ク狂トナシテ、コレヲ親族ニ託シテ、禁錮《きんこ》スレバ可ナラン、俄ニ刑戮《けいりく》ニ行フハ恐ラクハ無状(注)ニ似ルカと。あるいはまたこれを非としていう。むかし一僧あり、国禁を犯して河に魚をあさる、役人これを捕えて牢《ろう》に入れる、僧のいうことに、刑を受けるは恨まない、ただ釣った魚は放しても生きかえるまい、願わくは家なる母にこれを給わるなら死んでもよいと申す、そのわけを問えば、われに老母あり、長わずらいにて魚がなくてはものがのどに通らぬ、家まずしければ魚屋に借もつづかぬ、つい手が出たとあったのに、役人が家を調べるとその言のごとし、コレヲ朝(注)ニ達ス、衆議云、本原孝ニ出ヅ、則憐《あわ》レムベシ、犯アリト雖誅《ちゅう》スベカラズ、卒《つい》ニ刑ヲ免ルとやら、このことは物の本に見えている、今七娘ノ挙ハソノ本淫《いん》奔《ぽん》ニ出ヅ、則善悪相反セリ、ソレ賞罰ハタダ一人ノタメニ備フルトコロニ非ズ、万民ノ勧懲ナリ、曷《なん》ゾ一小婦ヲ愛シテ大法ヲ忽《ゆるが》セニナサンヤ、死刑最モ当レリトナスと。

七娘記の文はこれだけである。也有は右の二説をならべて掲げていずれとも是非をいわない。判断を読むものにまかせて、こころにくい仕打のようである。動機が善にしても悪にしても、火を放てば町じゅうの災難、河の魚たかが一匹二匹といっしょにならないことは知れていよう。その軽重は問うまでもあるまい。設問の意は恋の情をおもいやるか、厳法をもって秩序を守るかというところに係っている。これは余人に聞くことはない。まず当人の也有にこそ意見をたずねたいものである。半掃庵《はんそうあん》(注)の俳諧師《はいかいし》はもと藩の参政(注)であった。ただ尋常の参政ならば秩序を守ることに急にして、死をもって断じないまでも、おそらく恋の情をかえりみることはしないだろう。ここに恋を出したのは二俳諧師のしわざである。鶉衣《うずらごろも》(注)の旅論に「誠に花鳥月雪はうちあるさまにもありぬべし。恋と旅とに深き哀《あわれ》はしるならひを」しかじかという。また恋説には「恋は道ならぬ道もあれば、ふみ迷ふさの舟ばし親もさけて、三あだし心はいさ神とてもいさめずやはあらむ。さてしも世にたへぬすさびにて、身にこそ人のいましむべけれ。そのくまぐまは尋《たずね》わけてぞ物の哀もしる端なるべきを」とあり、さらに「いでや恋といひ旅といふ。旅はかたちを労じて情は後なるべく、恋は情を先にして哀は姿に品をわかてば、内外いささか先後のたがひもあらむか。さらば句案の上にも其心あらざらむや」と句づくりの心得にもおよぶ。世に絶えぬ恋のあわれ、おもいつめたお七の一念、そのくまぐまをおもいやれないようでは、ごぞんじの俳諧師といえた義理でない。すでに也有は居ながらにして旅のあわれを知る「千里の旅客」(注)である。恋のあわれについてもよく千里のさきを読む四わけしりの幽人(注)でありえた。そういっても、恋の諸分《しょわけ》(注)に深入りして、秩序のほうをすっぽかしにできるかどうか。前述のごとく半掃庵の生活は藩の秩序の中に入子《いれこ》になったかたちである。そこに「あけくれの自由」をこそえたにしても、門を出ない「旅客」はまた秩序の垣を越えられまい。藩の側から見れば、隠棲《いんせい》のあるじはただの俳諧師ではなくて、依然として前参政だろう。お七一件につき示された寛厳二説のあと、断のことばはなにともきこえない。すなわち、しめくくりは見放されたままである。けだし、世をみずにくらす(暮水)(注)所以か。五也有が方の外にあそぶ(注)ためには、いよいよ堅く門をとざして、孤独の奥に入りこむほかなかったようである。

——石川　淳『江戸文学掌記』

(注)　七娘記　横井也有《やゆう》の著作。

(注)　八百屋お七　江戸時代に、火災で寺に避難した際、寺小姓に恋心を抱き、再び火事になれば再会できるものと思い込み、放火を犯した女性。

(注)　天和年中　一六八一―一六八四。

（注）迂　まわり道。
（注）無状　無情に同じ。
（注）朝　朝廷。
（注）半掃庵　横井也有の雅号。
（注）参政　藩政を審議する重役職。
（注）鶉衣　横井也有の俳文書。
（注）千里の旅客　風流心を求め続ける人。
（注）幽人　浮世ばなれをして暮らしている人。
（注）諸分　こみいった事情。
（注）暮水　横井也有の雅号。
（注）方の外　「方外」に同じ。俗世間から離れた世界。

問い一　傍線**一**「右の二説」をそれぞれ理由を記して簡潔に指摘せよ(各五〇字以内)。

問い二　傍線**二**「俳諧師」とはどういう存在であると筆者は考えているのか、自分の言葉で簡潔に答えよ(一五字以内)。

問い三　傍線**三**「あだし心」、傍線**四**「わけしり」の意味をそれぞれの文脈に即して簡潔に答えよ(各一五字以内)。

問い四　傍線**五**「也有が方の外にあそぶためには、いよいよ堅く門をとざして、孤独の奥に入りこむほかなかったようである」とあるが、どうしてそう考えたのか、筆者の論理にしたがって記せ(五〇字以内)。

【解答・解説】

出典 石川淳『江戸文学掌記』〈横井也有〉(講談社文芸文庫)

解答

問い一

・お七の放火は、少女の情欲による一時的迷いがさせた犯行で、今後改心も期待できるので死刑は重いとする説。(五〇字以内)

・法律は秩序を守るために全ての人に対し公平・厳格に適用すべきものなので、放火の罪で死刑は当然とする説。(五〇字以内)

問い二

恋の情趣を十分に理解した存在。(一五字以内)

問い三

三―道に外れた浮ついた恋心。(一五字以内)　四―恋愛の事情をよくわきまえた人。(一五字以内)

問い四

俳諧師として隠棲した後も、秩序を守る側にあった人間として立場を考えた言動が必要だったと思われるから。(五〇字以内)

解説

通釈

◆『七娘記』『鶉衣』の引用部分

Ⅰ　本文3～5行目

お七の事件は（計画的なものでなく）一時の色情から起こしたものである。まして（無知な）少女の企ては無謀な上に見当外れであった。そのため（放火の）災いが大事に至らなかっただけである。将来（お七が）世間的な知恵を身につけてから過去の事件のことを考えるならば、彼女自身もまた（自分の行為を）恥じて後悔するに違いない。役人は一応（お七を）狂人と見なして、親族に預け、監禁すれば十分であろう。直ちに死刑に処するのは無情なやり方となる恐れがあるのではないか。

Ⅱ　本文8～9行目

この件を朝廷に届け出た。（関係者の）合議の結論は、「（事件の）動機は孝心から発している。したがって同情すべき点がある。罪を犯したとはいえ死刑にすべきではない」とした。その結果（僧侶は）刑罰を免れた。

Ⅲ　本文9～11行目

今回のお七の行為はその原因がふしだらな欲望から来ている。したがって（僧侶の場合とは）動機の善悪が相反している。そもそも賞罰（の規定）は一個人のために設けたものではない。すべての人民に対して善を勧め悪を懲らしめるためのものである。どうして一人の小娘に情をかけて大切な法を軽んじてよかろうか（いや、軽んじてはいけない）。死刑が最も適切な判決である。

Ⅳ　本文17～18行目

「実際に花鳥月雪（などの自然の風物）はあるがままの姿を味わえばよいであろう。（それと違って、人間の営みである）恋と旅においてこそ深い情趣を覚えるのが世の習いなので」

Ⅴ　本文18～20行目

「恋には世間の道理を外れた恋もあるので、渡るのに迷う佐野の舟橋と同様、親はそれを避けさせ止めさせようとするし、（恋は恋でも）かりそめの浮気な恋心は、さあ神も戒めずにはおかないだろう。それにしても（恋は）世間に絶えることのない気ままな慰みであって、（人は）わが身の上において（道を踏み外すことを）自戒しなければなるまい。（しかし一面では）その微妙な感情の隅々まで体験してこそ物事のしみじみとした情趣を知る機縁となるはずなので」

Ⅵ　本文20～21行目

「さてここに恋と旅というものがある。（その中で）旅は身体のやつれが先でその後で旅情が生じるのであろうし、恋は内面の感情が先にあって、それが哀れな風情として容姿に表れるというように、区別があるから、（旅と恋とは）内面と外観の変化に多少の順序の違いも生じるだろう。それならば句を案ずるにも（旅は外形を、恋は心を主とするというように）それなりの心掛けがなくてはならないだろう」

問い一　内容説明・理由説明

「右の二説」は第一段落にある『七娘記』からの引用のうち、八百屋お七の刑についての二つの説である。この二説に対する筆者の見解は傍線一の後に「設問の意は恋の情をおもいやるか、厳法をもって秩序を守るか」という形でまとめられている。この二つの方向性を押さえ、第一段落にある内容を補足しながら、それぞれの説を字数内で説明する。

「恋の情をおもいやる」説については、お七は恋の情欲にかられ衝動的に放火をしたが、まだ少女であり幼く、成長すれば悔悟し改心するだろうから情状酌量をすべきであるとの内容を説明する。「秩序を守る」説については、第一段落最終文の引用中にある、賞罰は万民の勧善懲悪のためのものであり、法の公平性は守られなければならないという考え方を根拠に、放火の罪に対し厳罰を求めるのが当然であるという内容をまとめる。

問い二　内容説明

「俳諧師」とはどういう存在であるかについて、筆者は也有の著作である『鶉衣』の「恋と旅とに深き哀はしるならひを」の部分を引用し、「世に絶えぬ恋のあわれ」や「おもいつめたお七の一念」を思いやれないようでは俳諧師とはいえないと述べており、厳法をもって秩序を守る立場に比して、俳諧師は恋の情趣を十分理解した存在であると考えている。

問い三　語句の意味

三　「あだし心」は〝うわついた心、浮気心〟を指す。この文脈では「神とてもいさめずやはあらむ」とあるから、神も諫めるはずのもの、つまり人の道に外れた恋心のこと。

四　「わけしり」は、一般的に物事の事情などに通じていることの意もあるが、ここでは男女の情の機微をよく理解する人のこと。粋人、通人。

問い四　理由説明

後半の段落で、俳諧師であれば恋の情趣は理解できるはずであり、也有もそういった人であったが、元は藩の重役であり秩序を守る側の人間であったので、二つの立場の板挟みになっていることが説明されている。その結果、也有は俳諧師として隠棲した後でも、世間への無関心（「みずにくらす＝見ずにくらす」）を装い、かえって言動を慎重にして、お七の刑罰の二つの説に対し結論を示さないのである。以上が、筆者が傍線五のように結論するまでの「論理」である。この也有の立場を字数内で説明する。

解答としてはこの板挟みの状態を確実に説明すれば十分だが、これに加えて、隠棲後に言動を慎重にする理由について〈隠棲後も俳諧師としての本音を隠す必要があった〉〈元執政として藩の秩序を乱さない義務があった〉などと踏み込んだ要素を盛り込んでもよい。

参考　石川淳（一八九九～一九八七）は小説家。『普賢』で第四回芥川賞受賞。和漢洋の古典籍に通じ、評論や江戸文学の研究も行った。本文は『江戸文学掌記』で横井也有を説明した部分。

横井也有（一七〇二～一七八三）は尾張藩の要職を務めながら、俳諧、狂歌、和歌、漢詩、絵画、儒学など様々な分野に秀でた多才多能の人。本文にも紹介される俳文『鶉衣』が有名。

二〇〇四年度

二

次の文章を読んで後の問いに答えよ。

同盟の人々毎会右の如く寄りつどひしことかくありしといへども、各各《おのおの》その志すところ異なり。これ実に人の通情なり。先《ま》づ第一の盟主とするところの良沢(注)は、奇異の才ゆゑ、この学を以て終身の業となし、尽《ことごと》くかの言語に通達し、その力を以て西洋の事体を知り、かの群籍何にても読み得たきの大望ゆゑ、その目当《めあて》とするところ康熙《こうき》字典などの如きウヲールデンブック(注)を解了せんといふことに深く意を用ひたり。それゆゑ世間浮華の人に多く交はることを厭《いと》ひたり。

またこの学開くべき天助の一つには、良沢といふ人、天性多病と唱へ、この頃よりは常に閉戸して外へも出でず、また漫《みだ》りに人にも交はらず、ただこの業を以て楽しみとし、日を消し居《お》れり。その君昌鹿《まさか》(注)公はその素志の情合《じょうあい》をよくしろしめし、かれは元来異人なりとて深く咎《とが》めもし給はず。然れども本務に怠りがちなりければ、勤め方疎漫なりと上《かみ》へ告げ奉りし人もありしに、公の曰く、日々の治業をつとめるも勤めなり、またその業のためをなし、終《つい》には天下後世生民の有益たることをなさんとするも、とりも直さず、その業を勤むるなり。かれは欲するところありと見ゆれば、そのこのむところに任せ置くべしとて、一向に打ち捨てさし置かれたり。すでにその前後ボイセン(人名)プラクテーキ(注)などいへる内科書を求められ、その紙端に御印章押し給ひて与へ給ひしこともあり。元来その号を楽山と呼びしが、高年の後、自ら蘭化《らんか》と称せり。これは昔、君侯より賜はりし名なりと。これは君侯常に良沢は和蘭《オランダ》人の化物なりと御戯れにのたまひしより出でたり。一その寵遇《ちょうぐう》かくの如きことにてありたり。これゆゑ、良沢心のままにその学の修行出来たることなり。さて、二浮華の輩《やから》、雷同して従事せしも多かれども、創業の迂遠《うえん》なるに倦《う》みて廃するもの少からざりしに、この先生、生涯一日のごとく、確乎《かくこ》として動かざりしゆゑ、その中には今の如くその業を遂げしもあることと思はるるなり。これ全く三このこと開くるの時に遭ひしゆゑにや。

また中川淳庵《じゆんあん》は、(注)かねて物産の学を好めるゆゑ、何とぞこの業を勤め、海外の物産をも知り明《あき》らめたきことを欲せり。また傍ら奇器巧技のことを嗜《たしな》み、自ら工夫を凝らして新製せるも少からず。和蘭局方を訳しかかりしに、業を卒《お》へず天明の初年膈症《かくしよう》(注)を患《わずら》ひて千古の人となれり。

桂川君(注)はさしてこれといふ目当とては見えねども、前にもいへる家柄なれば、ただ何とはなくこの事をこのみ給ひ、齢《よわい》は若し、気根は強し、会毎《ごと》に来《きた》り給ひてこの挙に加はり給へり。翁《おきな》はこれらとは大いに違ひ、始めて観臓し和蘭図に徴して千古の差あるに驚き、いかにもして先づこの一事を早くあきらめ、治療の用を助けたく、また、世医諸術発明の間《かん》にも用立つやうになしたき志のみなりければ、何とぞ一日も速《すみや》かにこの一部見るべきものとなしなんと心掛け、この一書の訳をし、そのこと成らば望み足りぬと心を決し、思ひを興せしに依《より》て、深くかの諸言を覚え、他事をなすの望みはなかりしなり。四五色の糸の乱れしは皆美なるものなれども、赤とか黄なるとか一色に決し余はみな切り棄《す》つる心にて思ひ立ちしなり。

——杉田玄白『蘭学事始』

(注)　良沢　前野良沢(一七二三—一八〇三)。蘭学者。
(注)　ウヲールデンブック　woordenboek　辞書。
(注)　昌鹿《まさか》公　奥平昌鹿(一七四四—一七八〇)。豊前中津藩藩主。
(注)　ボイセン(人名)プラクテーキ　Buyzen 著『内科治療の実際』の略称。
(注)　中川淳庵《じゆんあん》　一七三九—一七八六。蘭学者。
(注)　膈症《かくしよう》　消化器の悪性腫瘍《しゆよう》の漢方病名。
(注)　桂川君　桂川甫周《ほしゆう》(一七五一—一八〇九)。蘭学者。幕府の奥医師。

問い一　傍線部一「その寵遇《ちようぐう》」の内容を三点具体的にあげよ。

問い二　傍線部二「浮華の輩《やから》、雷同して従事せしも多かれども、創業の迂遠《うえん》なるに倦《う》みて廃するもの少からざりし」を現代語に訳せ。

問い三　傍線部三「このこと開くるの時」とはどういう時か説明せよ（一〇字以内）。

問い四　傍線部四「五色の糸の乱れしは皆美なるものなれども、赤とか黄なるとか一色に決し余はみな切り棄《す》つる心にて思ひ立ちしなり」とはどういうことをいっているのか、文章全体の内容を踏まえて簡単に説明せよ（五〇字以内）。

【解答・解説】

出典　杉田玄白『蘭学事始』

解答

問い一

・昌鹿公が良沢の蘭学への志を理解し、非難の声にも天下のために行っているのだと言ってかばったこと。

・昌鹿公自身がオランダ語の医学書を買い求め、自分の印章を押した上で良沢に与えたこと。

・昌鹿公が良沢をオランダ人の生まれ変わりだと言って評価し、「蘭化」という号を良沢に与えたこと。

問い二

うわべばかりを気にする者たちで、自分の考えもなくこの事業に加わっていた者も多かったけれども、初めての仕事のまわりくどさに飽きてやめてしまった者も少なくなかった。

問い三

蘭学がはじまった時（一〇字以内）

問い四

蘭学による様々な知識は魅力だが、医学発展の目的のみを考え医学書翻訳に集中し蘭学に携わったということ。（五〇字以内）

解説

通釈

①　同盟の人々が、会が開かれるごとに、このように寄り集まったことは先に述べたようだったといっても、各人が志したところは異なっていた。これは実に人の情として当然である。まず（われわれが）第一の盟主とした良沢は、普通とは違った才能があり、蘭学をもって終生の仕事となし、ことごとくこの言語（＝オランダ語）に通暁し、その力をもって西洋の事情を知り、あちらの国のたくさんの書物をどんなものであっても読みこなしたいという大望があったので、その目標とするところである（、まず中国の）『康熙字典』のような（オランダ語の）大辞書を（一冊まるごと）完全に理解してしまおうということを深く心がけた。それゆえ世間のはでうわついた人と多く交際することをいやがった。

②　またこの学問を開いて行く上での天の助けの一つは、良沢という人が、生まれつき多病と自称して、この（『解体新書』翻訳の）ころからいつも門を閉ざして外へも出ず、またみだりに人と交際せず、ただこの事業だけを楽しみとし、日々をすごしていたということだ。彼の主君である藩主昌鹿公は彼の志の深さをよく理解されて、「彼はもともと変人なのだよ」といって、（彼の常識離れした態度を）深くとがめもなさらない。しかし本来の（藩医としての）職務を怠りがちであったので、職務怠慢であると主君に告げ口を申し上げた人もいたが、公が言うことには、「（確かに）日々の医療を行うのも仕事である。（だが）またその仕事のために（医学の研究を）し、最終的には（広く）世の後の人々のためになることをしようとするのも、とりもなおさず、医者としての仕事をしていることになる。彼は何かしたいことがあると見受けられるので、彼の好きなようにさせておくのがよい」といって、全く聞き入れず、そのまま放っておかれた。すでにその前後には（公自ら）ボイセンという学者の『プラクテーキ（Practijk der Medicine）』

などという内科の書を求められ、その本の端に自らの印章を押しなさってお与えになったこともある。これは（良沢は）元来その号を「楽山」といっていたが、歳をとってからは、自らを「蘭化」と称した。これは昔、主君からいただいた名前であるという。主君が常に「良沢はオランダ人の化け物である」とご冗談でおっしゃったことから出ている。主君の良沢に対する寵遇はこのような次第であった。これゆえ、良沢は心のままに蘭学の修業ができたのである。さて、うわついてはでな人々で、付和雷同してこの事業（＝『解体新書』の翻訳）に参加した者も多かったけれども、初めての事業のまわりくどさに飽きてやめる者も少なくなかったが、この良沢先生が、生涯一日のごとく、確乎として動かなかった（＝決してあきらめなかった）がゆえに、その中には今のようにその事業を遂げた者もあると思われる。これは全くちょうどこの学問が開けていくときに遭遇したためであろう。

③　また中川淳庵は、かねてから物産の学問を好んでいたから、なんとかしてこの蘭学を学び取って、海外の物産のことをも知って明らかにしたい（＝研究したい）というのが望みであった。

④　またその一方で珍しい器械や精巧な技術にも興味をもち、自分でも工夫を凝らして新しく発明したものも少なくない。『和蘭局方』（という薬学書）を訳しかけていたのだが、それが終わらないうちに天明の初めごろに胃腸に悪性腫瘍を患って他界してしまった。

⑤　桂川甫周君はさしてこれといった目当てがあったようには見えないけれども、前に述べた家柄（＝官医の家）なので、ただ何とはなくこの医学書翻訳事業を好まれていた上に、年齢は若いし、根気もあって、会があるごとに来られてこの事業に加わられた。私の場合はこの人たちと大いに違っていて、初めて（実際の人体の）解剖を見てオランダの解剖図と照らし合わせて（その正しさを知り、オランダ医学のレベルはこれまでの日本の医学とは）隔世の違いがあることに驚き、なんとかしてまずこのことだけでも早くあきらかにし、治療に役立たせたく、また、世の中の医者が様々な医術を発明するのにも役立つようにした

いというのが私の望みであったので、どうにかして一日も早くこの一冊を（翻訳して一般の医師が）見ることができるものに仕上げたいと思い、この書の訳をし、その訳が完成すれば（自分の）望みがかなうと心に決め、（医学の視点から、この本の翻訳事業を）成し遂げようと決心したので、深くオランダ語を理解して覚え、（その語学力で）他のことをしようという望みはなかったのである。五色の糸が入り乱れているのはみな美しいものであるのだけれども、（私の場合は）赤とか黄であるとか（とにかく）一色に決めて残りはみな捨て去った気持ちで思い立ったのである。

問い一　内容説明

「その寵遇」は第二段落以降から傍線部一直前までの文脈で書かれている、昌鹿公が前野良沢に示した厚遇のこと。ここから三点を具体的に挙げる問題である。

一点目は「（昌鹿公が）その素志の情合をよくしろしめし」以降の「…打ち捨てさし置かれたり」までの部分から読み取れる、蘭学に対する良沢の志を理解し、良沢が本務に疎かだという声にも耳を貸さずにかばってくれたこと。二点目は、昌鹿公自らオランダ語の医学書を求めて良沢に与えていること。三点目は、良沢に「蘭化」の号を与え良沢を支持していることである。

問い二　現代語訳

「浮華」は漢語であり、〝うわべばかり華美で実のないこと〟の意。「雷同」は付和雷同の意で、自分の主張がなく他人の行動に流される者を指す。傍線部二は〈こういった者たちが多かったけれども、新しい学問を初めて行うそのまわりくどさに飽きて、やめた者が少なくなかった〉という内容。この文章は『解体新書』を出版するまでの苦労を述べている文脈で、傍線部中の「従事」「創業」は『ターヘル=アナトミア』を翻訳する事業のことであるが、本文には明示されていないので、「仕事を行う」「初めての事業」とそのまま訳しても問題ないだろう。過去の助動詞「き」の連体形「し」が用いられているため、時制に注意して現代語訳する。

問い三　内容説明

第二段落冒頭「またこの学開くべき…」以降、一貫して蘭学創業について述べられている文脈であることを読み取り、字数内で説明する。

問い四　内容説明

やや難しい問題だが、傍線部四の直前の一文「翁はこれらとは大いに違ひ…なかりしなり」の読み取りがポイント。この一文は筆者である杉田玄白の蘭学に対する態度を説明している部分だが、傍線部四がそれを比喩的に言い換えた文になっていることを押さえよう。玄白は蘭学を学び『解体新書』を訳して医学発展に寄与するという志のみをもち、「他事をなすの望みは」ないと述べ、それを傍線部四後半で「一色に決し余はみな切り棄つる」思いであると言い換えている。そのうえで、「文章全体の内容を踏まえて」との条件を考えよう。

この文章では他のメンバーが蘭学創始にどのような思いで取り組んだかが述べられている。良沢は西洋の事柄を知るためにすべての蘭書を読みたいという希望、中川淳庵は海外の物産への知識欲、桂川甫周は特に目当てはなくても幕府の医師としてなんとなく関わった、とある。これらを踏まえると、傍線部前半の「五色の糸」は蘭学による様々な知識や利益を指し、〈その「美」は魅力的だが…〉という意味であることが見えてくる。

参考

『蘭学事始』は杉田玄白（一七三三〜一八一七）の蘭学創始期をめぐる思い出と蘭学発達の後をまとめた回想録。『ターヘル＝アナトミア』を翻訳し『解体新書』として出版した苦心談は有名。

二〇〇三年度

二

以下は、講演の一部である。これを読んで、後の問いに答えよ。

茲に天則と云ふは、元来天然の法則と云ふべきを簡略にしたるものにして、則ち英語の natural law、独逸《ドイツ》語の Naturgesetz を訳したるものなり。凡そ宇宙に存在する所の万物は皆天則の支配を享《う》けざるものあらざれば、動物、植物、鉱物に論なく、其の生滅消長、聚散《しゆうさん》分合、栄枯盛衰は一として此の天則の働きにあらざるものなし。蓋し天則は宇宙を主宰する所の天然の一大法典と称すべきなり。而して此の天則は二種の大性を具有す、遍通と一定と是れなり。即ち此の天則は遍く宇宙に通じて至らざる所なし、故に之を遍通と云ふ。また万古一定して絶て変化することなし、故に一定と云ふなり。例へば引力の如き、電気力の如き、宇宙に遍通して其の力を有し、また其の力万古一定不動にして絶て変化することなきが如き是れなり。

天則は斯《か》く宇宙に通じ古今に渉《わた》りて、万物の生滅消長、聚散分合、盛衰栄枯を支配するものなれば、凡そ万物変化の原因結果は全く此の天則に依り、一定の規律を以て働くものと知るべし。而して此の天則は近世理学の進歩に由りて始めて明確疑ふべからざるものとなれり。然れども、此の天則は特に有形の万物を支配するに止まらず、また無形なる心性及び吾人の社会の上にも其の力を施すものにして、凡そ吾人心性上の諸現象、及び社会の存亡興敗、栄枯盛衰等、万般の現象一として此の天則の支配に洩《も》るることなし。故に是等の現象に至りても亦た神変奇怪、偶然に属するもの絶てなく、また従来学者の考へし如く、吾人は自由の意思なるものあるを以て、天則の支配を享けずして自由自在に吾が行為を定むるの力あるものなりと云ふが如き理は、万々あらざるを知るべし。而して此の理は、近世心理学及び社会学等の進歩に由りて始めて明確、疑ふべからざるものとなれり。

凡そ禽獣《きんじゅう》は無知なるを以て、徒らに天則の働くが儘《まま》に制せられて、絶て其の間に力を用ふることを知らず、また其の天則の働く所以を知るに由なしと雖も、吾人人類に至りては、其の知識既に禽獣を距《へだた》ること数等なるを以て、縦令天則の支配を脱することは敢て能はざるも、其の知識を用ひて以て天則を己れに利用するを得るに至れり。即ちほぼ天則の働く所以を悟り得たるを以て、此の天則に従て巧みに此の天則を利用し、以て自己の幸福を増進するを得るに至れり。蓋し吾人社会の文明開化なるものは他なし、唯だ吾人が天則を己れに利用するの結果なるのみ。吾人苟くも天則を己れに利用するの術を知るときは、また吾人の不幸災害を転じて以て幸福利益となすも、随て自在なるを得べし。所謂禍を転じて福となすもの是れなり。

吾人社会の生存に就て其の天則を知るの要は、此の如く夫《そ》れ大なりと雖も、抑も此の天則は何に由りて知るを得べきか。独り英雄豪傑の士のみ其の天稟《てんぴん》と経験とに由りて之を知り得べくして、凡庸の徒は絶て之を知るの道なきか。否、決して然らざるべし。天稟と経験とは固より天則を知るに欠くべからざる要素なるに相違なきも、学理進歩の今日に於て特に之に依頼するが如きは、知者の事にあらざるなり。今日に於て此の天則を知らんと欲せば、必ず社会学に依頼するの外なし。今日の社会学固より未だ大いに進歩したりと云ふべからず、大いに天則を究めたりと云ふべからざれば、今日の理学が有形万物界に就て既に其の天則を究めたるものとは、決して同日の談にあらざるは論を俟《ま》たざることにして、社会学が今日に於て社会生存の天則を知りたるは頗《すこぶ》る幼稚なるに相違なし。然れども社会学は従来の政理学、法理学の如く、敢て根拠なき空理妄談に流るるに非ず、専ら其の基礎を生物学に資《よ》り、また人種学、史学、統計学其の他の裨助《ひじょ》を借り、一は野蛮未開の世界より文明開化の世界に進化し来れる次第を探討し、一は社会万般の事業に就て其の原因結果を尋求することを先務とするものなれば、其の論究する所猶ほ未だ推測予定に過ぎざるも、やや真理を求むるの道を得たるものと云ふも可ならんか。蓋し後世漸《やうや》く進歩するを得ば、必ず確実なるものとなるに至らんと思はるるなり。故を以て今日の社会学は猶ほ甚だ幼稚なるには相違なしと雖も、然れども今日に於ては先づ之に依りて社会の存亡興敗、盛衰栄枯等、諸般現象の天則を尋究し、而して其の敗亡衰枯を来たすの方を避け、其の存興盛栄を招くの道を求めざるべからざるなり。

——『加藤弘之文書』による

問い一　「天則」の特徴二点を、文中の言葉を用いずにまとめよ（一〇字以内）。

問い二　文中では「天則」と「吾人」との関係についての二つの考え方が紹介されているが、それぞれを二〇字以内で書け。

問い三　傍線「天稟」の意味を本文に即して述べよ。

問い四　講演者は、「社会学」をどのような学問と考え、それに何を期待していたのかをまとめよ（一〇〇字以内）。

【解答・解説】

出典 加藤弘之『加藤弘之文書』〈講演「天則」〉

解答

問い一 普遍性と恒常性（または、普遍性と不変性）（一〇字以内）

問い二
- 吾人に関わるものは全て天則に支配される。（二〇字以内）
- 吾人は天則を利用し自己の幸福を得られる。（二〇字以内）

問い三 英雄や豪傑だけが生まれつきもっている優れた才能で、天則を知るために必要な能力。

問い四 社会学は、社会全般の現象の因果関係を、生物学を基礎に様々な学問との関わりから論理的に研究する学問で、社会の栄枯盛衰の法則を考察することから、社会の衰退を防ぎ繁栄を招くことを目標とするよう期待している。（一〇〇字以内）

解説

通釈

①　ここで天則というのは、もともと天然自然の法則というべきものを簡略にしたもので、つまり英語のnatural law、ドイツ語のNaturgesetzを訳したものだ。だいたい宇宙に存在する万物はみな天則の支配を受けないものはないので、動物、植物、鉱物に関係なく、その生滅消長、集散分合、栄枯盛衰は一つとしてこの天則の働きでないものはない。思うに天則は宇宙を主宰する所（＝神）の天然の一大法典と呼ぶことができるだろう。そしてこの天則は二つの大きな性質を併せ持つ、普遍と恒常とがこれだ。すなわちこの天則は広く宇宙を通して至らないところはない、だからこれを普遍という。また、太古から一定して絶対に変化することがない、だから恒常というのだ。たとえば引力のような、電気力のような、宇宙に普遍的にその力を有し、またその力は太古から一定不変で絶対に変化することがないようなことのことだ。

②　天則はこのように宇宙に通じ昔から今にわたって、万物の生滅消長、集散分合、栄枯盛衰を支配するものなので、おおよそ万物変化の原因結果は全くこの天則により、一定の規律をもって働くものと理解すべきだ。そしてこの天則は近世理学の進歩によって初めて明確に疑うことのできないものとなった。しかし、この天則は特に形あるものすべてを支配するにとどまらず、また形のない人の心の性質や私たちの社会の上にもその力を及ぼすもので、おおよそ私たちの心理における諸現象、および社会の存亡や興隆衰退、栄枯盛衰等、万物の現象は一つとしてこの天則の支配から外れることはない。だからこれらの現象に至ってもまた不思議なことや常識から外れること、偶然によるものは全くなく、また従来学者が考えたように、私たち（人間）は自由意思というものがあるから、天則の支配を受けずに自由自在に自分の行いを定める能力があるものだというような理屈は、決して通用しないことを知るべきだ。そしてこの（天則がすべてを支配するという）理論は、近世の心理学や社会学等の進歩によって初めて明確に、疑うことのできないものとなった。

③　一般的に動物は無知なので、むなしく天則の働きのままに制御されて、全くその間に自分の力を介入さ

せることを知らず、またその天則の働く理由を知らないけれども、我ら人類に至っては、その知識はすでに動物を超えることはかなりのものであるので、たとえ天則の支配から離れることは全くできなくても、その知識を用いてそれで天則を自己に利用することを得るに至った。すなわちほぼ天則の働く理由の理解を得たことによって、その天則に従って巧みにその天則を利用し、それで自己の幸福を増進することができるようになった。思うに私たちの社会の文明開化というものは他でもない、ただ私たちが天則を自己に利用した結果であるだけだ。私たちが仮にも天則を自己に利用するすべを知るときは、また私たちの不幸や災害を転じて幸福や利益とすることも、したがって自在になるだろう。いわゆる災いを転じて福となすものはこのことだ。

④　私たちの社会の生存においてその天則を知ることの重要性は、このように大きいと言えるけれども、そもそもこの天則は何によって知ることができるだろうか。一人英雄豪傑だけがその天賦の才能と経験とによってこれを知ることができ、凡庸な人々は決してこれを知る道がないのか。いや、決してそうではない。天賦の才能と経験とはもとより天則を知るのに欠くことのできない要素であることに違いないが、学問理論の進歩した今日において特にこれに依存するようなことは、知者のすることではないのだ。今日においてこの天則を知ろうとすれば、必ず社会学に依存するほかない。今日の社会学はもとよりまだ大いに進歩したとは言えず、大いに天則を極めたと言うことができないので、今日の理学が有形のすべての世界についてすでにその天則を極めたのとは、決して同じ土俵で言えることでないことは論をまたないことで、社会学が今日において社会生存の天則を解明しているのは極めて幼稚な部分にとどまっていることに違いはない。しかし社会学は従来の政治学、法律学のように、少しも根拠のない空理空論に流れるわけではなく、もっぱらその基礎を生物学に頼り、また人類学、史学、統計学その他の助けを借り、一つは原始の未開の世界から文明開化の世界に進化してきた次第を探究し、一つは社会全般の事柄についてその原因結果を尋

ね求めることをまず務めとするものなので、その論究するところはなお未だ推測や予定に過ぎないけれども、やや真理を求める道を得たということもできるだろう。おそらく後世ようやく進歩したときに、必ず確実なものとなるだろうと思われる。この理由をもって今日の社会学は今はなおはなはだ幼稚なものには違いないが、けれども今日においてはまずこれによって社会の存亡や興隆衰退、栄枯盛衰等、様々な現象の天則を探究し、そしてその滅亡や衰退枯渇をきたす方向を避け、その興隆繁栄を導く道を求めなければならない。

問い一　**内容説明**

第一段落「天則は二種の大性を具有す」以降が該当箇所。「天則」の二つの特徴は「遍通」と「一定」であると述べられている。「遍通」は直後に「遍く宇宙に通じて至らざる所なし」とあり、あまねくひろがるという意味で「普遍性」と言い換えればわかりやすい。「一定」は「万古一定して絶て変化することなし」とあり、「不変」で「恒常性」のある状態と言い換えて説明できる。

問い二　**内容説明**

第二段落・第三段落で「吾人」と「天則」の関係が説明されている。

第二段落には「凡そ吾人心性上の諸現象」や社会のすべてが「天則の支配に洩るることなし」とあり、ここから「吾人」に関係するものすべてが天則の支配を受けるという関係が読み取れる。第三段落には「其の知識を用ひて以て天則を已れに利用するを得るに至れり」とあり、人が天則を利用し幸福を得るという関係を指摘できる。この二点を字数内で説明する。

なお、「二つの考え方」として「従来学者の考へし」捉え方を挙げるべきか迷うが、第四段落で天則を知るためには社会学が必要だという考えが提示され、その一文目で「吾人社会の生存に就て其の天則を知るの要は、此の如く夫れ大なりと雖も」と天則の有効性が前提とされていることに注目したい。この天則と人との関係は第二段落で天則の人への支配、第三段落で人の天則の利用という対比構造で語られているので、従来の学者の考え方は第二段落の人への支配という考え方の正当性を補強していると言えるだろう。

問い三　語句の意味

「天稟」は生まれつき備わっている才能の意。「稟」には〝受ける〟や〝生まれつき〟の意味がある。ここでは「本文に即して」との条件があるので、「英雄豪傑の士のみ其の天稟と経験とに由りて之（＝社会の生存についての天則）を知り得べくして」と「天稟と経験とは固より天則を知るに欠くべからざる要素」（最終段落）に着目し、この内容を補足してまとめること。

問い四　内容説明

社会学については最後の段落で説明されている。まず「どのような学問と考え」ていたかという点については、根拠のない「空理妄談」ではなく、生物学を基礎に人類学、史学、統計学など様々な学問と連携して、社会の進化とその原因結果を探究する学問とされていることを押さえる。ここから必ず抽出すべきポイントは「様々な学問との連携」「論理的に原因結果を追究する」点。

次に「それに何を期待していたのか」については、段落末尾にある社会の存亡や興隆衰退、栄枯盛衰の天則を研究し、社会の衰退を避け繁栄する方法をである。学者はこれを「求めざるべからざる」、つまり〈見つけることができる〉と筆者は期待している。

それぞれを説明しようとすると字数を超過するので、具体的な学問の例を省き一般化して説明すること。

参考　加藤弘之（一八三六〜一九一六）は幕末・明治期の思想家、教育家。蘭学とドイツ語を学び、東京帝国大学総長、帝国学士院長、枢密顧問官等を歴任。早くから西洋の政治制度に関心をもち、明治初期は啓蒙思想家として活躍したが、自由民権運動の高揚とともに反人権論者に転じ、専制的国家主義論を唱えた。

二〇〇二年度

三

次の文章を読んで後の問いに答えよ。

「もののあはれ」を文芸の本意として力説したのは、本居宣長《もとおりのりなが》の功績の一つである。彼は平安朝の文芸、特に『源氏物語』の理解によって、この思想に到達した。文芸は道徳的教誡《きょうかい》を目的とするものでない、また深遠なる哲理を説くものでもない、功利的な手段としてはそれは何の役にも立たぬ、ただ「もののあはれ」をうつせばその能事は終わるのである、しかしそこに文芸の独立があり価値がある。このことを儒教全盛の時代に、すなわち文芸を道徳と政治の手段として以上に価値づけなかった時代に、力強く彼が主張したことは、日本思想史上の画期的な出来事と言わなくてはならぬ。

しからばその「もののあはれ」は何を意味しているのか。彼はいう、「あはれ」とは、「見るもの、聞くもの、ふるる事に、心の感じて出る、嘆息の声」であり、「もの」とは、「物いふ、物語、物まうで、物見、物いみなどいふたぐひの物にてひろくいふ時に添ふる語」である。したがって、「何事にまれ、感ずべき事にあたりて、感ずべき心をしりて、感ずる」を「物のあはれ」を知るという。感ずるとは、「よき事にまれ、あしき事にまれ、心の動きて、ああはれと思はるること」である、『古今集』の漢文序に「感㆓鬼神㆒」と書いたところを、仮名序に「おに神をもあはれと思はせ」としたのは、この事を証明する。後世、「あはれ」という言葉に哀の字をあて、ただ悲哀の意にのみとるのは、正確な用法とは言えない。「あはれ」は悲哀に限らず、嬉《うれ》しきこと、おもしろきこと、楽しきこと、おかしきこと、すべて嗚《あ》呼《あ》と感嘆されるものを皆意味している。「あはれに嬉しく、」「あはれにをかしく、」というごとき用法は常に見るところである。ただしかし、「人の情のさまざまに感ずる中に、うれしきこと、をかしきことなどには、感ずること深からず、ただ悲しきこと憂きこと恋しきことなど、すべて心に思ふにかなはぬすぢには、感ずることこよなく深きわざなるが故に、しか深き方をとりわきて」、特に「あはれ」という場合がある。そこから「あはれ」すなわち「哀」の用語法が生まれたのである。

宣長の用語法における「物のあはれ」がかくのごとき意味であるならば、それは我々の用語法における「感情」を対象に即して言い現わしたものと見ることができよう。したがって彼が、これを本意とする文芸に対して、哲理の世界および道徳の世界のほかに、独立せる一つの世界を賦与《ふよ》したことは、時代を抽《ぬき》んずる非常な卓見と言わなくてはならぬ。しかし彼は、文芸の本意としての「物のあはれ」が、よってもって立つところの根拠を、どこに見いだしたであろうか。それは何ゆえに哲理および道徳に対してその独立を主張し得るのであるか。彼は文芸の典型としての『源氏物語』が、「特に人の感ずべきことのかぎりを、さまざまに書き現はして、あはれを見せたるもの」であると言った。そうしてこの物語をよむ人の心持ちは、物語に描かれた事を「今のわが身にひきあて、なずらへて」物語中の人物の「物のあはれをも思ひやり、おのが身のうへをもそれに比べ見て、物のあはれを知り、憂きをも思ひ慰むる」にあると言った。すなわち表現されたる「物のあはれ」に同感し、憂きを慰め、あるいは「心のはるる」体験のうちに、美意識は成立するわけである。が、表現された「物のあはれ」は、いかなる根拠によって「心をはれ」させ、「うきを慰める」のであるか。また晴れた心の清朗さ、慰められた心の和《なご》やかさは、憂きに閉じた心よりもはるかに高められ浄《きよ》められていると見てよいのであろうか。よいとすれば、表現された「物のあはれ」は、何ゆえに読者の心を和らげ、高め、浄化する力を持つのであるか。これらの疑問を解くことなくしては、「物のあはれ」によって文芸の独立性を確立しようとする彼の試みは、無根拠に終わると言われなくてはならぬ。

彼がここに根拠づけとして持ち出すものは、「物のあはれ」が「心のまこと」「心の奥」であるという思想である。彼は、「道々しくうるはしきは皆いつはれる上面《うわべ》のことにて、人のまことの情《こころ》を吟味したるは、かならず物はかなかるべき」ゆえんを説いて、人性の根本を「物はかなくめめしき実《まこと》の情」に置いた。すなわち彼にとっては、「理知」でも「意志」でもなくてただ「感情」が人生の根底なのである。したがって、表現された「物のあはれ」に没入することは、囚《とら》われたる上面を離れて人性の奥底の方向に帰ることを意味する。特に彼が典型と認める中古の物語は、「俗《よ》の人の情とははるかにまさりて」、「こよなくあはれ深き」、「みやびやかなる情」のかぎりを写している。ゆえに、これを読む人の心には、その日常の情よりもはるかに高い、浄められた、「物のあはれ」がうつってくるのである。

——和辻哲郎「『もののあはれ』について」

問い一　傍線部一「『哀』の用語法」がなぜ生まれたのか、本居宣長の説明に即して、わかりやすく説明せよ（五〇字以内）。

問い二　傍線部二「時代を抽《ぬき》んずる非常な卓見」の内容を、傍線部二以降の文章より考えて、説明せよ（五〇字以内）。

問い三　傍線部三「道々しくうるはしきは皆いつはれる上面《うわべ》のことにて、人のまことの情《こころ》を吟味したるは、かならず物はかなかるべき」を、筆者の文章に即して、本居宣長の遠ざけたものを念頭に訳せ。

【解答・解説】

出典 和辻哲郎『日本精神史研究』〈「もののあはれ」について〉(岩波文庫)

解答

問い一

「あはれ」は感嘆の表現全てに使われたが、叶わぬ思いで悲哀の感情を深く感じた時に、特に抽出されたから。(五〇字以内)

問い二

感情を人の根底とし、「物のあはれ」への没入で心の浄化ができるという文芸の意義と独立性を主張したこと。(五〇字以内)

問い三

道理にかなってきちんとした哲学や道徳は皆うわべだけの偽りのことで、人の真実の心を考察し表現したものは、必ず頼りなくとりとめないものに違いない。

解説

文章展開・通釈

① 「もののあはれ」を文芸の本意としたのは本居宣長の功績だ。特に『源氏物語』の理解から、文芸は道徳的、哲学的、功利的には役立たず、「もののあはれ」に独立した価値があるということを、文芸を道徳、

政治手段とだけ見る儒教全盛時代に主張したことは画期的だ。

② では「もののあはれ」の意味は何か。彼は「あはれ」は「見るもの、聞くもの、触れることに、心が感じて出る嘆息の声」で、「もの」は「物を言う、物語、物詣で、物見、物忌みなどという類の物で広くいうときに添える語」という。そこから「何事でも、感じるべき事に当たって感じるはずの心を知って、感じる」ことを「物のあはれ」を知るという。感じるとは「良いことであれ、悪いことであれ、心が動いて、ああと自然に思われること」である。それは『古今集』真名序と仮名序の鬼神の表現から証明でき、「あはれ」は悲哀だけではなく、嬉しいこと、おもしろいことなどすべて嗚呼と感嘆するものを意味する。しかし「人の情の様々に感じる中に、うれしいこと、おかしいことなどには、感じることは深くなく、ただ悲しいことつらいこと恋しいことなどの、すべて心に思って叶えられないようなことでは、感じることは極めて深いことになるから、そのように深い方を分別して」、特に「あはれ」という場合があり、そこから「哀」の用語法が生まれた。

③ この宣長の用語法から「物のあはれ」は「感情」を表現したといえ、この感情を中心とする文芸を、哲学、道徳のほかに独立させたことは、時代から抜け出た卓見といえる。

④ しかし彼は文芸の独立をどこに見出したのか。彼は『源氏物語』が「特に人の感じただろうことの限りを、様々に書き表して、あはれをみせているもの」であるといって、読む人は「今の自分の身に照らし合わせて、なぞらえて」物語の人物の「物のあはれを思いやり、自分の身の上にもそれを比べてみて、物のあはれを知り、つらさをも思い慰める」ことにあるといった。つまり表現された物のあはれに共感し、つらさを慰め、心の晴れる体験のうちに美意識は成立する。「物のあはれ」の表現はどうして読者の心を和らげ、浄化させるのか。

⑤ 宣長がその根拠とするのは「物のあはれ」が「心のまこと」「心の奥」だという思想である。「道理にか

なってきちんとしているのはすべて偽りのうわべだけのことで、人の本当の心を念入りに求めたものは、必ず頼りなくとりとめないはず」であるという理由を説明し、人の性質の根本を「頼りなく弱々しい実情」に置いた。つまり宣長にとって、理性や知恵でも意志でもなく感情が人の根本で、「物のあはれ」の表現は人の性質の奥底に向かうことである。彼が典型とする中古の物語は、「俗の人の情にはるかに勝って」「格別あはれ深い」「雅な心」の限りを写し、だからこれを読む人の心には日常より高い浄められたものが映るのである。

問い一　**理由説明**

「哀」の用語法が生まれるいきさつは傍線部一直前の文脈で説明されているので、この箇所をわかりやすくまとめればよい。「あはれ」は様々な感嘆に使われたが、「悲しきこと憂きこと恋しきこと」など心に叶わないものが「感ずることこよなく深きわざなるが故に、しか深き方をとりわきて」、つまり感情が深いという理由で「哀」の意味で使われるようになったとある。「しか深き方をとりわきて」をうまく訳出できるかどうかがポイント。「叶わない感情が特に深く感じられるため」という理由を必ず指摘すること。

問い二　**内容説明**

傍線部二直前の文脈によると、哲学、道徳から独立したものとして文芸をとらえるのが「時代を抽んずる非常な卓見」ということであるから、文芸の独立性の説明をすればよい。設問の条件に従い傍線部二以降から読み取る。

文章展開・通釈　④で、『源氏物語』の「物のあはれ」に共感し心を慰めるという体験のうちに成立する美意識について、⑤でそれがどうして読者に影響を与え文芸として独立するかがそれぞれ説明されている。文芸の独立性を説明する必要があるので、④を踏まえた上で特に⑤の内容を整理して説明すればよい。宣長によれば、人生の根底は感情である（最終段落）ので、「物のあはれ」へ没入することで人間の奥底に向かうことができる。その「物のあはれ」の表現である文芸に触れることで心の浄化を図るのが文芸の意義であり、他の分野からの独立性である。以上を読み取る。ただし、この展開を追うと字数に入りきらないため、人間の根底は感情であるという前提と、「物のあはれ」への没入により心が高められ浄化されるという文芸の意義のみをまとめる。

問い三　現代語訳

「道々し」は〝道理にかなっていること〟、「うるはし」は〝きちんとして整っていること〟の意。条件として「文章に即して、本居宣長の遠ざけたものを念頭に訳せ」とあるので、宣長の遠ざけたもの＝哲理・道徳が「道々しくうるはしき」ものである点を明示する。そのうえで、そうした哲理や道徳の整い方は「上面のこと」であり、人のまことの心情を「吟味」したもの、つまり深く考えたものは「物はかなかるべき」ものだという論理展開を訳す。「物はかなかるべき」を訳す際には、「道々しくうるはしき」と対比された表現になっているかどうかを確認すること。

なお、直前の段落に「表現された『物のあはれ』は」とあるので、傍線部三の「吟味したる」（もの）の内容として「まことの情」を〈考え書き表したもの〉の意味があることを指摘した方がよいだろう。書き表されたものが文芸にあたり、本文の主題だからである。

参考　和辻哲郎（一八八九～一九六〇）は倫理学者、日本思想史家、評論家。『ニイチェ研究』『古寺巡礼』など著書多数。本文は大正一一年に雑誌『思想』に掲載されたのが初出で、本居宣長の『源氏物語玉の小櫛』の文章をもとに書かれている。大学入試にもたびたび採用されており、早稲田大学では二〇一四年度文化構想学部で『日本精神史研究』から出題され、二〇一〇年度政治経済学部では「茸狩り」という文章が問題文として出題されている。

要約篇

【要約問題を解きはじめる前に】

一橋大学の国語の最大のポイントが、この大問三の要約問題にある。文章全体の主旨をふまえたまとめの問題を出題する大学は多い（東京大学など）が、一橋大学では大問一題を特化した形で「要約」として出題しており、大きな特徴となっている。

実際に一橋大学志望者を多く指導されている、高校の先生の声を聞いてみよう。

一橋大学志望の生徒の要約文を継続的に添削していて、問題のある答案には大きく二種類あると感じます。

〈第一段階〉文章把握の甘さがそのまま表れてしまっている答案

文章の展開を説明しようとしているのですが、結論や、主要な論点が反映されず、具体例や展開上二義的な内容をまとめてしまうようです。

〈第二段階〉読みには問題はないが、要約されたものを読むとそれが伝わらない答案

字数が四〇〇字あればかなりまとめやすいのですが、一橋大学は二〇〇字要約です。結論は押さえられているのに、そこに導くまでの論理展開がつながっていない。具体例や補足説明などで字数をとってしまい、中心となる論点が曖昧になってしまっているなど、ある程度読めているが書き切れていないという状態です。

心当たりはないだろうか。では、どのようにして要約していけばよいか、考えてみたい。

①文章の正確な読解を

【本書の利用法】や現代文篇でも述べてきた通りだが、まずは様々な文章に触れ、経験値を上げていこう。学校の「現代文」の授業では、論理的文章を論理展開に沿って丁寧に読解してきたことだろう。これがすべての基礎になる。筆者の論理をつかむには、やはり文章を順番に確認していくことが第一のポイントである。その際、形式段落ごとに内容を押さえることからはじめよう。形式段落は内容の切れ目として筆者が明示しているものだからである。形式段落ごとに内容を押さえ、その順で全体の内容を押さえていこう。必要であれば線を引いたり、メモをとることも、段落ごとならばしやすくなる。ただし、時間の制約があることを忘れずに。

全体の流れが見えてくると、形式段落ごとの意味が見えてくる。

●段落のグループ分けの視点
- 主要な主張が述べられている段落か?
- それとも、それを補強する具体的説明の段落か?
- 結論を導く論の流れの段落はどれとどれか?

全体の展開から把握し、筆者が最も伝えたい内容は何か、そしてそれに向けた展開を読み取り考えていこう。

②相手に伝わる要約に

文章全体の展開がつかめたら、いよいよ二〇〇字という字数にまとめる。筆者の結論とそこに導く論理の中心を確認し、文章に反映していく。本文の表現をそのまま抜き出していたら二〇〇字では入らない。キーワードは押さえながらも、文章は自分の言葉でまとめ直していく必要があるだろう。

初めのうちは、①で確認した形式段落の流れを極力活かしながら、必要な部分のみを順番にまとめていく形がよいだろう。正確にポイントを押さえていれば十分点数はとれるはずである。

これに慣れたら、筆者の論理展開を反映させながら自分である程度説明し直して、要旨を強調することもできるだろう。解答時間を意識することを忘れず、その範囲の中で文章を洗練できるようにする。

③書いた文章を読み直す

要約ができたら必ずもう一度読み直し、本文の論旨が要約にしっかり反映されているか確認しよう。当然のことだが、ここで誤字・脱字にも注意する必要がある。自分で完成版を一度書くと、なかなか客観的に把握できないものであるが、そこを何とか客観的視点で見直すこと。これも練習の一つになる。

●客観的に見直すためのチェックポイント

- 主張を述べた段落に触れているか?
- 具体例に字数を使いすぎて全体のバランスが損なわれていないか?
- 主語と述語のつながりは問題ないか?
- 本文の内容を誤りなく伝えているか?
- 反語表現にだまされていないか?（反語は逆説）
- 主要な説明の言い換えを、重要キーワードと思い込んでいないか?
- 本文の内容を限定しすぎ（あるいは拡大しすぎ）ていないか?
- 要約全体を読み直し、筆者の論の展開がわかりやすく書かれているか?
- 問われているものとは異なるものを説明していないか?

可能であればだが、客観的評価を下してくれる人に添削してもらえれば最善である。

●要約の手順まとめ
- 形式段落の内容を順番に押さえる
- 全体的流れを押さえ、論の中心を捉える
- 結論を導く主要な流れを把握する
- 主要な流れに沿って、自分の言葉で短く表現し直しながら記述する
- 書き上がった要約を見直す

④要約の注意点

現代の議論にアンテナを張り、近現代の知識にも目配りを

一橋大学の要約問題に出題される文章は、大問一と同様、やや古い文章の場合と、直近に発表された現代社会の問題点を指摘する文章の場合がある。巻末の「出典一覧・分析表」を確認してもらいたい。なお、二〇一七年度は直近の文章が取り上げられたが、その読み取りには、太平洋戦争前後の歴史の知識が必要であった。今まさに発表されている議論の知識とともに、近現代の知識もやはり大切である。

要約しにくい文章への対応

ただ、要約しにくい文章が出題されている年度もある。二〇一三年度の文章は、例年以上の長さであるとともに、エッセーのような文章であり論理を追い文章にまとめるのは難しい。また、具体例をあまり用いず、抽象的表現を中心に展開していく文章にも注意が必要である。主要な内容を把握し、それを結びつけて展開をつ

かみ、場合によってはその内容に当たる具体例を自分の知識でイメージしながら理解していく必要があるだろう。その際、具体例がずれたものになっていないかどうかは常に意識しよう。

経験値を上げよう

国語の問題で、以前読んだ文章に当たることはまれだろう。しかし、文章で扱われているトピック、論理展開の方法、結論の方向性など、以前読んだ文章と似たものに当たれば対応しやすい。そのためにも、過去問はもちろん、それに限ることなく、様々な文章を読む体験を通して経験値を上げてもらいたい。

【本書の利用法】でも記したように、本書では文章展開を掲載したので活用してもらいたい。要約篇だけでなく現代文篇の読解においても、論理展開を意識し要約につなげられる読みの練習をすることは有益だろう。なお、本書の要約篇の解答例は、可能な限り本文にある表現を活かしながら本文の順でまとめて作り、要約の演習に取り組む多くの受験生にとって書きやすいアプローチにしてある。おそらく、もっとスマートな要約も可能だろうが、自己採点しやすいようにわかりやすさを重視したものである。みなさんもぜひ、自分が考えるベストの要約を目指して、練習を繰り返してもらいたい。

＊解説の着眼点では、要約に必ず入れたい要素や論理展開に該当する内容を□囲みで示してある。自己採点時の参考にしてほしい。

二〇二一年度

三　次の文章を読んで後の問いに答えなさい。

女ことばや男ことば、方言のような言葉づかいの働きの一つは、話し手や聞き手、話題となっている人のアイデンティティを表現することである。「わたし、○○だわ」「おれ、○○だぜ」「わし、○○ですだ」のような言葉づかいを聞くと、私たちは、話し手がどのような人物であるのかを推測することができる。このように特定の言葉づかいと結びついた人物像は、アイデンティティと呼ばれる。

以下では、さまざまな言葉づかいを、私たちがアイデンティティを表現する時に利用する材料とみなす考え方を紹介して、その考え方に沿って翻訳を理解する意義を見ていこう。

では、ことばとアイデンティティはどのように関係しているのだろうか。その関係は、大きく本質主義と構築主義に分けて理解することができる。

これまで、ことばとアイデンティティの関係は、話し手にはあらかじめ特定の特徴が備わっていて、話し手は、その特徴に基づいて特定の話し方をすると理解されていた。このように、アイデンティティをその人にあらかじめ備わっている属性のように捉えて、人はそれぞれの属性に基づいてことばを使うという考え方を「本質主義」と呼ぶ。

たとえば、アイデンティティのうちでジェンダー（女らしさや男らしさ）に関わる側面を本質主義に基づいて表現すると、ある人は、〈女らしさ／男らしさ〉というジェンダーを「持っている」、あるいは、〈女／男〉というジェンダーに「属している」と理解される。話し手は、各々が持っている女らしさ／男らしさを表現するために、あるいは、各々が属しているジェンダーに基づいてことばを使うと考えられていた。

しかし、このような考え方では説明のつかないことがたくさん出てきてしまった。もっとも大きな問題は、人は誰でもそれぞれの状況に応じてことばを使い分けているということである。私たちが実際の場面で使っている言葉づかいは、さまざまな要因によって多様に変化している。同じ人でも、家庭での言葉づかいと職場での言葉づかいは異なる。同じ職場でも、話す相手や、場所、目的によっても異なる。また、同じ人でも子どものときと大人になってからでは言葉づかいが変わる。同じ〈男〉という属性を持っている人の中でも、その言葉づかいは互いに異なる。それだけではない。男も「女ことば」を使う場合もあるし、女も「男ことば」を使う場合がある。

私たちが、あらかじめ持っているアイデンティティに基づいて特定の話し方をすると考えると、このようにことばをさまざまに使い分けていることを説明することができない。

そこで提案されたのが、アイデンティティを言語行為の原因ではなく結果ととらえる考え方である。このように、アイデンティティを、言語行為を通して私たちが作りつづけるものだとみなす考え方を「構築主義」と呼ぶ。私たちは、あらかじめ備わっている〈日本人・男・中年〉という属性に基づいてことばを選択するのではなく、特定の言葉づかいをする行為によって自分のアイデンティティを作り上げていると考える。「私は日本人だから」「男として恥ずかしい」「もう中年だなあ」などと言う行為が、その人をその時〈日本人〉〈男〉〈中年〉として表現する。言葉づかいで言えば、「おれも、もう中年だなあ」のように、男性人称詞の「おれ」を使って「中年だ」と言う行為が、日本人中年男性のアイデンティティを表現すると考えるのである。

それでは、自分という人間の統一性などないのかと不安になる人もいるかもしれない。昨日の「私」と今日の「私」が違うなどということは考えにくい。構築主義ではこの問題を、「習慣」という概念で説明している。私たちは、繰り返し習慣的に特定のアイデンティティを表現しつづけることで、そのアイデンティティが自分の「核」であるかのような幻想を持つ。この幻想が、自分という人間には一定の統一性があるように感じさせているのである。

構築主義の考え方を翻訳に当てはめると、どうなるのだろう。たとえば、私たちは翻訳では、「やあ、○○。ぼくは、～さ」という言葉づかいが、スポーツ選手、俳優、ミュージシャン、そして、手堅いとはされていない仕事をしている人に使われることを見てきた。従来の本質主義の考え方に従えば、この現象は、これらの職業に従事している人には何か共通した特性があり、翻訳家がそれを表現するために「ぼく、さ」を使ったという見方がされる。しかし、構築主義は、このように話し手があらかじめ特定のアイデンティティを持っているという立場はとらない。むしろ、話し手は、特定の言葉づかいを使うことで特定のアイデンティティを表現するという考え方を採用している。

翻訳の場合も、これらの職業人の発言を繰り返し同じような言葉づかいに翻訳する行為が、これらの職業人に共通したアイデンティティを付与することになると考えるのである。スポーツ選手、俳優、ミュージシャンらの発言を「さ」に翻訳する行為が、海外のこれらの職業人に、〈気軽な親しさ〉というアイデンティティを共通して付与すると考える。そして、その結果、日本語にどのような変化がもたらされたのかを考えるのである。

――中村桃子『翻訳がつくる日本語　ヒロインは「女ことば」を話し続ける』

問い　右の文章を要約しなさい（二〇〇字以内）。

【解答・解説】

出典　中村桃子『翻訳がつくる日本語――ヒロインは「女ことば」を話し続ける』〈第Ⅱ部　翻訳を考える〉（白澤社）

解答

性差を示す表現や方言など特定の言葉づかいは、人物のアイデンティティを表す。話し手は人物像に基づいた特定の話し方をするという考え方を「本質主義」と呼ぶが、人はことばを状況により使い分けており、言語行為自体が人物像を作るとする「構築主義」が示された。構築主義では翻訳家が「ぼくは、～さ」など特定の言葉づかいを特定の職業人に使うことで、その職業に共通したアイデンティティを付与するととらえる。

（二〇〇字以内）

解説

文章展開

① 女ことばや男ことば、方言のような言葉づかいの働きの一つは、人のアイデンティティを表現することだ。
② 言葉づかいを、アイデンティティを表現する材料とみなす考え方から翻訳を理解する意義を見ていこう。
③ ことばとアイデンティティの関係は本質主義と構築主義に分けて理解できる。
④ 人はそれぞれの属性に基づいてことばを使うという考え方を「本質主義」と呼ぶ。
⑤ ジェンダーに関わる側面を本質主義でとらえると、各々が属しているジェンダーを表現するためにこと

ばを使うと考えられる。

⑥　しかし、人はそれぞれの状況に応じてことばを使い分けている。

⑦　あらかじめ持っているアイデンティティに基づいて特定の話し方をするという本質主義では、それを説明することができない。

⑧　そこで、アイデンティティは言語行為を通して作りつづけるものだとする「構築主義」が提案された。

⑨　人間の統一性への不安が生じるが、構築主義では習慣的に表現することで、一定の統一性があるという幻想を持つと説明する。

⑩　構築主義を翻訳に当てはめると、「ぼくは、～さ」というように、特定の言葉づかいを使うことで特定のアイデンティティを表現すると考える。

⑪　繰り返し同じ言葉づかいに翻訳する行為が、特定の職業人に共通したアイデンティティを付与すると考えるのである。

着眼点

文章展開では形式段落ごとに並べた。ここから内容の展開を追いながら文章の論理構造を把握してみたい。①②では、「言葉づかい」が人のアイデンティティを表現する時の材料とみなす考え方を提示し、その考え方によって翻訳を理解する意義を説明する、とこの文章の前提を説明している。その考え方の一つが③④⑤で説明される本質主義であり、人はそれぞれの属性に応じてことばを使う、つまり、たとえば人が本質に持っている「女らしさ」「男らしさ」をことばによって明らかにするというのが本質主義であると読み取れる。しかし実際には、⑥⑦で本質にこだわらず状況に応じてことばを使い分けているという問題が提起され、⑧で言語行為の結果としてアイデンティティは構築されるものだという構築主義の考えが提示される。そして

⑨で人間の統一性への不安の問題も説明され、⑩⑪で構築主義の考え方では、翻訳によって特定の職業人に対するアイデンティティ付与が行われていることが説明される。

この展開から、この文章の主眼は、翻訳において特定の職業人の語りを特定の言葉づかいで表現することで、その職業人のアイデンティティを「構築」しているという説明にあると読み取れる。つまり、構築主義の視点から見ると、スポーツ選手、俳優、ミュージシャンらの発言を「ぼくは、～さ」というラフな言葉づかいで繰り返し翻訳する行為によって、彼らに〈気軽な親しさ〉というアイデンティティを付与しているというのが筆者の主張である。この主張を明確にするために、話し手が自己のアイデンティティに応じたことばを使うという本質主義の考え方を提示し、その問題点から構築主義の考え方が提唱されたという論理展開で説明されていることがわかるだろう。

二〇〇字という字数での要約が求められており、単に論点を並べるという発想ではなく、文章の論理構造を把握しながら新たな文章として表現し直すという発想が必要である。その意味では、④本質主義の説明と⑥その問題点から提示された⑧構築主義、そして⑩⑪構築主義による翻訳の問題点を示すという流れでまとめるとわかりやすい要約になる。

参考　中村桃子（一九五五～）は関東学院大学教授。専攻は言語学。著書に『ことばとフェミニズム』『ことばとジェンダー』『女ことばと日本語』などがあり、言葉の使い方とジェンダーについて研究している。

二〇二〇年度

三

次の文章を読んで後の問いに答えなさい。

〈老い〉がまるで無用な「お荷物」であって、その最終場面ではまず「介護」の対象として意識されるという、そんな惨めな存在であるかのようにイメージされるようになったのには、それなりの歴史的経緯がある。生産と成長を基軸とする産業社会にあっては、停滞や衰退はなんとしても回避されねばならないものである。そしてその反対軸にあるものとして、〈老い〉がイメージとして位置づけられる。生産性（もしくはその潜勢性）や成長性、効率性、速度に、非生産的＝無用なもの、衰退＝老化——そういえば社会システムの老化のことを「制度疲労」とも言うのであった——として対置されるかたちで。〈若さ〉と〈老い〉という二つの観念は、産業社会ではたがいに鏡合わせの関係にある。

鏡合わせとは対になってはたらいているということであるが、その二つはいうまでもなく正負の価値的な関係のなかで捉えられている。そして重要なことは、〈老い〉が負の側を象徴するのは、時間のなかで蓄えられてきた〈経験〉というものにわずかな意味しか認められないということである。〈経験〉ということで、身をもって知っていること、憶えてきたことをここでは言っているのだが、産業社会では基本的に、ひとが長年かけて培ってきたメチエともいうべき経験知よりも、だれもが訓練でその方法さえ学習すれば使用できるテクノロジー（技術知）が重視される。機械化、自動化、分業化による能率性の向上が第一にめざされるからである。そしてこの「長年かけて培ってきた」という、その時間過程よりも結果に重きが置かれるというところから、〈経験〉の意味がしだいに削がれてきたのである。〈老い〉が尊敬された時代というのは、この〈経験〉が尊重された時代のことである。かつて、いろり端での老人と孫の会話では、孫は老人から知恵と知識を得た。現在では、老人が孫からコンピュータの使い方を教わる。〈経験〉がその価値を失うということ、それは〈成熟〉が意味を失うということだ。さらに〈成熟〉が意味を失うということは、「大人」になるということの意味が見えなくなることだ。

〈成熟〉とはあきらかに〈未熟〉の対になる観念である。生まれ、育ち、大人になり、老いて、死を迎える……。そういう過程としてひとの生が思い浮かべられている。そのなかで大人になることと未だ大人になっていないこととが、〈成熟〉と〈未熟〉として生の過程を二分している。

これは別に、人間にかぎって言われることではない。〈成熟〉とはまずは生きものが自活できるということであろう。食べ、飲み、居場所をもち、仲間と交際することが独力でできるということ、つまりはじぶんでじぶんの生活をマネージできるということであろう。もっともひとは、他の生きもの以上に、生活を他のひとと協同していとなむという意味では社会的なものであって、だから〈成熟〉とは、より正確には、社会のなかでじぶんの生活をじぶんで、じぶんたちの生活をじぶんたちで、マネージできるということである。そのかぎりでひとにおいて成熟とはその生活の相互依存ということを排除するものではない。産み落とされたとたんに見捨てられ、野ざらしになって死にっきりということがわたしたちの社会ではよほどのことがないかぎりありえない以上、生まれたときもわたしたちは他の人たちに迎えられたのであり、死ぬときも他の人たちに見送られる。だれもが、生まれるとすぐだれかに産着を着せられ、食べさせてもらうのであり、死ぬときもだれかに死装束にくるまれ、棺桶《かんおけ》に入れてもらうのである。

そうするとひとが生きものとして自活できるといっても、単純に独力で生きるということではないことになる。食べ物ひとつ、まとう衣ひとつ手に入れるのも、他のひとたちの力を借りないとできないのがわたしたちの生活であるかぎり、自活できるというのは他のひとたちに依存しないで、というのとはちがうのである。むしろそういう相互の依存生活を安定したかたちで維持することをも含めて、つまりじぶんのことだけでなく共同の生活の維持をも含めて、つまり他のひとの生活をも慮《おもんぱか》りながらじぶん（たち）の生活をマネージできるということが、成熟するということなのである。

となると成熟／未熟も、たんに生物としての年齢では分けられなくなる。〈成熟〉には社会的な能力の育成ということ、つまりは訓練と心構えが必要になるからである。

――鷲田清一『老いの空白』

問い　右の文章を要約しなさい（二〇〇字以内）。

【解答・解説】

出典　鷲田清一『老いの空白』〈3　見えない〈成熟〉のかたち〉（弘文堂）

解答

生産と成長を重視する産業社会の中で〈老い〉は惨めな存在という負のイメージを与えられたが、これは時間の蓄積による経験の価値低下とそれにつながる成熟の意味の喪失ということで、「大人」になるということのわかりにくさにつながった。しかし社会的な生きものである人間の成熟は、他の人に配慮しながら自分たちの生活を維持できることを意味するので、「大人」とは、年齢による区分ではなく社会的能力の体得を表すものである。

（二〇〇字以内）

解説

文章展開

① 〈老い〉が「介護」の必要な惨めな存在として意識されるようになったのは、産業社会の中で生産と成長の反対軸として〈老い〉が位置づけられ、〈若さ〉と〈老い〉という二つの観念が対置されたことによる。

② 〈老い〉が正負の価値的な関係の中で負の側を象徴することは、産業社会ではだれもが方法さえ学習すれば使用できるテクノロジー（技術知）を重視して、時間の中で蓄えられてきた〈経験〉にわずかな意味しか認めないということを示している。

③〈経験〉が価値を失うということは〈成熟〉が意味を失い、「大人」になるということの意味が見えなくなるということだ。

④人の一生を思い浮かべる中で、大人になっているか否かが〈成熟〉と〈未熟〉として生の過程を二分している。

⑤〈成熟〉とは生きものが自活できるということだが、ひとの場合は他のひとと協同して生活を営むという意味で社会的であるので、ひとの〈成熟〉は社会の中でじぶんたちの生活をじぶんたちでマネージできるということである。

⑥ひとの場合、共同の生活の維持を含め、他のひとの生活をも慮りながら、じぶんたちの生活をマネージできるということが、成熟するということだ。

⑦となると〈成熟〉〈未熟〉は年齢では分けられなくなる。〈成熟〉には社会的な能力を育成する訓練と心構えが必要になるからだ。

着眼点

文章展開では形式段落ごとに展開を並べた。この文章を大きく二つに分けると次のようになる。

［前段：**文章展開**①〜③］

〈老い〉が生産と成長を基軸とする産業社会の中で負の意味を象徴するようになったのは、時間の中で蓄えられた〈老い〉の経験に価値を認めなくなったことと関わり、そしてそのことで「大人」になることの意味がわからなくなった。

［後段：**文章展開**④〜⑦］

「大人」を見分ける未熟と成熟の違いとして、人間は協同して生活を営む社会的な生きものであるので、他の人の生活をも配慮しながら自分たちの生活を維持できることが〈成熟〉であり、年齢で「大人」になるのではなく、社会的な能力が備わっていることが「大人」なのだ。

このような内容の展開が読み取れるだろう。産業社会の中では〈若さ〉と〈老い〉の対比の中で、老いとその経験に対する価値が認められなくなって老いを介護の必要な惨めな存在としてしまった。このことは若者が経験を積んで成熟するということの価値を喪失させ、「大人」になるということの意味をわからなくしてしまった。しかし、他の人たちと協同しながら社会的生活を送る人間にとって、他の人の生活に配慮しながら社会全体として生活を維持できることが成熟なのだと筆者は述べている。だから意味のわかりにくくなった「大人」は、年齢が上がったから「大人」になるのではなく、社会的能力が身について成熟したからこそ「大人」と呼べるのだということが筆者の主張だと読み取れるだろう。出典では文章展開③の後に「大人」の区分がわからなくなっている現状を、具体例を用いて説明しているが、その部分を省略していることもあり前段部から後段部への展開がやや読み取りにくい。全体の流れを把握しつつまとめたい。

参考　鷲田清一（一九四九～）は京都府生まれ。哲学、倫理学を専攻。大阪大学名誉教授、大阪大学総長、京都市立芸術大学理事長・学長などを歴任した。『モードの迷宮』『「聴く」ことの力』『生きながらえる術』など多数の著書があり、大学入試問題にも多く使われている。

二〇一九年度

三　次の文章を読んで後の問いに答えなさい。

ヨーロッパにおいて大学は、教師と学生が自発的に集合して成立した自治的な組合組織に由来するが、アメリカの場合は、教会や州政府、さらには大富豪の寄付者によって人為的に設立されたものである。大学の支配権は、教員組織ではなく、研究や教育に直接携わらない設置者たちの手に握られていた。それゆえ、設置者たちの利益に反するような主張や気に入らない主張をした教員は、解雇される場合があった。一八七〇年代には、ダーウィンの進化論を唱えた学者が、キリスト教の教義に反するという理由で追放されるなどの事例があったが、科学の進展とともに、自然科学については、自由な研究や教育が認められるようになっていった。

しかし、社会科学における「学問の自由」は、資金を提供した企業家たちの利害と直接に対立する場合があったので、一九世紀末や二〇世紀初頭になっても、まだまだ認められるものではなかった。たとえば、ストライキやボイコットについて好意的に語った経済学者や、独占企業を批判した経済学者、「苦力《クーリー》」の奴隷的な労働を批判した社会学者、黒人の権利を主張した歴史学者などが、攻撃の対象になった。

ドイツの場合、大学教授は国家の被雇用者であり、一般市民には認められない特権的な自由が認められていたが、アメリカの場合、一般市民が憲法によって「言論の自由」を保証される一方、私企業の被雇用者としての大学教授にはそれが保証されていないという、皮肉な事態となっていたのである。「一八七八年にコーネルの理事の一人が、ビジネスマンが工場労働者を即座に解雇できるのと同じように、コーネルの理事会は教授を即座に免職できる権利をもっていると主張した」という。

それゆえ、アメリカにおける「学問の自由」を求める闘争は、自分たちが所属する大学の経営陣に対する闘争という形をとった。

大学教員たちは、経営陣が意のままに教員を解雇できないような身分保障を求め、一九一五年に「アメリカ大学教授協会」を設立した。最初は雇用期限付きの助教授などとして雇用され、業績次第で終身在職権（テニュア）を保証されるという、現在のアメリカで標準的となった大学教員の雇用形態は、「学問の自由」を確保するための闘争の一環として、以後数十年をかけて獲得されていった。テニュアとは要するに、経営陣にとって都合の悪いことを研究教育したからといって解雇されない権利である。これは、アメリカの労働法に根拠のある制度ではなく、教師の組合としての大学教授協会が、個々の大学の経営陣と交渉して実現し、ついにはアメリカの大学における慣習となったのである。

アメリカでは、二〇世紀初頭になってようやく「学問の自由」という概念が登場し、大学教授たちはその実現を目指すようになった。社会科学におけるその実現には紆余曲折《うよきょくせつ》があったが、自然科学の分野では、研究の自由は早々と実現されていった。

ベン＝デービッドは、「応用科学の分野が拡大しはじめた頃、アメリカではたしかに短期的な効用を尺度に研究を評価することを辞さない態度が、一般的だった。しかし、中央的な権力や資金の提供者が、それを科学共同体に強制するということはなかった」とし、その理由を、応用科学の研究をめぐる企業や大学の競争のなかで、「科学を科学以外の目的に利用する最善の方法は、研究や教育を科学以外の尺度ではかるのではなく、科学をそれ自身の道に進むに任せ、その成果を生産目的や教育、さらには生活の質の改善にどう役立てていくかを考えることだ」という教訓が得られたからだと主張する。そして、応用研究への支出の増大に引きずられるように、基礎研究の支出も拡大してきたと言う。

たしかにこの教訓はもっともらしいが、実際問題として、企業や大学の競争から必然的にこうした教訓が得られるものなのだろうか。大学教員が、自分たちのやりたい研究をしつつ、それへの寄付や補助金を手に入れることができるという、学者にとっていかにも都合のよい制度が、そのように簡単に形成されるものなのか。

こうした制度の形成過程については、上山隆大『アカデミック・キャピタリズムを超えて　アメリカの大学と科学研究の現在』の説明が説得的である。上山は、ベン＝デービッドが無造作に前提としている「基礎科学―応用科学」という二分法こそが、二〇世紀前半のアメリカにおいて形成され、この二分法が、科学研究への民間資金や公的資金の投入を正当化する「神話」として機能したと言うのである。以下では上山の議論を概観しよう。

アメリカでは、一般の人々は大学における研究や教育にそれほど価値を見ていなかったし、寄付をしてくれる企業家たちは実用的な研究に関心があった。そういう社会的風土の中で、科学研究に資金を集めるために、「純粋な科学研究を行うことの意義を一般大衆に解らせるための物語」として、「ベーシック・サイエンス（基礎研究）」という用語が考え出された。つまり、直接的には社会の役に立つわけではない基礎研究こそが応用研究を準備するので、基礎研究を充実させることは、結局のところ社会のために役立つというわけである。

ベン＝デービッドが言う「科学を社会に役立たせるための最善の道は、科学をそれ自身の道に進むに任せること」という教訓は、自然に得られたものであるよりは、アメリカの大学の置かれた社会的状況の中で、自由な研究への資金を獲得したい科学者たちが考え出した、政府や資金提供者を説得するためのレトリック、あるいは「神話」だったということである。

これが神話だというのは、この主張には実際上の根拠が何もないからである。「基礎研究に巨額の資金を投入することが、そのままアメリカの産業界への利害に直結する保証もなければ、新しい技術革新となって一般大衆の生活を潤すことになる保証があるわけでもない。にもかかわらず、この論理はアメリカのパトロネッジ（経済的ないし精神的な支援）を満たすのには、極めて魅力的な説得であった」。

つまり、われわれが「科学」に対して持つイメージそのものが、二〇世紀前半のアメリカの大学において考え出されたということである。

――山口裕之『「大学改革」という病―学問の自由・財政基盤・競争主義から検証する』

問い　右の文章を要約しなさい（二〇〇字以内）。

【解答・解説】

出典　山口裕之『「大学改革」という病――学問の自由・財政基盤・競争主義から検証する』〈第2章　なぜ巨額の税金を使って「学問の自由」が許されるのか〉（明石書店）

解答　アメリカの大学は資金提供者の力が強く、二〇世紀になっても社会科学分野での学問の自由は認められなかったが、終身在職権確保の闘争により学問の自由が保証されていった。自然科学分野では、直接社会の役に立たない基礎研究こそが応用研究に必要だと科学者たちが主張し、民間公的両方の資金が投入されて研究の自由が実現した。この主張は根拠がなく神話といえるが、「基礎」「応用」という科学のイメージを形成するもととなった。（二〇〇字以内）

解説

文章展開

①　ヨーロッパの大学の自治と異なり、アメリカの大学の支配権は教員組織ではなく設置者に握られ、二〇世紀初頭になっても設置した企業家との利害対立により、社会科学における「学問の自由」は認められていなかった。（第一・二段落）

②　私企業の被雇用者としての大学教授が「学問の自由」を求め、経営陣にとって都合の悪い研究をしたといって解雇されない終身在職権（テニュア）を確保する闘争が、二〇世紀の数十年にわたり行われた。（第三～五段落）

③　二〇世紀初頭「学問の自由」の概念が登場し、社会科学ではその実現に紆余曲折があったが、自然科学分野では研究の自由は早々と実現されていった。（第六段落）

④　科学の効用を考えずに自由に研究させる理由を、ベン=デービッドは、資金提供者が、科学を科学以外の目的に利用するには、科学をそれ自身の進むに任せるのが最善だと気づいたからだと主張するが、これには疑問が生じる。（第七・八段落）

⑤　研究の自由の形成過程については、上山隆大の「基礎科学―応用科学」という二分法についての議論が説得的だ。直接的に社会の役に立たない基礎研究こそが応用研究に必要だと科学者自身が主張して、民間資金や公的資金の投入を正当化したが、この主張に実際上の根拠がないため「神話」といえる、という論である。（第九～十二段落）

⑥　この「基礎科学―応用科学」の二分法は、現在の「科学」のイメージそのものであり、これは二〇世紀前半のアメリカの大学で考え出されたものなのだ。（第十三段落）

着眼点

文章展開から見ると、この文章が大きく二段に分かれていることがわかるだろう。

前半の**文章展開**①②はアメリカの大学における社会科学分野での「学問の自由」を求める過程が説明されている。アメリカの大学は運営資金を出す設置者の力が強く、被雇用者としての大学教授の発言権は非常に弱い。そのため、設置者にとって利益にならない研究・発言をする教授は大学を追われるしかなく、「学問の自由」は確保されていないといえる。そのため、設置者が意のままに解雇できない「終身在職権（テニュア）」を保証する交渉がされて、「学問の自由」が確保されてゆく。この展開が前半部となる。

後半の**文章展開**③～⑥は、自然科学分野の研究における自由確保の展開について述べる。自然科学分野では、「基礎科学─応用科学」という二分法により研究資金を確保し「学問の自由」を確保してゆく。直接産業に結びつく分野は企業から研究資金を得られるが、そうでない分野では資金確保は難しい。そこで科学者は、科学を「基礎」と「応用」に分け、産業に結びつく応用研究のためには基礎研究が不可欠だと主張するわけである。それにより、科学全体への資金投入が正当化され、直接利益関係にある民間だけではなく、社会の要請という形で公的資金も投入されるようになる。しかし、基礎、応用の関係には実際上の根拠がないので「神話」といえる。さらにこの基礎、応用が現在の科学のイメージであり、このイメージは二〇世紀のアメリカの大学で創出されたものだ、というのが後半部の展開である。

この前半、後半の展開を二〇〇字で要約する。全体ではおよそ二五〇〇字あり、全体の八パーセント程度まで絞る必要から、アメリカとの比較で言及されるヨーロッパの大学制度、そして文章展開④にあるベン＝デービッドの論（「簡単に形成されるものなのか」と疑問視されている）は、省略したほうがよいだろう。その上で、アメリカの大学の社会科学分野における「学問の自由」確保から、自然科学分野の、応用のために基礎が重要だという「神話」を考え出したことにより幅広い資金獲得に成功し、学問のイメージを形作った流れを文章化する。

参考　山口裕之（一九七〇〜）は徳島大学教授で、専門はフランス近代哲学、科学哲学。主な著書に『コンディヤックの思想』『人間科学の哲学』『ひとは生命をどのように理解してきたか』など。

二〇一八年度

三　次の文章を読んで後の問いに答えなさい。

著作権の都合上、省略。

著作権の都合上、省略。

著作権の都合上、省略。

——藤田省三「或る歴史的変質の時代」

（注）「天皇の世紀」　作家大佛次郎（一八九七—一九七三）が、幕末維新の時代を描いた長編歴史小説の題名。
（注）「私年号」　元号を紀年法として採用した東アジア諸国で、安定した中央権力が定めた元号を「公年号」、民間で使用された年号を「私年号」と呼ぶ。日本では中世後期に東日本で多くの例がみられる。
（注）「熊沢天皇」　熊沢寛道（一八八九—一九六六）。敗戦後に、自らが正当な皇位継承者であると主張して話題となった人物。
（注）谷干城（一八三七—一九一一）　元土佐藩士。討幕運動、維新政府で重要な役割を果たした軍人、政治家。
（注）頭山満（一八五五—一九四四）　自由民権運動から民族主義に転じた政治活動家。玄洋社を設立し、アジア主義を唱えた。

問い　右の文章を要約しなさい（二〇〇字以内）。

【解答・解説】

出典　藤田省三「或る歴史的変質の時代」(『精神史的考察』平凡社)

解答

「明治時代」は一つの共通の精神と行動形式を持つ歴史的構造体としての「時代」である。元号批判者の筆者が明治を時代と認めるのは、維新の自主的社会活動の成果として選ばれた元号という面で特別であるとともに、一つの歴史的構造体としての性格を明らかに持っているからだ。明治は「立国の時代」であり、社会的変質はあったが、国際列強からの「独立」という共通の目標が社会全体を貫き、歴史的構造体として統合されていたのだ。

(二〇〇字以内)

解説

文章展開

本文を形式段落ごとに追っていく。

① 一つの共通の精神と行動形式とを持った歴史的構造体が「時代」であるならば、「明治時代」は紛れもなく一つの時代だ。革命と動乱、制度の完成と社会的弛み、対外戦争を経験し、しかも、それらの諸局面を一つの共通の目標と精神が貫いていた。

② 「天皇の世紀」とは異なり、日露戦争後はここでいう歴史的構造体には属さず、「明治時代」は維新から日露戦争で終わる。私のような元号批判者がそれを典型的時代の名称として用いることには積極的理由が

ある。

③ それは「明治」が宮廷の都合の結果ではなく、維新の社会変動の結実として発生し、社会の内側から自主的に出現した社会活動の成果として選び取られたものであり、元号の中では異例で特別のものであったからだ。

④ その上、一つの歴史的構造体としての性格があることが「明治時代」と呼べる理由であり、「明治時代」は「立国の時代」と呼ぶことができる。

⑤ 明治十年代の政治的変動や二十年代の制度的確立やその後の社会的変質など、「明治時代」には変化があったにもかかわらず、一つの大きな目標が社会全体を貫き歴史的構造体へと統合されていた。

⑥ その目標は国際列強からの「独立」であり、「民権」「国権」という対立した立場であっても、「国民主義的独立」と「国家主義的独立」を標榜し、対立しながらも入り混じっていたことは、「独立国家」という目標が社会全体に行き渡っていたことを示している。

着眼点

出題された文章は、論の中心となる主要な展開とともに、その展開から連想されて加えられている補足的説明がかなり大きな部分を占めている。二〇〇字で要約するためには、主要な展開を読み取った上で、補足的説明がどの部分かを判断し、思い切って省いていく必要がある。

文章展開では形式段落の中心となる内容によって展開を追っているので、これをもとに確認していくと、**文章展開**①「明治時代」は共通の精神と行動形式である「歴史的構造体」を持った「時代」である。**文章展開**②③「明治」は、「大正」「昭和」といった天皇の在位との関係性による権力の側からのもの（＝天皇の世紀）ではなく、社会の内側から自主的に発生した運動の成果としての「時代」である。**文章展開**④〜⑥「明治時代」

と呼べるのは、変化があったとはいえ「立国の時代」として国際列強からの「独立」が社会全体の共通の目標となり歴史的構造体へと統合されていたからである。

以上から、国際列強からの「独立」が変動してゆく社会全体の目標となり歴史的構造体を構成する「時代」としての「明治」であった、という内容がこの文章の主要な論点であると読み取れる。第二段落最後の、名称は便宜上習慣に従っても差し支えないという補足説明、その後の「私年号」の異端性と「明治」の特殊性、「士族反乱」と「藩閥専制への反対」とのつながり、「民権」「国権」と関係する谷干城、頭山満への言及などは主要な論点からの連想や具体例を用いた説明であり、要約に入れると字数が厳しくなるだけでなく、要約自体がわかりにくいものになってしまう。思い切って省いていく判断が必要である。その確認の上で、文章の流れに沿って、文章展開①歴史的構造体としての「時代」の定義。文章展開③「明治」は自主的な社会活動の成果として選び取られた特別なもの。文章展開⑤⑥社会の変化があったにもかかわらず、「独立」という目標が社会全体を貫き歴史的構造体として統合された「時代」だった、という展開を字数内で記述していく。解答例では、「時代」としての明治の特殊性を強調するという意図で、元号批判者である筆者が明治という元号を「時代」として認める、という内容を明記した。

参考 藤田省三（一九二七〜二〇〇三）は思想史を研究テーマとした政治学者。著書に『天皇制国家の支配原理』『転向の思想史的研究』『維新の精神』などがある。この文章が入る『精神史的考察』は、二〇一一年度大問一でも出題されている。

二〇一七年度

三　次の文章を読んで後の問いに答えなさい。

戦後の社会では、戦時期においてスポーツは娯楽を本質とする自由主義的な側面を抑えられ、体力向上や思想善導などの国家的有用性を付与された不遇な存在であった、あるいは敵性スポーツとして圧迫される対象として位置づけられた、という見方が一般的だった。つまり、戦時のスポーツは国家の都合によって統制・抑圧の対象となった戦争の「被害者」だった。これに対して体操は、その導入の目的がそもそも国民の体力や規律の向上にあったため、むしろ「戦犯」に近い扱いを受けたのである。

体操との相対的位置関係に注目してスポーツ関係者の言説を見るとき、国家がスポーツを利用したというよりは、戦時でもスポーツを存続させたいと考える人々が自ら国家的有用性の主張によってその命脈を保とうと努力したことがわかる。特に日中戦争が始まり、東京でのオリンピック開催権が返上され、厚生省を中心とした体力政策が展開されるなかで、スポーツ界の人々はスポーツ不要論を払拭《ふっしょく》しようと躍起になり、国民体力向上や国民精神作興にとってスポーツが有用だと主張することでその延命を図ったのである。この動きは、東京オリンピック中止直後に企画された一九三八年の国民精神作興体育大会に始まる。

体操を社会化・国民化したいと願う人々の思考も、基本的には同様だった。彼らは体操の合理性や簡便性を主張しながら、国民体力向上と国民精神涵養《かんよう》という命題を背負った「国民体育」の適切な方法として、戦時国策に沿うように体操を展開していった。

戦時中の体操がスポーツと異なるところは、国民に、時間・身体・国家を明確に意識させる装置として機能したことにあるだろう。例えば、ラジオ体操は決められた時刻に全国一斉に実施され、健康増進だけでなく生活改善の役割を期待された。工場などに導入する際には作業の能率化をはかるという政策的主張もできた。また、国民心身鍛錬運動にみられるように国家的な施策あるいは行事として実施されたり、宮城遥拝《ようはい》などの儀式と併せて実施されたりする場合には、国家のための身体というイデオロギー性をより濃厚に帯びることになった。「先づ健康」や「健康報国」の戦時標語ポスターに体操が用いられたことが象徴するように、体操は「国家のための健康」を表象するものとなっていったのである。

このように体操は、国民精神や総動員的行動といったイデオロギーを具現するものとして盛んにおこなわれた。これに対して、それ以前は自由主義や国際主義を掲げていた外来のスポーツが、国民精神や総動員的行動として積極的な意義を主張することは難しかった。スポーツと体操は綱引きをしていたわけではないが、日中戦争開戦やオリンピック中止を契機として、体操や武道はスポーツとの相対的位置関係を変化させていった。体操指導者たちもこの時勢に乗って積極的に活動を展開し、体操は国民の健康・体力だけでなく精神的団結を示すものとして存在感を示したのである。

戦後は逆に、スポーツが民主的なものとして学校体育の中心に据えられ、体操はその補助教材的な役割へ後退するとともに、規制の対象となった。

体操が警戒感や忌避感をもたれる理由の一つに、ナショナリズムとの関係があるだろう。一九三〇年代に体操はナショナリズムとの結び付きを強めていった。

ナショナリズムという概念は、民主的に国家を形成・発展させようとする「国民主義」と、国家の権威や意思を第一と考える「国家主義」という両義性を有する。本書で描いてきたのは、体操が国民主義的に実践される過程と同時に、国家主義的に推進される過程である。

一九三〇年代、ヨーロッパの新しい体操の潮流の影響やラジオ体操の創出・普及によって、体操は健康的で愉快な集団的運動として認められつつあった。それは新しい体操が従来の体操につきまとう窮屈なイメージを刷新し、自発的に実行できる手軽な体操として人々の心を捉えたことや、集団的実施による高揚感が新しい体操の楽しみ方として受け入れられたことによる。ここに国民主義的な体操発展の萌芽を見ることはできるだろう。他方で、指導層は集団体操の国家的有用性に着目し、体操は国家政策として展開していくことになる。

体操は国民体力の向上に加えて国民精神の涵養という国家的有用性を認められることで存在感を増していき、体育関係者はそうした時代の追い風を受けて次々と体操を作り出した。この過程で日本体操大会のような体操イベントも創出された。戦争へと向かう時代は、このようにして空前の体操ブームともいえる状況を作り出したが、国家の論理にもとづいた形式的な体操の乱造は、結果として、人々の間に芽生えつつあった体操への自発的取り組みや文化的発展を妨げたともいえる。体操に内包されるナショナリズム——国家主義的側面——が前景化されることによって、自発性にもとづいた体操の楽しさが見えにくくなってしまったのである。それこそが、この時期に創案された多くの体操が戦後に至って消滅してしまった理由と考えられる。

——佐々木浩雄『体操の日本近代』

問い　右の文章を要約しなさい（二〇〇字以内）。

【解答・解説】

出典　佐々木浩雄『体操の日本近代——戦時期の集団体操と〈身体の国民化〉』〈第9章　戦後の体操 3　体操の戦前と戦後——まとめにかえて〉（青弓社）

解答　戦時のスポーツは国家統制の被害者で、体操は国民を規律に従わせた戦犯とされている。両者とも国家的有用性を主張することで命脈を保とうとしたが、体操は時間・身体・国家を意識させ、国民精神や総動員というイデオロギーを具現化する装置として外来のスポーツより位置を高め、逆に戦後は民主的なスポーツの補助に退いた。体操は、国家主義と結び付いたことで文化的発展が阻害され、戦後の警戒感や忌避感、多くの消滅を招いた。

（二〇〇字以内）

解説

文章展開

① 戦時スポーツは国家に抑圧された「被害者」だが、体操は国民の規律の向上により国家を支えた「戦犯」とされている。

② 戦時でもスポーツを存続させたい関係者が、国家的有用性の主張によりスポーツの延命を図った。

③ 体操を社会化したいと思う人々も、国民の体力向上と国民精神涵養という戦時国策に沿うように体操を展開した。

④ 戦時中の体操は、国民に時間・身体・国家を意識させる装置として機能したという点でスポーツと異な

る。

⑤　スポーツは自由主義を掲げていたため国家的意義を主張することは難しく、体操の相対的位置は高くなった。

⑥　戦後は逆に、スポーツが民主的なものとして学校体育の中心となり体操は補助的なものに後退し、規制された。

⑦　体操が警戒、忌避される理由の一つはナショナリズムとの結び付きであるだろう。

⑧　体操が国民主義的に実践されると同時に、国家主義的に推進される過程を本書で描いてきた。

⑨　一九三〇年代、体操は健康的で愉快な集団的運動として認められつつあったが、指導層は国家的有用性に着目した。

⑩　戦争に向かう中、国民精神涵養という国家の論理により体操が乱造されて本来の楽しさは見えにくくなり、戦後多くが消滅した。

着眼点

約二一〇〇字の文章の二〇〇字要約。本文全体の展開を把握し、文章に込められた筆者の主張、意図を反映しながら要約しなければならない。

本文では太平洋戦争前後で、「スポーツ」、「体操」への見方が変化したことを説明していることが読み取れるだろう。その際強く意識しなければならないことは、「スポーツ」と「体操」が全く別個のものとして把握されており、その中で「体操」の位置づけを中心に据えて論じられている点である。戦前と戦時中は、スポーツは戦争遂行に不必要なものとして位置づけられて排除されることを避けるため、国家的有用性があるという主張をすることで存続を図る。その中で体操は、国民に時間・身体・国家を明確に意識させる装置として国民精神や総動員的行動という、戦争遂行のイデオロギーを具現化するものとして取り入れられていく。しかし、自由主義や国際主義を掲げていた外来のスポーツは、体操ほどの国家的意義を主張することはできず、位置は低下する。戦後はその立場が逆転し、スポーツは民主的なものとして位置を高め、体操はスポーツの補助的役割に後退する。体操は体育の前の準備として行うものというイメージからこのことは理解できるだろう。**文章展開**⑦以降は、体操の位置づけの変化をナショナリズムという視点から深めるという意図によって述べられているといえる。本来は健康的で愉快な集団的運動として文化的発展を遂げることのできる体操が、国家主義的側面が前面に出ることで、自発的発展は阻害され、国家の論理に基づいた体操が乱造され、戦後の位置が確定し、多くの体操が消滅したという前半までの展開の補強になっている。これらの読み取りから、**文章展開**⑥までにある体操、スポーツの変遷をまとめ、体操が国家主義的イデオロギーとの強い結び付きを得られるもので、そのために戦後の衰退を招いたという点を強調したい。

この文章の読み取りには、筆者の論理を読み取る読解力とともに、太平洋戦争前から戦後に至る日本の歴史の知識が必要だ。日本がどのような思想、政策により戦争に向かっていったか、それが戦後どのように変化したかという知識がこの文章の読解には不可欠である。日頃の幅広い学習が求められる問題だ。

参考　佐々木浩雄（一九七五〜）は龍谷大学文学部准教授。体育学・スポーツ史専攻。共著に『幻の東京オリンピックとその時代』『体育・スポーツ史の世界』などがある。

二〇一六年度

三

次の文章を読んで後の問いに答えなさい。

ヨーロッパの旅をする時、都市のモニュメンタルな建造物などを見れば、誰しもそれに魅せられる。だが、そこですぐに人は、その建物は誰が何時いかなる目的で建てたのか、などというような知的関心の方に動かされやすいのであるが、それはしばしばその人の印象体験やその感動を弱めるか、打ち消すかするのに作用するのである。たしかに建築物について、その様式とか構造とか、また成立過程や細部の特徴といったことについて、知的に認識する、ということも大切なことであるし、この本でもいくらかそうした面に立ち入りもしている。しかし、もっと大切なことは、その対象についてまず知的・分析的に考える、ということではなくて、その対象をまず全体として見て感じるということ、あるいはその対象との出会いを新鮮に体験するということ、ではあるまいか。全体として見る、ということは、外から見るということ、そしてその出会いの新鮮な印象を体験するということである。

だが、このように言っただけでは、まだ旅の体験のなかにかくれひそんでいる大切なものを引き出すには十分ではない。人が旅において都市や建物や樹木や原野に出会うとすれば、それらの事物は、すでに一つの諸関連と構造をもった生きた全体、一つの生きた個性体であるはずである。その生きた一つの全体とは、風景にほかならない。人が旅において出会うのは一つの風景なのであり、ある風景のなかの事物に出会うのである。そしてこの風景こそは、歴史的・文化的人間の生と自然的・風土的生との一つの綜《そう》合《ごう》、一つの結合として現象するものなのである。

ただたんに、部分としての家や建物だけとか、雲、山、川だけでは風景とはならない。ちょうど人間にとって眼、鼻、耳、額、髪などのどの部分も、それだけでは顔、つまり生きた全体をつくらないが、一つの全体としての顔を形成した時に、初めて生きた個性ある風貌《ふうぼう》が現象するように、自然物や人為的建造物などが、一つの内的・生命的構造関連をもつ生きた全体となるところに、風景が現象する。風景のこの内的生命関連は「風景のリズム」と言うことができる。もしも一つの美しい自然的風景があって、そこに人為的建造物が入り込むとして、それが風景のリズムを破壊せずに、調和した一つの統一をつくり出しているとしたら、人為的建造物をつくる人の心に、したがってつくられた作品としての建物のなかに、風景の心、風景のリズムが生きて作用しているということ、このことを認めざるをえないであろう。その反対の場合も明白である。風景の心を無視した資本主義的営利関心のつくり出す建造物が、むき出しに風景を破壊する、ということは人のよく知っていることなのである。傷つけられた風景を見て人が痛みや悲しみを感得するのは、人が風景を生きものと感じているからである。

いま風景の心、などという言い方をしたのであるが、これがここでの眼目なのだ。風景とは、たんなる死んだ物象としての自然の断片の機械的集合体とは何か違ったものである。日本語は風景のこの本質をよくとらえている。風景の間に「情」を入れてみよう。すると「風情」と「情景」の二語が、風景から派生してくる。実に「風景」とは、「風情」をもった「情景」にほかならない。つまり「風景」という二語の間に「情」がかくされているわけである。これ以上にみごとに風景の本質を語るのはむずかしいほどだ。風景は情をもっているのだ。

これで十分に風景の本質はとらえられているのであるが、私はさらにこの「情」を、クラーゲスの「表現学」（現象学）の中心概念である「生情」（das Wesen）といいかえてみよう。クラーゲスにおいてはもともと人間と動物の表現学の中心概念であったものを、私は風景に適用してみることにする。すると、風景とは一つの生情をもつ、ということになる。風景とは生情をもっているところの一つの生きた現象なのである。

しかし、さらにいま一つ本質的に重要なことが、そこから生じてくる。風景が生情をもって現象するということは、風景が「世界内存在」（メルロ＝ポンティ）の出来事になる、ということである。風景は、それを発見する人間と出会う時、すなわち「世界内存在」において、生きた現象となるのだ。たとえば人が海岸で水平線を見て、そこに風景を感ずるとしよう。するとこの風景は、空と海を分ける線や、雲や青い空、海の色や、そして見る人の心の状態や、さまざまのものの綜合として一つの出来事、一つの存在であることは明白である。もしも人が、その水平線の実在を確認しようとして、その水平線に向かって進むなら、水平線は姿を消してしまうだろう。

一方では風景は、自然的・風土的世界の、それ自身長い歴史をもつ、個々の出来事の一つの生きた綜合として現われる。自然・風土は風景成立の土壌であり構成要素である。そしてその生きた現象の語りかけてくるものを受けとる人間があってこそ、風景は成立する。他方において人間は、深層心理において、無意識のなかで、その風景のなかに願望や希望や理想や喜びや悲しみの面影を発見し、それに共感している。すなわち、風景が人間に語りかけてくる面と、人間が風景に語りかける面と、この二つの生の流れの交流のなかで、一つの風景が成立するのである。

――内田芳明『風景の現象学―ヨーロッパの旅から』

問い　右の文章を要約しなさい(二〇〇字以内)。

【解答・解説】

出典　内田芳明『風景の現象学——ヨーロッパの旅から』〈終章　風景の現象学と歴史の現象学　旅と風景の現象学〉（中公新書）

解答　旅では風景に出会うことが大切であり、風景とは歴史的・文化的人間の生と自然的・風土的生との綜合である。事物が内的・生命的構造関連をもつ生きた全体となる時に風景は現象し、心が作用し「生情」をもつという点にその本質がある。また風景はそれを発見する人間が共感する時「世界内存在」において生きた現象となる。このように生きた現象として人間に語りかけ、人間が共感するという二つの生の交流の中で風景は成立する。

（二〇〇字以内）

解説

文章展開

①旅では建造物等への知的関心に動かされやすいが、対象を全体として感じ、その新鮮な印象を体験することが重要。

②旅では事物の生きた全体である「風景」に出会う。この「風景」は歴史的・文化的人間の生と自然的・風土的生との綜合として現象するものだ。

③自然物や建造物などが、一つの内的・生命的構造関連をもつ全体となる時に風景が現象し、この内的生命関連は「風景のリズム」「風景の心」といえる。

④「風景の心」というのが眼目で、日本語の「風景」から「風情」と「情景」が派生するように風景は情をもっている。

⑤さらに人間と動物の「表現学」の中心概念「生情」を適用すると、風景は生情をもつ一つの生きた現象といえる。

⑥もう一つ重要なことは、風景はそれを発見する人間と出会う時、すなわち「世界内存在」において生きた現象となる。

⑦自然、風土は風景成立の要素であり、それを受け取る人間がいて風景は成立し、人間は風景に様々な心情を発見し共感する。風景と人間のこの二つの生の交流のなかで風景が成立する。

着眼点

約二二〇〇字の文章を二〇〇字に要約する。本文の字数が三〇〇〇字を超える年度もある中で、例年と比較すると短めの文章であるが、かなり抽象的な論で展開をつかみにくい文章といえる。やはり文章全体の展開を把握し、要約にまとめる内容を検討することが大切だ。今回の文章は形式段落ごとのまとまりで文脈を**文章展開**に示した。

文章展開①②から、旅での文物や自然との出会いは、事物の生きた全体としての「風景」に出会い新鮮な印象として体験することであるとわかる。事物への知的認識については否定的に述べ、生きた全体としての「風景」は歴史的・文化的人間の生と自然的・風土的生との綜合であると示し、これがこの文章のテーマといえる。

この「生きた」という内容について説明したのが**文章展開**③~⑥の内容だ。風景は、事物が生命的構造をもつ全体となる時に現象する。このことのわかりにくさを解消するため、筆者は眼、鼻、耳などの部分が顔という全体になった時に「生きた」ものとして現象すると例を挙げて説明する。このような具体例は要約に盛り込むことは当然できないが、文章で言われていることをイメージするために重要な表現だ。この生命ともいえる生きた風景が「心」をもつということを、日本語の「風景」が「情」と関係するという点から説明。さらに、文章展開⑤の部分でクラーゲスの「表現学」の概念である「生情」を適用し風景と心の関係を補強する。そして、文章展開⑥で、メルロ=ポンティの「世界内存在」を導入し、風景を発見する人間と出会う時に風景が生きた現象となるという風景に対する人間側の働きかけの視点を付け加える。

これらのまとめが文章展開⑦であり、自然、風土という構成要素と、それを受け取る人間の共感で風景が成立するという結論が述べられる。この内容を風景、人間双方が語りかける「二つの生の流れの交流」によって全体としての「風景」が成立すると言い換えている。

要約としては、はじめにある風景がテーマであるのを押さえることが第一のポイント。その上で、事物が生命的構造をもつ生きた全体となることで風景が現象し、心の作用も関わり、さらにその風景を発見する人間の側の共感も風景の成立に重要な役割を果たすという説明が第二のポイント。そして、全体のまとめとして、風景と人間双方の生の交流によって風景が成立するという形でまとめることができるだろう。

参考　内田芳明（一九二三〜二〇一四）は社会思想の研究者。東京商科大学（現在の一橋大学）卒業。マックス・ウェーバーの研究書、翻訳が多数ある。また風景、景観についての著書もあり、『風景の現象学』はヨーロッパを旅行した時の随想。

二〇一五年度

三

次の文章を読んで後の問いに答えなさい。

よく、学問は疑いから始まるといいます。だから万事疑うことが重要だと。その通りです。決して間違っていません。だが正しいことが間違って受け取られて大違いのもとになることもある。学問的発見の創造現場に立ってみると、疑いの前にというか疑いの底に信ずるという行為があって、その信の念が「疑い」を創造に生かしている。そういう仕組みになっているので、その面の理解を欠いて言葉だけを受け取ると、正しくはあっても肝心の創造、ささやかながらも自分でものを見、一個の自由な人間として何かを創ってゆくには役立たぬ空語になります。

新しい学説の生誕という、大状況での学問的事件の場合でも、およそ創造の現場に立てば同じで、それについても後に申し上げるつもりですけれども、大学者の大学問創造に関する大議論は別として、お互い「本を読む」という当面の実際問題としても、いったい、本は、最初から疑いの眼で接して読めるんでしょうか。試しにちょっと、――仮説的に私を信じて――考えてみて下さい。「学問は疑いから生れる」という真理をう呑みにして、役立たぬ形でもたれかかっていたなあ、と気づかれるかも知れませんよ。

古典は一読明快ではない。深く、踏みこんで読まねばと、さきほど申し上げました。古典の真髄、古典の古典たるゆえんは、踏みこんで、深読みして――本文との格闘をくりかえして――初めてわかる。それは御了解いただいたと思いますが、しかし、信じてかからなきゃ踏みこめないじゃないですか。「適当に」しか読めない。疑い深く白眼視しながら踏みこんで本文と格闘するなんてことはできない。それ自体矛盾しています。いわんや、分らぬところを二度三度、時間をかけて根掘り葉掘り深読みの労を払うなど、馬鹿馬鹿《ばかばか》しくってできるわけないですね。何か期して待つところがなきゃ。信ずるところがあって初めて、読み深めの労苦が払える。

も少し、さしあたって手ぶらで考えられるかぎりで問題を煮つめておきましょう。いま、ちょっと見たように、信ずることがなければ読み深めの労は出てこないが、それよりもまず、労を払って解くべき問題・事実そのもの——解読すべき本文の字句——が、信の念がなければハッキリした形で目に映ってこない。

たとえばAさんの本を読んでいて、おかしいなと思うとき——あるいは思うところは、誰にもいっぱい出てくると思いますよ。ここでAさんがいっていること——事実あるいは解釈——は、私の了解しているところと違っている、おかしいなとか、ここにはこう書いてあるけれど、たしか他のところでは別のことをいっていたと思うがなあとか、あるいは、つじつまの合わんこと、あるいは関係のないことが同じこのパラグラフのなかにあるとか。その他、多少読みつけてくると、段落と段落あるいは章と章との関係ですね、さらには全体の編別構成。そのかかり結び——と私は名づけています。コンテクストとかテクスチュアといってもいいでしょう——がハッキリつかめないとか。要するに文章解読法の鍵になる(かも知れん)いくつかの箇所ですね、具体的な。

文章についてそういう事実(と思われるもの)の発見があり、そこに何故という疑問がおこる。そして、その疑問を解くための探索が始まる。それはそうなんですけれども、その「事実に対する疑い」が、現実に、ある具体的な事実に対するはっきりとした形の「疑い」として読み手に提起され、その「疑い」を解明するための労苦を要する行為に結実してくるためには、その(疑いの)底に信ずるという情念・信の念が働いていなければならないでしょう。一つには、ここにはたしかに私にこう読めることが書いてあるけれど、それはどうしても変だという、自分の読みに対する信の念が。そしていま一つ。Aさんほどの人が出たらめを書くはずがないというかたちでの、著者に対する、これまた信の念が。

この二つの面での信念に支えられて初めて、疑問が、ある事についてのハッキリした形の疑問として起り、それを解くための苦渋にみちた探索が始まり、また持続するわけです。事実を執念深く確かめてゆく操作のなかで、この二つの面での信念も、それぞれに確かめ直されて中身も変ってくるわけですけれども、それにしても、あらかじめ、端緒において、漠たる形ではあれ、行為へと人をうながさずにおかぬ強烈な信念がなければ、読み深めの行為どころか、そもそも解明すべき事実なるもの——ここにこう書いてあるがそれは変だというそれですね、さしあたって——すら、ハッキリした形では浮かんできません。何となく変だという感じで終ってしまう。

漠然たる疑いは、そのままでは解きようがない。問題が、解明を要する問題としてハッキリとした形で読み手に提起されてくるには、そもそもまず、端緒において、この両面でのそれぞれに深い信念があることを前提にしています。

自分の読み――あるいは読むときの自分の感じ――に対する信念だけあって、はずという、著者らしい著者としてのA氏に対する信の心が無ければ、本文の字句に対する具体的な疑問がかりに起ったとしても、その疑問は、ミスプリか思いちがいだろう、といったかたちで、本文に勝手な改訂を加えて安直に読むことで、解消してしまうでしょう。熟読・熟考によって解明すべき箇所・具体的な事実そのものが、消えてしまう。自負――じつは他者一般に対する浅信――からくる本文の読みとばし・粗読です。

もっと粗雑に、一読明快に目に映るかぎりで読みとばしてなんらの疑問も生じない無神経な人も多いですけれども、それでは本を読んだことにはなりませんね。本文の一字一句に神経をくばって精読し、おかしいとおもわれる箇所のいくつかを発見してその鍵を解こうとするのは、もともと、「はず」というA氏あるいは「A氏ほどの人」への、さらにいえば、A氏もそれに属しているはずの著者らしい著者というものに対する信念が心に働いているからです。駄本ばかり読んでいると、こういうくせが身についてしまいます。本とは「適当に」読み流すべきもの。

他方でしかし、これとは反対に、著者への信だけあって、自分の読みに対する信念がおよそ無ければ、あるいは、本を信じて自分を拋棄《ほうき》してしまっては、これまた精読はできない。本文を隈《くま》なく精読し読み深める労を払って自分の見たところ、自分の疑惑を確かめ、隠された内実に到達してその本を自分の古典として獲得する創造的読書への道は、ここでもまた、閉ざされてしまいます。「適当に」しか本が読めない。

疑問が出ないというよりも、そもそも、それを疑問として執拗《しつよう》に探索をしてゆくべき事実そのものの発見と確認ですね、ここにはこう書かれている（がそれはどういうわけだろう）という事実が、はっきりとした形で自分の目に映り、確認されてこない。

愛読者といわれる人のなかには、むしろファンというべきでしょうが、A氏一辺倒で、A氏のものといえば――A氏のものだけは――我を忘れて読みふける人もありますけれども、こういう読み、著者にもたれかかって己れを捨てた耽読《たんどく》は、深読・精読に似て然《さ》に非ず。盲信からくるこれまた一種の読み飛ばし行為つまり本質的には粗雑な読みであって、一字一句本文を精読し、謎を含む（と思われる）ところを見出してその謎を解く労苦に満ちた「賭け」を重ねてA氏の真髄にいたる道ではありません。

深いところで著者を信じることは必要ですが、自分を捨てて著者にもたれかかっちゃいけない。その時その時の自分の読みをとにもかくにも信じてそこに自分を賭ける。という行為(のくりかえし)がなければ、A氏の本が名著であるゆえんをこの眼で確認し、自分の古典として獲得することは、何回くりかえし読んでも不可能です。

こういう、読む人自身への信と忠誠を欠いた「盲信からくる粗読」は、その意味で非生産的ですが、それだけじゃない。愛読者としての著者への信の面でみても、こういう読書態度は、A氏を、深いところで信ずるというよりも、むしろ、著者らしい著者、信を寄せるに足る人間の一人として見ていないことを、つまるところ本当にはA氏その人に対する人間的信頼が欠如していることを意味する、といっていい。まともにぶつかってゆくことに危惧《きぐ》を感じる。曖昧模糊《あいまいもこ》としたままに置くことによって保たれねばならぬような「信頼」関係。それは信頼関係とはいえますまい。

以上二つの面での信念に支えられて念入りに、注意深く事実を見るという行為があって初めて、「疑い」が現実に学問的探求の母となるのであって、その裏打ちがなければ、疑いは、漠然とした、消極的で不毛なフィーリングに終って、本文解読の積極的な活動を生む源にはなってきません。

——内田義彦「「読むこと」と「聴くこと」と」

問い　右の文章を要約しなさい(二〇〇字以内)。

【解答・解説】

出典　内田義彦『読書と社会科学』〈Ⅰ「読むこと」と「聴くこと」と　二　読み深めの諸相〉（岩波新書）

解答

学問は疑いから始まるというが、疑いの根底にある信の念が学問的創造に結実する。本を読むという行為から考えると、事実かどうかの疑いを読み手に提起しその解明を結実させるため、自分の読みへの信と著者に対する信との二つの信念が必要だ。前者だけでは勝手な解釈となり後者だけでは探索すべき事実が発見できず、精読につながらないからだ。この二つの信念をもとに事実を探求することで初めて、疑いが学問的探求の母になるのだ。

（二〇〇字以内）

解説

文章展開

① 学問は疑いから始まるというが、学問的発見の創造の現場では信ずるという行為があって、その信の念が「疑い」を創造に生かすことになる。

② 学問的発見は別にして、本を読むという実際問題からしても、信ずるところがあって初めて疑い深く踏み込み、読みを深めるという労苦が払えることは、古典の読解からもわかる。

③ 文章の内容が事実かどうかの「疑い」を読み手に提起し、それを解明する労苦を要する行為に結びつけるために、自分の読みに対する信の念と著者に対する信の念の二つの面の信念が必要だ。

④ 自分の読みに対する信念だけでは勝手な解釈と粗雑な読みになり、著者への信だけでは自分の疑問や、疑問として探索すべき事実自体が見えないので精読にはならず、ひいては著者への人間的信頼の欠如につながる。

⑤ この二つの面での信念により注意深く事実を見るという行為によって、初めて疑いが学問的探求の母になるのである。

着眼点

学問は疑いから始まるといわれるが、その疑いの根底に「信の念」が必要であるということを述べた文章。例年よりやや長めの約三五〇〇字の文章を二〇〇字に要約する問題である。読者（聞き手）を念頭に置いた講演調の語り口で言い換えや反証を多用しながら説明している文章であるため、論の中心となる展開を把握して筆者の意図を理解した上で、簡潔な言葉に表現し直さなければ字数的に厳しくなってしまい、簡単な問題ではない。

文章展開に示したとおり、学問における「信の念」の重要性という結論を冒頭の①で明示し、その理由説明として②から④の「本を読む」という行為の際に「信」がどのように関わるかという考察を筆者はしている。そして最後の⑤の部分で考察をふまえて結論に結びつけるというのが大きな展開である。

この展開の把握から要約に盛り込むべき第一の内容として、①の、学問は疑いから始まるがその「疑い」の根底に「信」があることが重要であるという筆者の主張を記述することが必須であることがわかる。この「信」の重要性を「本を読む」ことから考えるのが②以降の展開だが、そこで第二に言及すべきなのがこの「信の念」に二つの面があること。これが自分自身の読みを信じることと、筆者が正しいことを書いているはずだと筆者を信じることの二点。解答例ではこの二つの信を導くために、②にある本を読む際の疑いの必要性と、それを解明する行為のために「信」が必要だという形で結びつけて記述した。

なぜこの二つの信が必要かという点が④の部分で説明されているが、ここが「信」の二者のうち片方だけがない場合どうなるかという反実仮想の形で説明されている。内容としてはわかりやすいが字数的な分量があり、要約する上ではやっかいな部分である。解答例では、自分の読みへの信と筆者への信のそれぞれの必要性に言及した形で示したが、字数的に厳しければ「この両者がなければ精読にはつながらない」という形で結論だけをまとめても問題ないかと思う。

その上で、記述すべき第三の内容である、二つの面での「信念」に支えられて注意深く事実を見ることで初めて「疑い」が学問的探求の源になるという結論部分に結びつけたい。

参考　内田義彦（一九一三〜一九八九）は愛知県生まれの経済学者。著書に『経済学の生誕』『日本資本主義の思想像』『作品としての社会科学』などがある。

二〇一四年度

三　次の文章を読んで後の問いに答えなさい。

何かモノを見るには、視点の確保が必要だ。肉眼でも、キャメラを通してでもそうだが、何らかのモノを視覚で捉《とら》えようとすれば、安定した視点が要る。生身の人体の場合、両眼を水平に保たないと、ひどくモノは見えにくい。両眼が水平でも、いわゆる股《また》のぞきのようなことをすれば、世界はまるっきり違った風に見える。人がモノを見るとき、両目の下にあるもの、例えば平行する二本の足は重要だ。

またキャメラの場合であれば、今度は三本の足、つまり三脚のようなかたちで、やはり安定した視点が確保される。それで露出時間が少々かかろうが、ブレない映像を撮ることができる。このように、何かものを見るときには、見ている視点の下に、それを可能にしてくれる何かがある。つまり見ることのためには、何か土台のようなものが前提とされる。

視覚にかぎらず、他の感覚による認識一般にかんしても、こうした土台のようなものがしばしば想定されている。現に、認識の土台とか、認識論的な基礎とか視座とかいうことがよく言われる。あるいは、そんな小難しい用語でなくても、じっくり腰を落ち着けて話に耳を傾けろとか、腹を据えてじっと眼を凝らしてみろとか、そういう類《たぐい》のことが、日常の場で口にされる。どうやら認識のためには、それを下で支える何かが必要であるが、そうした支えとなる土台は、腹や腰など、安定・固定・不動・不変のようなイメージで語られることが多いようだ。認識論的革命とか切断とかいうこともよく言われるが、それらは滅多に起こらないから革命になるのであって、普段なら認識は、つねに変わらぬ何かによって支えられていると考えられている。

しかし、本当にそうなのか。モノをよく見るためには、じっとしていた方がいいのか。認識のためには不動の視点が不可欠なのか。逆に、運動が認識を可能にするということはないのか。動かないと、モノはよく見えないということはないのだろうか。その場合、支えとなるのは、腹や腰ではなく、足だ。ヒトの場合、二足歩行によって相対的に高い視点が確保される。さらに、歩くこと、ないしは走ることによって、視点を高く保ったまま、自在に移動することができる。そうした移動する視点によって、以前より容易に食物を獲得し、外敵から身を守ることができるようになったのだろう。運動する認識こそが、ヒトにとって生存の有利さをもたらしたのではないか。

ともあれ、一九世紀の生理学的心理学は、運動する認識の理論を用意し始める。例えばそうした学は、眼球の運動に注目する。眼球は実は絶えず動き、止まることを知らない。眼球は動くことによって、盲点を回避し、視野を拡げ、奥行きを認識する。また視覚以外の感覚も、動くことによって、より容易に空間のなかで認識される。例えば、人は実際に「耳を傾ける」。耳自体を動かせる人は少ないから、それ以外の部分を動かし、つまり体を傾けたりひねったりしながら、方向を定め、聴覚を働かせる。このように、認識を支えているのは、不動のものではなく、むしろ運動する何かである——当時の心理学はこのように考えつつあった。テオドュール・リボーの『注意の心理学』(一八八九)は、こうした一九世紀的心理学が獲得した知見を、きわめて明快かつ簡潔に示した書物である。この書を貫く基本命題はまさしく「運動なくして知覚なし」、リボーによれば、注意とは何よりも動的なメカニズムであり、筋肉の運動を伴う。注意は、たとえ静止というかたちをとる場合でも——例えば、視線を固定させるために、眼球が静止させられる場合でも——、そこには静止をもたらすための筋肉運動がある。このように知覚のかたわらには、ごく微少な場合もあるが、かならず運動が存在するとリボーは考えた。

静止をもたらす運動とは、まさに逆説的な運動だ。不動のためには運動が必要になるということなのだから。しかし現に、安定した視点を得るためには、逆に動かなければならないということがある。例えば、対象自体が動くがゆえに、それを安定的に捉えるには、何らかの運動が必要になる場合がある。映画撮影においては、疾走する馬や車を捉えるために、キャメラは予め作られたレールの上を滑らかに運動しながら、撮影が行われる。対象が動くのであれば、視点もそれを追って動く。その場合、視点を支える基盤もいっしょに動かなければならない。視点は安定した基盤を保持しつつも、それでも移動しなければならない。あるいは、より正確に言えば、安定した視点の基盤を保持するためにこそ、あえて動かなければならないのだ。

このような認識に伴う運動は、変化を常態とし、あらゆる対象が絶えず動き続ける近代においてこそ、鮮明に意識されるようになったといえる。対象が固定しており、認識が安定した基盤に支えられていたときには、そんな基盤に眼《め》を向ける者はいなかっただろう。しかしながら、近代という時代においては、カントをはじめとして、認識を支える基盤は何かという批判的な問いを繰り返すようになる。当初は、そうした基盤が動いているという自覚はなかったかもしれない。けれども、そうした基盤が、実際に見ている視点とはズレた別の場所にあることが、朧気《おぼろげ》ながらに感じられたのかもしれない。いずれにせよ人は、認識の基盤に眼を向けるようになった。つまり認識について、それを可能にするものを認識しようとした。

かくして、認識の認識、つまり見ている者をさらに見るということが始まる。眼球の裏側では、小人《ホムンクルス》が網膜像を見つめている。鏡のなかの自分の眼を覗《のぞ》き込むと、自分の眼にも自分の姿が映っているのが見える。そんな風にして、無限や分裂におののきながらも、認識を認識しようとする試みが始まる。

そうした試みは、一方ではカントのように、認識の形式や範疇《はんちゅう》を探るという超越論的方向に向かう。他方では、生理学的心理学のように、内在的な方向に向かう。認識に伴う運動を捉えるということは、要は認識する身体を捉えるということだ。認識とは何よりも、身体に深く根ざしている——そうした想定のもと、認識の問題が考えられ始める。

ヨハネス・ミューラーは『人間生理学教本』(一八三三)で、視覚を徹底して内在的に捉えている。彼によれば、視覚という感覚は、外界からの光が眼に入って生じるだけではない。それは殴打や震盪《しんとう》など、物理的な刺激によっても生じるし、薬物など化学的な刺激によっても生じる。この場合、視覚は身体の内側だけで生じる感覚であり、外界に存在する対象とは関係がない。また同じ頃、グスタフ・フェヒナーも、網膜残像の研究に取り組んでいる。残像現象において、わずかな時間ではあるが、眼の前にはもうない対象の像が異なる色で現れる。この場合も視覚は、外界の対象とは切り離される。

かつてであれば、そうした感覚の示すのはたんなる幻影で、認識などと到底呼べるものではないとみなされただろう。人間の身体はむしろ、認識を妨げたり歪《ゆが》めたりするものと考えられていた。その場合、認識とは究極的には真理の認識であり、神による認識だという前提があった。しかし一九世紀の心理学は、その前提をくつがえす。そこで人間の身体は、認識を妨げるものではなく、認識を生み出すものとして現れる。認識を受け取るものではなく、認識をつくり出すものとして現れる。運動とともに、そして身体とともに、認識は受動的なものから能動的なものへと転化する。

——北垣　徹「運動する認識」

問い　右の文章を、認識のあり方の変化を軸にまとめなさい（二〇〇字以内）。

【解答・解説】

出典　北垣徹「運動する認識」（世界思想社『世界思想』二〇一三年春四〇号）

解答

かつて認識にはそれを支える不変のものが必要であるとされた。しかし変化を常態とする近代の意識を背景に、認識を支える基盤が注目されるようになり、認識自体を認識しようという試みが始まった。生理学的心理学では認識に運動が伴うと想定し、運動を行う身体の側が認識を生み出していることを示した。これは認識が、神による真理を受け取る受動的なものから、人間の身体が作り出すという能動的なものに転化したことを意味する。

（二〇〇字以内）

解説

文章展開

① モノを見るには視点の確保が必要なように、認識一般も常に変わらないものに支えられていると考えられている。

② しかし、運動が認識を可能にするという可能性があり、運動する認識こそがヒトの生存に有利さをもたらしたといえる。

③ 一九世紀の生理学的心理学は運動する認識の理論を研究し、リボーは知覚には運動が必要なことを示した。

④　このような認識に伴う運動は変化を常態とする近代において意識され、認識を支える基盤に眼を向け、認識を可能にするものを認識しようとする試みにつながった。
⑤　これが生理学的心理学では、認識に伴う運動を行う身体そのものを考えることにつながり、感覚が外界と関係なく身体内部で生じることが示された。
⑥　かつては、人間の身体は認識を妨げるもので認識は神による真理として受け取るものであったが、この心理学の研究は身体が認識を生み出すものとして現れることを示し、認識は受動的なものから能動的なものに転化することになった。

着眼点

「認識」の捉えられ方が近代を境にして変化したことを説明する文章。「認識のあり方の変化を軸に」まとめるという条件はあるが、ほぼ例年の要約と同じといえる。「変化」のあり方（背景／原因〔遠因〕・展開など）を明確に読み取り、説明としても対比を明確化することに注意を払いたい。

近代以前の考え方では、認識は常に変わらないものに支えられるとされていた。その後、**文章展開**③・④にあるとおり、変化を常態とする意識を背景に、運動が認識を可能にするという考えが現れ、生理学的心理学によって、運動を行う身体で感覚が生まれるという、認識の基盤に対する知見の「変化」が起こった。これは⑥で総括されるように、認識は神による真理という不変のものを基盤にしており、人間はそれを受け取るという受動的な考え方から、人間自身の身体が認識を生み出すという能動的な考え方に大きく「変化」したことを意味する。

解答をまとめる際には、近代以前から近代以降への、認識を支える基盤の考え方の変化について説明して前半とし、後半で、認識が受動的なものから人間の身体が作り出す能動的なものになったという人間の受動性→能動性への変化について、受動性と能動性の意味を具体的にしつつ説明する二部構造とすると、流れがわかりやすく自然である。後半は前半を総括しており、歴史上での人間の受動性から能動性への変化という、より大きな話題に発展している点を解答上に反映させてまとめたい。〔解答〕では、以上のような議論の発展性を示すために、前半部の変化は、後半部のような変化への転化を「意味する」という文末でまとめている。

参考　北垣徹（一九六七〜）は知識社会学、社会思想史の研究者で、西南学院大学外国語学部教授。訳書として『代表制の政治哲学』などがある。

二〇一三年度

三

次の文章を読んで後の問いに答えなさい。

岡本太郎(注)は感性について次のように言っている。

「感性をみがくという言葉はおかしいと思うんだ。感性というのは、誰にでも、瞬間にわき起こるものだ。感性だけ鋭くして、みがきたいと思ってもだめだね。自分自身をいろいろな条件にぶっつけることによって、はじめて自分全体の中に燃えあがり、広がるものが感性だよ」(『強く生きる言葉』二四頁)

至極まっとうな言葉だと思う。とくに哲学的な定義に頼らずとも、感性に実体などないのだから、どんな堅い石でもみがけるはずがない。にもかかわらず、しばしば僕らは「感性をみがく」などと口にしてきた。どうしてだろう。

日本人は修行が好きだ。歴史物語でも伝記物でも、努力した者が高く評価される。一種の因果応報思想かもしれない。高じて敗者にさえ独得の美学を見ようとする。むろん、それはそれで独自のドラマツルギー(注)を生み出した。梶原一騎(注)の劇画的世界などが典型だろう。僕も決して嫌いではない。が、野球や拳闘《けんとう》のみならず、この筋で行くと、芸術まで苦行をよしとするようになってしまう。が、それはちょっとまずいのではないか。

スポーツや学問がある種の苦行を必要とするというのは真実だ。それは芸能でも同じだろう。たしかに芸能で修行は絶対の条件であり、技は磨かれなければ到底見られたものではない。しかし芸術はどうだろうか。芸術に修行が必要だろうか。

たぶん、こんな疑問が出ること自体、僕らが芸術と芸能の区別をあまりうまくできていないことを示しているのではないか。

はっきり言うが、芸術に技は必ずしも必要ではない。芸術に必要なのは、圧倒的に感性である。

こんなことを書くとすぐに、いや、そのような感性重視の発想が、芸術のみならず、社会から文化に至るまで、すべてをなし崩しにしてしまったのではないか、いまこそ知識や経験を地道に積み上げる教育に戻るべきだ、という声が聞こえて来そうだ。たしかに戦後の日本、とりわけ近年のわが国の諸分野におよぶ退潮の根本的な原因に、基礎教育の欠落があるというのは、その通りだろう。

けれども、ここで僕が言いたいのは、もっと根源的なことだ。それは「芸術は教育可能か」という問題である。

美術大学で教えている手前、言いにくくはあるのだが、大学で美術を教えるのはひどくむずかしい。とにかく、他の学問分野のようにおよそ体系といったものがない。教えられるのは、せいぜい美術の歴史をめぐる基本的な知識や、美術という制度をめぐる様々な社会的背景くらいではないか。しかし美術史や美学を修めたからといって、画家がよい絵を描くわけではない。彫刻家が見事な造形をなせるわけではない。むしろ、それに絡めとられ、わけがわからなくなってしまうことも少なくない。

そもそも、よい絵とはなんであろうか。すぐれた美術作品とはどんなものであろうか。

答えは簡単で、観《み》る人の心を動かすものにほかならない。哀《かな》しみでも憎しみでも喜びでも怒りでもかまわない。ポジティヴな感情でもネガティヴなものでもかまわない。観る人の気持ちがわけもわからずグラグラと揺り動かされる。いても立ってもいられなくなる。一枚の絵がなぜだか頭からずっと離れない。それが、芸術が作品として成り立つ根源的な条件なのである。

芸術が生み出すこうした現象を、僕らはしばしば「感動」などとひとくくりにしてわかったつもりになってしまう。これがよくない。その意味では芸術にとって「感動」は諸悪の根源だ。

感動などと言って済ませようとした瞬間に、あの苦労物語がここぞとばかり首をもたげてくる。この絵を描くのに、画家がどれだけ血のにじむ努力をしたことか。どれだけ多くの人が関わり、波瀾《はらん》万丈の道程があったことか。などなど。

こうなってくると、無理矢理にでも感動しなければいけない気持ちにもなってくる。感動しなければ、自分が罪深いようにさえ思えてくる。一致団結して感動を支えるべきだ。そのためには、もっともっと勉強しなければならない。努力して感性をみがかなければならない。

正直言って、そういうのは疲れます。

ここには、「芸術に感動できる者はすぐれた感性の持ち主であり、ゆえに作品に込められた高い技芸や複雑な歴史を読み解く優れた感性を持つ」という偏見が横たわっている。

なぜ偏見かというと、先の美術をめぐる教育の話でも出たことだが、作る側だけでなく観る側にとっても、知識や技術は鑑賞の助けにはなっても、それがあるからといって本当に心が動かされるとは限らないからだ。むしろ、それが邪魔になって目の前の絵に感性が届かない、ということだって起きてくる。

最近、やたらオーディオ・ガイドとやらが発達して、美術館に行くと、みなヘッドフォンを掛けて絵を観ている。あれはいったい、本当に絵を観ていることになるのか。肝心の絵の方が、解説を聞くためのイラスト風情に成り下がっていはしないか。あんなものを付けて絵を観せられるなら、ひたすら何も考えずじっと絵を睨《にら》みつけた方がずっといい。

そうでなくても、芸術をめぐって感動の源泉を知識や技術にもとめようとすると、どうしてもわかりやすい基準に頼りがちだ。「うまい」「きれいだ」「ここちよい」などがそれである。うまい絵、きれいな絵、ここちよい絵ほど、パッと観に判断しやすく、みなで価値を共有できるものはない。

実は、岡本太郎が真っ向から否定したものこそ、この三つの基準であった。「芸術は、うまくあってはならない、きれいであってはならない、ここちよくあってはならない」と太郎は喝破した。

要は、ある絵を観て、「うわ、なんてみにくい絵なんだろう」「こういう絵はもう二度と観たくない」「こんな絵を描いた人物は、きっとどこか変なのだ」といった反応をすることを、芸術は排除するべきではない。世間的にはネガティヴだとされるこうした感情も、もしかするとその人の心の奥底に眠り、ずっと押さえつけられていたなにかに気づき、それを解放するきっかけになるかもしれないからだ。

そして、どんな絵に心が揺さぶられるかは、けっきょくのところ、その人にしかわからない。誰《だれ》にもわかってもらえない。ましてや共有などできるはずがない。感性がみがけないというのは、煎《せん》じ詰めればそういうことだ。

つまり、芸術における感性とは、あくまで観る側の心の自由にある。決して、高められるような代物ではない。その代わり、貶《おとし》められることもない。そのひとがそのひとであるということ、それだけが感性の根拠だからだ。

ひとたびこれをまちがえると、感性の根拠が自分のなかではなく、作られた作品や、それを作った作者の側にあるように思い込んでしまう。しかし、芸術体験にとってこれほど不幸なことはない。

他人のことは決してわからない。ましてや他人の感性などわかるはずがない。けっきょく芸術作品は自分で観るしかない。それは誰にも肩代わりができない、あなただけの体験だ。言い換えれば、個が全責任を負って観ることができるのが芸術だ。そして、これがすべてなのである。

ところが安易にこの権利を作り手の側に渡してしまう。渡した途端、他人のことはわからないものだから、すぐにわかりやすい理由に頼ろうとしてしまう。この絵の描き手はどのくらい描写の技を持っているか、過去にどんな履歴を積んでいるか、どんな有力な流派に属しているか。これでは心は動かされない。反対に心を支配されてしまう。では、そうならぬためにはどうしたらよいか。

感性など、みがこうとしないことだ。いま書いたとおり、感性とは「あなたがあなたであること」以外に根拠を置きようのないなにものかだ。一枚の絵の前に立って、いったいあなたがなにを感じるのか。たしかに、その感じ方には、当人が受けて来た教育や慣習といった様々な背景によって色が付いているだろう。しかし、それはそれでよいのである。芸術にはまっさらな気持ちで接するべきだとする、別のかたちの潔癖主義の誘いに乗ることはない。芸術作品とは自分がなにものであるかを映し出す鏡なのであるから、汚れた自分のままがよいのだ。むしろ自分の汚れを絵に映してしっかりと見届け、そこから先へ進んでゆく糧にすればよい。

芸術作品には芸術作品の「分際」というものがある。最終的には、あなたの生き様に何も及ぼさないのであれば、どんなに価値が高いとされている芸術でも、ほんとうのところは粗大ゴミも同然なのである。

別の言い方をすると、芸術家にとって、観る者の感性の優位には残酷なところがある。作り手が、自作の価値の源泉をできあいの知識や履歴に頼れなくなったとき、作家は丸裸にされてしまうからだ。

職業柄、よく美術館や画廊を訪れる。見事な技を持ち、様々な歴史的な文脈を踏まえ、まるで一個の構造物のようによく練られた作品に出会うことは少なくない。しかし、それでいてまったく心を動かされないのだ。

こういう作品には、なにか無惨なものがある。よくできていて、しかも同時に無惨なのだ。いや、よくできているということ自体が、無惨なのかもしれない。つまり、知識や技の痕跡《こんせき》は垣間《かいま》見えても、直接、感性を呼び覚ます力がない。学習の対象にはなっても、絵を観ることの喜びや哀しみがない。怒りや晴れやかさがない。

反対に、そうした知識や技に裏付けられることがなく、まったく教育を受けたことのない者が引いた素描の線に、猛烈に心を動かされることがある。けれども、そこで描かれた線が、特になにか優れているわけではない。

ここで勘違いしてしまうと、線を引いた者の無垢《むく》や天才を賞讃するという別の悪弊に陥ってしまう。安易に子供の描く絵はみなすばらしいと言ってみたり、障害をおった者の絵を格別に賛美したりしてしまう。本当は、感性を通じて自分の心のなかを覗《のぞ》き込んでいるだけなのに、そのことに気づかない。気づこうとしない。結局、怖いからだろう。

誰でも、自分の心の中身を知るのは怖い。だからふだんはそっと仕舞っておく。けれども、ときに芸術作品はこの蓋《ふた》を容赦なく開けてしまう。冒頭に掲げた岡本太郎の言葉にある「いろいろな条件にぶっつける」というのは、まさにそのことだ。ゴツゴツとした感触がある。なにか軋轢《あつれき》が生じる。自分が壊れそうになる。こうした生の手触りを感じるとき、僕らは、自分のなかで感性が音を立て蠢《うごめ》いているのを初めて知る。

感性とは、どこまでも事後的にしか知れないものだからだ。

——椹木野衣《さわらぎのい》「感性は感動しない」

（注）岡本太郎　（一九一一～一九九六）芸術家。『太陽の塔』などの作品が有名。

（注）ドラマツルギー　ドラマの製作手法。

（注）梶原一騎　（一九三六～一九八七）漫画原作者。『巨人の星』『あしたのジョー』などの作品が有名。

問い　右の文章を要約しなさい（二〇〇字以内）

【解答・解説】

出典　椹木野衣《さわらぎのい》「感性は感動しない」（世界思想社『世界思想』二〇一二年春三九号）

解答

芸術鑑賞のために感性をみがくという発想は誤りだ。よい芸術作品は観るものの心を動かすが、これにはポジティヴ、ネガティヴの両面があり得る。芸術における感性は観る側の心の自由にあり、芸術家、鑑賞者両者が技術や知識をみがき教育を受けることが心の動きに関係するわけではない。芸術に触れて自己の内面に気づき、それにより感性の動きに気づける。このように感性は事後的で、やはり感性をみがくことはできないといえる。

（二〇〇字以内）

解説

文章展開

① 感性には実体がなく、みがけるはずがないのに「感性をみがく」と言うのはなぜか。
② 日本人は修行を好み芸術にもそれを求めるが、芸術に必要なのは感性だ。
③ 感性重視が基礎教育の欠落と日本の退潮につながると批判されるが、芸術教育がよい絵につながるわけではなく、よい絵とは観るひとの心を動かす絵だ。
④ これを「感動」と言うが、そのことが画家の苦労を思い努力して感性をみがくべきだという誤りに導く。
⑤ 芸術に感動できるのは感性があるからで、技芸や歴史を読み解く感性を持つべきという偏見が潜むが、

知識や技術によって心が動かされるわけではなく逆に鑑賞の妨げになることもある。

⑥ 芸術の感動を知識や技術に求めると「うまい」「きれいだ」などのわかりやすい基準に頼りがちになるが、ネガティヴな感情も心を揺さぶる要素になり得る。

⑦ 芸術における感性は見る側の心の自由にあり、高められるようなものではない。個が全責任を負って観ることができるのが芸術だ。

⑧ しかし、これを作り手の側に渡し、わかりやすい理由に頼る結果、心を動かされないことになる。

⑨ 感性はみがこうとせず、自分を映す鏡としての芸術にありのままに接するのがよい。

⑩ 芸術家からみるとこれは残酷である。また特に優れたところのない無垢の者を賞賛するというのも誤りである。芸術を観るとは感性を通じ自分の心を覗くだけなのだ。

⑪ 芸術作品により何かを感じ、その結果、感性の動きを知るのであり、感性とは事後的なものだ。

着眼点

約五〇〇〇字の文章を二〇〇字に要約する問題で、例年にない圧縮率であり、さらにエッセーというべき文章なので、筆者の論の展開が追いにくい。しかしこれは、字数・時間ともに余裕がなくなるので、具体例や内容の細部にこだわろうとせず、筆者の論旨そのものを的確に捉えてその内容を中心に要約していくことが求められているともいえる。「感性をみがく」という一般的な言い回しになぜ問題があるのか、なぜ感性は「みがけない」のかについて、文章中の具体例に戻らなくても要約だけで説明が成り立っているようにしつつも、いかに本文の内容を使いながら読み間違いをしないでまとめられるかがポイントである。

文章展開で示した通り、この文章のテーマは〈芸術に関わる感性はみがくものではない〉という主張である。書き出しの①でその主張が示され、その理由は以下のように説明される。

まず、芸術は人の心を動かすもの（③）であり、芸術を観るとき、感性は観る側の心の自由にある。それはつまり「誰にも肩代わりができない」経験であり、「個が全責任を負って観ることができる」ものであるから、何らかの「基準」によって高められるものではないとする（⑦）。さらに⑩・⑪では、感性の動きを知ることは、芸術作品に触れ自分の心に感じた結果起こる、事後的なものであると示されており、ここから筆者の感性の定義が読み取れる。これらの主張の間に、感性をみがく努力や、それを促すような教育や展示のあり方がはらむ問題点が挟まれ、筆者の主張が補強されながら論が進んでいる。

字数を考えると、右に挙げた「感性をみがく」という考え方への筆者の批判の構造を中心に据えて、感性はみがけないという主張とその理由をまとめていけばよい。

解答において盛り込みたいポイントは、おおよそ以下のようにまとめられる。❶芸術における感性は、作る経験・観る経験ともに、その人の心の自由にあり、それだけが基準であること、❷技術や知識を蓄積することで心の動きをみがくことにはならないこと。なぜなら、❸感性は芸術経験を通して心にわきあがる事後的なものですべてであり、❹以上の理由により感性はみがけない。

ある具体例の内容が突出して詳しく説明されるなどということのないよう、解答全体において一文一文が占めるバランス調整を意識するとよい。

参考 椹木野衣（一九六二〜）は美術評論家。多摩美術大学美術学部教授。著書に『黒い太陽と赤いカニ——岡本太郎の日本』など。岡本太郎の芸術論が多い。「感性は感動しない」は二〇一三年度入試で山形大学、埼玉大学、早稲田大学でも出題された。なお、大問三は二〇一三・二〇一四年度と連続して世界思想社のPR誌『世界思想』掲載の文章が出題されている。

二〇一二年度

三 次の文章を読んで後の問いに答えなさい。

先日、「外国語教育と異文化理解」というテーマでのシンポジウムで、「目標文化」というあまりなじみのない言葉を聞いた。「目標文化」というのは、私たちがある外国語を学ぶとき、その学習を通じてめざす文化のことである。フランス語を学ぶ場合、フランス語は「目標言語」、フランス文化は「目標文化」と呼ばれる。という説明を聞いたとき、何か強い違和感を覚えた。発表者は「目標文化に到達するためには、目標言語による教育が必須である」というネイティヴの教師が強く主張する教育観を取り上げて、それに対する疑念を語っていた。

私もそれに頷《うなず》いた。苦い経験があるからである。二十年ほど前、ある語学学校で、フランスのテレビの「お笑い番組」のビデオを見せられて、早口のギャグの聴き取りを命じられた。私がその課題を拒否して、「私はこのような聴き取り能力の習得には関心がない」と告げたところ、教師は激怒して、「市井のフランス人が現に話しているコロキアル(注)な言葉が理解できない人間はフランス文化をついに理解できないであろう」と述べた。彼女の予言は正しかったことが後にわかるのだけれど、そのとき私がこのフランス人教師と意見が対立したのは、私と彼女が「フランス文化とはこういうものだ」と思い込んでいたのが同じではなかったからである。

私がフランス語の習得を志したのは、六〇年代の知的なイノベーション(注)の過半がフランス語話者によってなされているように見えたからである。サルトル、カミュ、レヴィ＝ストロース、フーコー、ラカン、バルト、デリダ、レヴィナスたちの仕事はこの時期に集中しており、彼らの最新の知見にアクセスするためにフランス語運用能力は必須と思われた。私はこの「知的饗宴《きょうえん》」を欲望してフランス語を学び始めたのであって、市井のフランス人に特段の興味があったわけではない(今もない)。

だから、目標文化は、必ずしもある国語を母語とする人たちの「国民文化」を意味しない。例えば、聖書の原典はヘブライ語やアラム語やコイネー（注）で書かれているが、それらを母語とする話者たちはもう存在しない。だからといって、聖書を生み出した文化について真の理解に達することはもはや誰にもできないと主張する人はいない。誰もそれを母語としない言語にも固有の文化というものがありうる。

私は実は今の世界における英語というのが「誰もそれを母語としない言語」ではないかと思っている。それは英語が国際共通語、リンガ・フランカ（注）だという意味ではない。国際共通語というのは「いかなる国民文化からも自立した、中立的なコミュニケーション・ツール」というふうに定義されるのだろうが、英語はそうではない。英語話者たちもまたある「種族の文化」をめざしてはいるのである。ただ、その「種族」は近代国家論的な枠組みでの国民国家ではないということである。

「英語ができる人」がアメリカ文化やイギリス文化やカナダ文化やニュージーランド文化について造詣《ぞうけい》が深いということはない。大学の英文学科に進学する高校生たちが書く志望理由のほとんどは「英語を生かした職業に就きたい」というものである。彼らは卒業後に例えば香港の航空会社やドバイのホテルに就職する。中国文化やアラビア半島の文化に興味があってそうしたと言う人はいないだろう。

少し似た状況が六〇―七〇年代にもあった。この時期、理系で履修者が一番多かった第二外国語は意外なことにロシア語である。それは一九五〇―六〇年代にソ連が宇宙開発や原子力工学でアメリカをしばしば凌駕《りょうが》していたという科学史的事実を映し出している。そののち、ご案内の通り、ソ連崩壊とともに、ロシア語を学ぶ学生は潮が引くようにいなくなった。理系の学生をロシア語に惹《ひ》きつけたのは、ロシア語運用能力が彼らにもたらすであろう学術上の、あるいは生活上の「利便性」、にべもない言い方をすれば「利益」であったから、その保証がなくなれば、ロシア語を習得する動機は消失する。一方、チェーホフやドストエフスキーを読むために露文に進む学生たちのロシア語学習動機は、東西冷戦構造や宇宙開発競争とはかかわりがない。

私たちに言えるのは、どの外国語を学習するかということと、学習者がどのような目標文化を標的にしているかということの間には一意的な相関はないということである。

私自身はまず英語と漢文を学び、それからフランス語を学び、少しだけヘブライ語を囓《かじ》った。どれも中途半端に終わったが、それらの外国語を習得しようと決意して辞書や教則本を買い込んだときの浮き立つような気分は今でも忘れない。私の場合、それはいつも同じ気分だった。「今の自分が使っている言葉でしか思考できない、表現できない、対話できない」という息苦しさから離脱することを期待したのである。私はどこか他の種族の文化を血肉化したかったのではない。種族の文化そのものから離脱したかったのである。「ここは違う場所、今とは違う時間、私とは別の人」に出会うことを切望していたのである。フランスの知識人たちの「知的饗宴」を欲望したのは、それが母語的現実から隔たること最も遠いものに思えたからである。

その後、私が母語的現実から少しでも身を引き剥《は》がすことができたのかどうか、わからない。わかるのは、私が母語を含めてあらゆる言語の「不器用な遣い手」になってしまったということだけである。

——内田樹「目標文化をもたない言語」

(注)　コロキアル　口語的。
(注)　イノベーション　刷新。
(注)　コイネー　紀元前五世紀ごろから西暦七世紀ごろまで東地中海地方の共通語として用いられた言語。現代ギリシャ語の祖。
(注)　リンガ・フランカ　共通語。

問い　右の文章を要約しなさい（二〇〇字以内）。

【解答・解説】

出典　内田樹「目標文化をもたない言語」（岩波書店『文学』二〇一一年五・六月号）

解答

外国語の学習を通して、その文化の理解に到達させようとする目標文化の考え方には違和感がある。他言語学習の目的は必ずしも他文化理解ではなく、就職上の利益や国民文化とは異なる知的興味にあることが多い。またすべての言語に国民文化が存在するわけではない。つまり、外国語学習の目的は特定の目標文化の理解にあるべきだとする考え方は実情と合わない。筆者自身、自国文化からの離脱とその爽快感が他言語学習の動機であった。

（二〇〇字以内）

解説

文章展開

①「外国語教育と異文化理解」についてのシンポジウムで、外国語学習でめざすべき「目標文化」の説明を聞いたとき強い違和感を覚え、目標文化到達のために目標言語による教育をするという教育観への疑念が語られたことに共感した。

②私はフランス語の学習をしたとき、文化理解に市井のフランス語が必須だとする教師と対立した。私がフランス語を学習したのは当時のフランス語による「知的饗宴」を欲望したからだ。

③目標文化はある言語の「国民文化」を意味するわけではなく、誰も母語としない言語（たとえば英語）

にも固有の文化がありうる。

④　英語ができる人は必ずしも英語圏の文化を理解しているわけではなく、役に立つから学習している人も多い。同様のことは以前のロシア語学習熱にもあった。

⑤　私たちに言えるのは、どの外国語を学習するかということと、どのような目標文化を標的とするかということの間に一意的な相関はないということであり、私自身、現在使っている言語やその文化からの離脱を目的として外国語を学んだのだ。

着眼点

具体例の的確なまとめ（＝一般化）が必要な出題。主題に対応する段落間の構造が捉えにくい文章では、まずターゲットとする本文の大きな主張を抽出してから、それに肉付けする方法がまとめやすい。ただしその作業を行うためにも、やはりまずは段落を基本単位として文章展開を把握し、全体をふまえて事例の一般化を行う。

文章展開でわかるように、筆者の論の中心は、外国語学習の目的に目標文化の習得があるという考えは誤りだ（⑤）という主張である。この結論に向けて、他言語学習の目的がある言語の「国民文化」にあるわけではない例が示されている。それが、筆者のフランス語学習体験（②）や、六〇―七〇年代や現在の状況における他言語習得の目的の例（④）である。

この展開に沿って、例を簡潔に一般化しながら、国民文化をその背景にもたない言語もあること、つまり目標文化は必ずしも「国民文化」を意味しないこと、ある言語を学ぶことと、その言語の「国民文化」を学ぶことに相関関係はない＝そうした考え方は実情と合わないとする筆者の結論をまとめる。

注意点として、〈目標文化＝特定の「国民文化」〉ではない、という内容を必ず盛り込むようにしよう。このポイントを欠いてしまうと、解答で「外国語学習の目的は目標文化の習得ではない」と書いたときに誤読が生じてしまう。筆者はあくまでも〈外国語学習の目的は「国民文化」とは限らない→目標文化、つまり外国語学習の標的は様々である〉と主張している（⑤）ことを、解答を読んで伝わるように反映させたい。

解答作成にあたっては、全体をまとめ直すこともできるが、筆者の論の展開をそのままトレースしてよい。筆者の目標言語への違和感について冒頭で明示し、知的興味と学習による利益を目的とする他言語学習について、筆者の動機の例などを簡潔に補いながらまとめる。⑤の結論の内容に向かって全体を構成するとまとめやすい。

なお、字数制限に引っかからなければ、目標文化という考え方に近代的な国民国家という枠組みがかかわっていることなども簡単に述べてよいだろう。

参考　内田樹（一九五〇～）はフランス現代思想の研究者で、評論家として映画論・武道論にも関心をもつ。神戸女学院大学名誉教授。著書は『寝ながら学べる構造主義』『街場の教育論』など多数。『私家版・ユダヤ文化論』（文春新書）で第六回小林秀雄賞を受賞した。大学入試における著書の採用が多く、二〇一一年度大阪大学、二〇一二年度九州大学、二〇一三年度上智大学、二〇一六年度は東京大学、大阪大学などで著作が出典にとられている。

二〇一一年度

三

次の文章を読んで後の問いに答えなさい。

行動様式の二つの種類として本能と習慣とを区別したが、人間と他の動物とにおいてこの二者が有している比重は決して同一ではない。人間を一つの極端とし、昆虫類を他の極端とすれば、前者において習慣が恐らく最大の比重を有しておるのに対し、後者においては本能が最も高度の発展を示していると言うことが出来る。すなわち人間がほとんど完全に習慣によって環境にアジャストするのと反対に、昆虫類は本能のみを媒介として環境との間のバランスを確立する。昆虫類の本能は微妙な構造と作用とを有しておるために、その幼虫はこの世界に出生するや否やその親と区別することが困難なほど完成した行動の主体となる。もし児童という名称が、いまだ自己の力と方法とによって環境に適応することが出来ず、適応のためには成人の助力を必要とするものの謂《いい》であるならば、昆虫においてはかかる名称を受くべき時期がほとんどないものと言わねばならぬ。昆虫類は何等《なんら》後天的に学ぶことなくして、しかもよく環境へのアジャストメントを実現するごとき行動の主体となることが可能である。そして逆に昆虫類は先天的に有している行動様式以外のものを学習するという側面に関してはほとんど見るべき能力を与えられておらない。昆虫類は出生の時に完成しているのであって、その以後これに何物かを加えることは許されないのである。

他の極端としての人間にあっては本能は著しく粗雑且つ無力な構造を有しておるが故に、人間の幼児は先天的に有している行動様式に従う限りは全く環境に対する適応の道を知ることなく、成人の庇護《ひご》並びに助力を離れて環境のうちに放置される時は、ほとんど一日も生きることは不可能である。食物を探すことも、歩行することも、危険なものを避けることも、すべて幼児が方法と力とを欠いている事柄である。幼児は環境へのアジャストメントに必要な一切の行動様式を出生の後に新しく学ばねばならず、これなくしてはついに生きることが出来ないのである。昆虫類が出生に際して既に所有していたものを獲得するために、人間はその半生を費やさねばならず、またその生涯を献《ささ》げてなおこれに到達し得ないとも言うことが出来る。人間は生きるためにすなわちアジャストメントのために終生学ぶことを避け得ない存在であり、最も永く児童であることを要求されている存在である。昆虫類が完成したものとして生まれるに反して永く未完成なものとしてとどまらねばならぬ人間は、一方においてほとんどすべての行動様式を学ばねばならぬと共に、他方においてはほとんど無限に学ぶことが出来る。疑いもなく学習の能力すなわち習慣形成の可能性において人間は生物の系列における一つの極端に立っている。〈中略〉

人間は人間として生まれると言うよりも、人間は個体として生まれ、生まれた後に習慣を学ぶことによって始めて人間に成ると言うべきかも知れぬ。習慣を学んだ人間をパーソナリティと名づけるアメリカの学者に従えば、人間は個体として生まれ、その後の学習を通じてパーソナリティに成ると言うことが出来る。人間は最も永く幼児であるごとき生物であると述べたが、ジョン・フィスクがその有名な研究において説いているように、人間は生物のうちにあって最も永く幼児であるのみならず、「幼児期の絶えざる延長」が承認せられねばならぬ。すなわち人間が幼児である期間は次第に延長せられつつあるのである。精神生活がますます複雑且つ多様になるが故に、人間が環境へのアジャストメントのために学ぶべき事項が漸次増加し、これと比較して先天的なるものの役割が逐次縮小しつつあるとフィスクは考える。昆虫が昔も今も完成したものとして生まれるのに反し、人間は未完成なものとして、そしてますます未完成なものとして生まれねばならぬ。人間が環境に適応する力と方法とを持つことはますます困難となり、何等かの意味においてこれを獲得すると信ぜられる時期は漸次遅れつつあるものと言うことが出来る。習慣が人間の生活において占める重要性とその増大とは今や明らかであると考えられる。

さきに人間を行動するものとして把握したが、第二にわれわれは人間を習慣の統一体として規定せねばならぬ。人間は具体的には常に習慣をもって成るものであって、これを措《お》いて現実の人間を考えることは出来ない。これは特別な思想の問題ではなく、人間は習慣を外にしては一日といえども生きることが出来ぬという意味において動かし難い事実の問題であると共に、人間の世界に固有のものとしてその優越と名誉とを立証するごとく見られる一切の文化もこの習慣の地盤の上にのみ発生し発展するを得るものである。デューイが「人間は習慣によって動くものであって、理性や本能によって動くものではない」と言い、ジェイムズが人間を

「習慣の束」(bundles of habits)と呼ぶ所以《ゆえん》である。人間の内部と外部とに亘《わた》って多くの習慣が結合され統一されているというのが人間の具体的現実的な形態であって、ある人間が如何《いか》なる人間であるかは、彼がその生活において如何なる習慣を学んで身につけたかによって大体明らかにされると共に、彼がその生活において如何なる苦しみと喜びとを経験するかも習慣形成の如何《いかん》に基づくものと言わねばならぬ。人間の理論にして具体的であり現実的であろうと欲するならば、それは常に習慣の理論の上に立つのでなければならぬ。

悪癖という意味における習慣が総じて特定の個人に限られた行動様式を指すのに対し、一般的意味における習慣はまず多数の個人に共通な社会的な行動様式を意味する。習慣は一般的に且つ根本的に社会のものである。行動の秩序であり框《かまち》であるその様式は人間が自己のために作り出すものでなく彼が生まれ来たった社会から与えられるものであり学ぶものである。「旅をするために私用の道路を作る精力や富を持つ人はほとんどないであろう。彼らは既に出来上がっている道路を使用する方が便利でもあり『自然』でもあると考える。」社会は何時《いつ》もある習慣のシステムを用意していて、自己の内部に生まれるすべての人間にこれを強制し、生まれた人間はこれを採用することによって生きることが出来る。その意識すると否とは無関係に、人間が社会のうちに成長するという事実は、彼がそこに支配する習慣のシステムを身につけることを現わしている。アリストテレスの「全体ハ部分ニ先行ス」という言葉は個人に対する社会の先行を主張する説の根拠として用いられ、これと反対にフーゴー・グロチウスの「部分ハ全体ヨリ老イタリ」という言葉は社会に対する個人の先行を確信する人々の武器となっているが、このような社会的全体の見地と個人の見地との対立に就いて毫《ごう》も触れることなく、単に疑い得ざる事実として承認せねばならぬのは、人間が社会の外部に生まれることが不可能であるという一事である。人間は社会の内部に生まれ、それによって生きることが出来るものである。人間は自己がよって以《もっ》て環境に適応し環境との間のバランスの確立に進み得る行動様式を自己に先立って存在する社会から学ぶ。人間は「習慣の束」であると述べたが、その習慣は社会があらかじめそこに生まれるもののために用意していたものであるとすれば、人間は社会によって作られるものであると言わねばならぬ。習慣の統一体である人間は社会によって形作られたものでなければならぬ。ジャッドが人間を society in miniature と名づけているのも、タマスがパーソナリティに subjective aspect of culture という有名な規定を与えているのもこれによるものと考えられる。そしてここに人間は社会の子であると言われる真実の意味があるのでなければならぬ。

——清水幾太郎『社会的人間論』

問い　右の文章を要約しなさい（二〇〇字以内）。

【解答・解説】

出典　清水幾太郎『社会的人間論』〈一　人間と社会　（二）本能と習慣〉（『清水幾太郎著作集　3』講談社）

解答

生物の行動様式は本能と習慣に区別できるが、昆虫が本能のみによって環境との適応を図るのに対し、人間は生後、習慣を学ぶことによって環境と適応し、無限に学び習慣を拡大させ文化を形作るという点で他の生物と大きく異なる。この人間の習慣は多数の個人に共通な社会的行動様式を意味し、社会から強制的に与えられる習慣のシステムを採用し学ぶことで人間として生きることができるという意味で、人間は社会の子であるといえる。

（二〇〇字以内）

解説

文章展開

① 生物の行動様式は本能と習慣に区別できるが、昆虫は先天的な本能のみによって環境と適応し、人間はほとんど完全に習慣によって環境に適応しようとする。

② 本能のままである人間の幼児は無力であり、成人の庇護、助力によって成長し、環境に適応するための行動様式を出生後から終生学習し続けながら習慣形成をする。この意味で人間は生物の中での一極端となっている。

③ 人間は個体として生まれ、そのあとに習慣を学んで初めて人間となるというべきで、精神生活が複雑多

様になるに従い学ぶべきことが増加し、環境に適応する時期は遅れ、習慣の重要性が増大している。

④　人間は常に習慣によって生き、一切の文化も習慣を基盤に発生している。

⑤　この習慣は多数の個人に共通な社会的行動様式を意味し、社会はすべての人間にこれを与え強制する。人間は、この行動様式を受け入れることによって人間として生きることができる。このことから、習慣の統一体である人間は社会によって形作られる社会の子であるといえる。

着眼点

三二〇〇字程度の文章を二〇〇字で要約する、やや圧縮率の高い問題。段落ごとに論の展開や強調点を読み取り、「人間は社会によって作られる」（最終段落）という結論に向かって、まとめることはそれほど難しくない。流れを押さえながら筆者の主張をまとめることで対応したい。

文章展開は形式段落ごとに①〜⑤にまとめている。①人間は習慣によって環境に適応し、②そのために学習し続けることが必要だという点で他の生物とは異なる。⑤ここでの「習慣」は多数の個人に共通な社会的行動様式のことで（定義）、社会はすべての人間にこれを強制することから、人間は社会によって形作られる「社会の子」であるといえる。

文章のタイトル「社会的人間論」からも、この「社会の子」という表現が、人間がこうした意味で社会的存在であるという筆者の主張を端的に表す比喩であることが明確にわかるだろう。以上のポイントを、必ず押さえて確実に解答に盛り込みたい。

③・④は、人間形成のための習慣が増大することを述べた付加的説明部分とも読み取れるが、それぞれからピックアップして、習慣の重要性が拡大したことと、この習慣が人間の文化であることへの言及ができるとよい。

参考

清水幾太郎（一九〇七～一九八八）は太平洋戦争前から戦後にかけて活発な言論活動を行った社会学者・評論家。出典の『社会的人間論』は一九四〇年に初版が刊行された著書で、人間の社会的形成の過程を考察した評論である。なお、著作『論文の書き方』（岩波新書）は、文章の要約や、書評を書くことによって能動的な思考力を培った、著者の若いころの経験が書かれているので参考になる。

二〇一〇年度

三　次の文章を読んで後の問いに答えなさい。

歌謡曲という言葉が使われなくなって既に久しい。この言葉が健在だった頃、音楽ソフトの数も、またその売り上げも、いまに比べればまだたいしたことはなかった。にもかかわらずその時代、人々はナショナルなレベルでヒット曲のことをよく知っていた。つまり、歌謡曲は文字どおり大衆的な人気を誇り、代表的なヒット曲はラジオやテレビを通じて繰り返し流されたため、人々はレコード（既にほとんど死語）を買うまでもなくそれについて知悉《ちしつ》していたわけである。もちろん、中核的なファンはシングルやアルバムを買い求めていた。が、その売れ行きをはるかに上回る数の人たちが——場合によっては国民の大半が——当の曲を〈常識〉的に口ずさめたというのは、いまから思えば驚嘆すべき事態と言うことができよう。

いや、もっと驚くのは、タイムスリップでもしていまの状態をいきなり見た当時の歌謡曲ファンたちのほうかもしれない。音楽ソフトのリリースは膨大な数にのぼり、その全体の売り上げも莫大《ばくだい》な額になる。にもかかわらず、国民全体が知っているような曲はほとんど出なくなってしまった。極端な話、ミリオンセラーを記録した曲でさえ、中核的なファンやその周辺の人たちしか知らないといったことが往々にして起こりうるのである。

今日では、ごく少数のメガ・ヒット曲に国民の大半が群がるといった意味での大衆的消費は、まず見られなくなった。その代わり、人々は雨後の筍《たけのこ》のように次から次へと現れる文化的産品の間を渉猟し、それらのなかから好きなものをその時々の気分に応じて拾い上げる。アーティスト欄に「オムニバス」とか「ベアリアス・アーティスツ」などといった表記がある、いわゆるコンピレーション・アルバムが相当な売れ行きを見せるようになり、またネット配信の伸長によって文化的つまみ食いの姿勢にさらなる拍車がかかっている昨今、ごく少数のアーティストにだけ熱を上げるという態度はもはや時代遅れだ。自ら好きなような形で様々な楽曲を渡り歩いていくという、言わばiPod的ないしYou Tube的な聴取や視聴のあり方が、いまや非常に一般的になっているのである。

もちろん、音楽だけに限らず様々な文化領域で見られるこうした「渉猟分散型」とでも言うべき文化消費のパターンを導いているのは、高度に制度化・商業化された文化生産ならびに流通の戦略にほかならない。それは諸個人の感性や情動に個別的に即応する形を取りながら、実は人々の自律的な個性を封じ込めている危険性がある。その意味で、大衆的消費というのはいまなお健在だ。しかしながら、この制度的・商業的戦略がターゲットとしているのは、微細にセグメント化された多様な消費者層の一つひとつであって、巨大な塊としてのマスではない。今日的な文化生産・流通・消費の過程において、人々はもはやこぞって何か少数のものに専心するプレッシャーを感じなくてすむようになっているのである。

国民みんなが聴いている大ヒット曲なので是が非でもそれを聴かなければならない、という状況ではなくなってきたのだから、これは一つの解放にはちがいない。珍妙な国民的圧力から解き放たれたというのは、ひとまずは喜ぶべきことだろう。しかしながらそれは、あらゆる文化が意味を持ちにくくなってきたことをも示唆している。文化というものは〈普通〉の〈常識〉に照らして言えば、程度の差こそあれ何らかの共有性(社会的・空間的な拡《ひろ》がり)と持続性(歴史的・時間的な厚み)をともに備えたものと考えられてきた。「渉猟分散型」の消費の拡大によって、そこから共有性と持続性のいずれもが剥離《はくり》してしまったとしたら……。それはもはや文化とは言えない代物となるであろう。その意味で現代人は、文化が極端に欠乏した時代を生きている。

大昔隣家に借りにいっていた電話が、自宅の玄関に設けられるようになり、その後奥の居間へと場所を移す。そして各部屋に子機が置かれる風景も見られるようになったが、その時代は長くは続かない。いまや一人一台の携帯電話の時代。パーソナルな通信に固定電話が用いられる頻度は、極端に低くなってしまった。

各人が自らの個室にこもったままで時空を超えて誰とでも気軽に連絡が取れ、そしてインターネットで世界とつながることができるようになれば、もはや人はそこから出にくくなってしまうのではないか。そうした懸念はかつてよく聞かれた。とくに個室の増加や通信技術の発達や情報端末の個人専有化が著しい時代に社会化された若い人たちの場合は、電子メディアに媒介された関係性を当たり前のことだと感じるので、〈普通〉の対面型コミュニケーションが苦手になり、外に出るのさえ厭《いと》うようになるのではないか、という心配がなされたわけである。

けれども、それは杞憂《きゆう》に終わってしまう。大学に学生たちがたくさん来ている、というのが話題になったのはいつの頃だろうか。大学の授業はサボるのが基本、友達に会いにきてもすぐにキャンパスを離れてどこかに遊びにいってしまう、という現象がそれなりに浸透したのも束の間のこと。いまや学生たちの多くは、きちんとキャンパスに姿を見せているのである。高度情報化時代を生きる現代の若者たちは、電子メディアの扱いに通暁していながらも、ごく一部を除いて個室のなかに閉じこもりきりになったりはしない。むしろ彼らは、さしたる理由がなくても友達と一緒にいることをひたすら好み、ときにコンビニの前や駅のコンコースにしゃがみ込み、また教室内での私語に打ち興じる。そして、物理的に一緒にいられない際も、携帯を通じてひっきりなしに連絡を取り合う。それはまるで、友人とのコミュニケーションが寸時でも途絶えてしまうのを極度に恐れているかのようだ。

こうして若者たちは、文化が稀薄化《きはくか》し、思考や行動の指針が容易には得られないような状況にあって、何とか親密なコミュニケーションを展開することを通じて生の意味を確証しようと試みる。欠乏する文化を親密性によって補うというのは、ポストモダン社会においては全世代に関わる大きな問題と考えられるが、文化的な記憶がとくに薄い若い世代の場合、身近なコミュニケーションへの耽溺《たんでき》は極端な形を取らざるをえない。若者たちは象徴的な表現としての文化ではなく、親密性志向＝嗜好《しこう》の強さにおいてその独自性を際立たせることになったわけである。

――山田真茂留『〈普通〉という希望』

問い　右の文章の要旨をまとめなさい（二〇〇字以内）。

【解答・解説】

出典　山田真茂留『〈普通〉という希望』〈第三章　若者文化の宴の後に　(4)　欠乏する文化と氾濫するコミュニケーション〉（青弓社）

解答

歌謡曲のヒット曲に群がるような大衆的消費は今日見られなくなり、音楽に限らず様々な文化領域で「渉猟分散型」というべき、個人がその嗜好に応じ時々の気分で文化を消費する形に変化している。そこには共有性と持続性を備えたものとしての「文化」は成立していない。このように文化が稀薄化し、思考や行動の指針が得られない状況にあって、若者は欠乏する文化を他者との親密性を維持することによって補填しようとしている。

（二〇〇字以内）

解説

文章展開

① かつて歌謡曲は大衆的な人気を誇り国民の大半が口ずさめたが、いまは国民全体が知っているような曲はほとんど生まれない。

② 今日ではヒット曲に国民の大半が群がるといった大衆的消費は見られなくなり、文化的産品を渉猟し好きなものを気分に応じて拾い上げるという姿勢が一般的だ。

③ このような「渉猟分散型」の文化消費では、制度的・商業的戦略が微細にセグメント化された個々の消費者層を対象にしているので、共有性と持続性を前提にするという意味の文化は生まれず、現在は文化が

欠乏した時代だともいえる。

④ こうした個人を対象とする時代の中で、若い人たちは対面型コミュニケーションを苦手とするのではと心配されたが、それは杞憂であった。

⑤ 高度情報化時代の若者たちには、文化が稀薄化し、思考や行動の指針が容易に得られない状況にあって、身近な相手との親密なコミュニケーションにより生の意味を確認するという、文化の欠乏を親密性によって補うという形式が成立している。

着眼点

約二五〇〇字の課題文を二〇〇字に要約する問題で、平均的な圧縮率である。内容は高校生世代にとって身近なものだから、具体例を思い浮かべやすく、表現も平明なので読解は難しくないだろう。だからこそ、安易に自分がすでにわかっている結論に結びつけて強引にまとめたりせず、落ち着いて、主題とそれを支える論旨の構成を押さえること。

文章展開から考えると、現代における文化消費のあり方を説明している①・②・③の前半と、そうした状況で若い人たちがどのようなコミュニケーションを行っているかについて考察している④・⑤の後半に大きく分けられる。

前半の抽出ポイントは、大衆的消費から「渉猟分散型」文化消費へ変化した（「渉猟」は〝必要なものを求めてわたり歩く〟の意）現在、「高度に制度化・商業化された文化生産ならびに流通」の戦略により微細に「セグメント化」（＝分類）された消費者が対象にされ、個人が個々の好みで文化消費していること、この結果として共有性と持続性を備えた「文化」が成立していないこと。以上の説明を抽出する必要がある。

この前半を後半に結びつけるのがやや難しいが、最終段落の冒頭を素直に受ければよい。〈このように文化が稀薄な時代において〉という形で結びつけ、若者たちはそうした思考や行動の指針が得られない状況にあって、文化の欠乏を身近な他者（共有性）との頻繁なコミュニケーション（持続性）で補っている、という結論でまとめあげることができる。解答では、以上を簡略化した「他者との親密性」（最終段落）という表現を活かせばよい。前半と後半をうまく接続するためにも、前半では、著者による「文化」の定義である「共有性」と「持続性」というキーワードが欠かせないことがわかるだろう。

参考　山田真茂留（一九六二〜）は理論社会学、組織社会学、集合的アイデンティティ研究などを専門とする研究者で、早稲田大学文学学術院教授。著書に『非日常性の社会学』など。

二〇〇九年度

三 次の文章を読んで後の問いに答えなさい。

文字の発明の功罪については、プラトンの『パイドロス』にくわしい議論がある。そのうちで特に注目される批判は、文字に書かれたことば、簡単に言えば書物というものは、備忘的な役目が第一なのであって、それは記憶をたすける形で、実はわれわれの記憶力を弱めるものである。つまり書いたものを頼りにすることによって、われわれは記憶する努力をしなくなるからである。要するにそれは、われわれに忘れたところを思い出させるだけのものであって、忘れようにも何も考えたことも、学んだこともない者には、何の役にも立たないものなのである。ところが、世の人びとは書物から何か新しいことを学び得るかのように考え、読書だけで知識が得られると思いこんでいるが、それは知識の影のようなものを捉《とら》えるだけのことであって、それを本物の知識と思いこむことから、にせ知識人が生まれてくるというのである。書物というものは、絵画に描かれた人物と同じことで、いかにも何かを考え、何かを感じているように見えるけれども、これに話しかけても、何も答えてもらうことはできない。つまりそれは死物であって、生きた精神をもつものではない。これに反して生きているソクラテスは、われわれの問いに答えてくれるし、われわれをはげましたり、叱《しか》ったり、愛したりしてくれる。われわれは書物を前にして、何も答えてもらえず、われわれの理解を試す機会もなく、いいかげんな解釈で、すっかりわかったつもりになったりする。そういう知ったかぶりのにせ知者が、読書によって濫造されるというのである。

われわれは今日書物の氾濫《はんらん》している社会に生きている。書物に対して何の不思議も感じはしない。それは当り前の存在なのである。しかしそれが出はじめた頃《ころ》には、人びとはプラトンと同じように、それをうさんくさい存在として、疑惑の眼《め》をもって眺めていたのではないかと思う。そしてそこに批評されている点も大いに当るところがあるとも考えられる。わたしたちは著者の講演などを直接聞くことによって、その著書に言われていることを、何とはなしに全体的にわかったと思うことがある。つまり直接に理解することができたことを、読書によって思い出すことができるわけであって、それは読書だけでは経験できなかったことだとも考えられる。また実際的な書物、例えば料理法とか礼儀作法の書物、あるいは工業技術や経営の実務に関する書物、更に一般的に理科関係の書物には、プラトンの指摘したような書物の二次的、副次的な役割というものがひろく認められるように思われる。実験室や研究室の仕事が主たるべきものであって、それの記録はただ後日メモとして用いるためであり、雑誌なども他人の行った実験や観察の記録を見るためのものであると言わなければならない。だから、自分で実験なり、観察なり、あるいはモデルづくりをしているのでなければ、素人にはまったく寄りつくところもない、閉ざされた書物になってしまう。もしまったくの素人が、そういう記録を読んで、自分だけの空想によって何かわかったようなことを言っても、そのようなにせ知識人は、専門家から冷笑され、黙殺されるだけだろう。書物は既に知っている人にしか役に立たないという、プラトンのパラドクスめいた主張は一つの真理であると言わなければならない。

　しかしながら、ギリシア神話で言えばプロメテウスの贈物である文字の発明を、このようにただ否定的にだけ考えてしまうのは、やはり一面の真理に止《とど》まると言わなければならないだろう。現在はラジオやテレビの発明と発達によって、また再度むかしのギリシア人が親しんでいたようなレトリックの復活が見られることになった。演技用の微笑まで用意して、健康によいかどうか疑わしいお菓子の宣伝をする男が、苦い薬をのむことをすすめる医者の下手な演説を圧倒して、大衆の指導者となる時代が来たのである。デマゴギーというのは、ギリシア人のことばなのであるが、意味は大衆迎合の演説ということである。

　今日のいわゆる開発途上国社会に見られる独裁者革命は、ほとんどが文字を知らない人たちばかりの国において、ラジオや拡声器を通じての、デーメーゴリアー（大衆迎合の演説）を最大の武器としている。大衆民主主義社会における独裁者の出現という、すでにプラトンが予見していたパラドクスは、「はなしことば」の第一次的な応力の利用に大きく依存していると言うことができるだろう。ヒットラーはそのお手本みたいなものである。このようなレトリックに対して、われわれはディアレクティック（問答法）というものを対立させたのであるが、また別の観点からすれば、文字と書物がこれに対立すると言うこともできるだろう。演説はその場かぎりのものであって、われわれも感情の弱味をおさえられると、普段の判断力も狂ってしまって、とんでもないことを信じこまされることがある。だから、後でまた気が変るということも起る。それを防ぐために、覚書きというものがつくられたりする。文字は一時のものではなくて、一種の恒久性をもっている。それは何度もくりかえして読むことができる。一時の感激ではなくて、冷静な判断の余裕をあたえてくれる。

――田中美知太郎『学問論』

問い　右の文章を要約しなさい（二〇〇字以内）。

【解答・解説】

出典　田中美知太郎『学問論』〈第九章　社会の中で学問はどういう困難に直面するか〉（『田中美知太郎全集』第一四巻、筑摩書房）

解答

本物の知識は実際の体験や考察が先行しているものであり、文字と書物の知識だけでは、本物の知識のない「にせ知識人」を生むと批判されてきた。しかし現在は、ラジオやテレビの発明により話し言葉によって人々の感情を動かす技術の影響も見られ、大衆迎合による独裁者の出現も危惧される。これに対抗するために、一時的ではない恒久性をもち、くりかえし読むことで冷静な判断をもたらす、文字と書物の価値を無視してはならない。

（二〇〇字以内）

解説

文章展開

① プラトンは、文字に書かれた言葉、つまり書物は、備忘的なものとして、われわれの記憶力を弱めるもので、考えたことも学んだこともない者には何の役にも立たず、その本物ではない読書の知識を本物の知識と思いこむ「にせ知識人」を生むという。

② 今日書物の氾濫した社会において、書物で学ぶことに、われわれは何の不思議も感じないが、直接的に聴いたり学んだりすることによって書物で先に読んだことを全体的に理解できることもあり、書物の知識がすべてとは言えない。

③　しかしながら、文字、書物をただ否定的にだけ考えるのは一面的である。それは、現在はラジオやテレビの発達によって、演説、演技により大衆を動かす「大衆迎合の演説」への危惧があるからである。

④　開発途上国社会の独裁者革命は、ラジオや拡声器を通じた大衆迎合の演説という「はなしことば」を武器にしており、このようなレトリックによるその場限りの感情の高揚がもたらす危険に対して、文字や書物をくりかえし読むことが冷静な判断の余裕を与えてくれる。

着眼点

ある議論とそれへの反論という構造で文章全体が把握しやすく、テーマも〈文字と書物の功罪〉と理解しやすい問題。問題文の主旨に沿って何を残し、どの部分を省略していくかの見極めがポイントである。

文章展開　①・②では文字や書物の功罪のうち「罪」について、プラトンの例をはじめ、さまざまな批判が示されている。③・④ではそれに対する反論が、書物が大衆迎合の危険に対処できるものだという観点から提示される。こうした全体の大きな展開を把握したうえで、①・②→③・④の流れに沿って要約する。

①・②では、書物を批判する根拠として、書物は備忘的なものであり本物の知識ではなく、真の知識は実際の実験や体験、考察によるものであり、書物だけの知識によって「にせ知識人」が濫造されるというプラトンの議論が示される。筆者は、この批判は現在にも当てはまる一つの真理であるとして、書物のこうした「罪」の側面を認める。

しかし、認めながらも、筆者は③・④では書物の「功」について思索し反論している。現代ではラジオやテレビなどのメディアの発達によって、話し言葉の技術（レトリック）で人々の感情を高揚させて大衆を動かす「デマゴギー」、つまり大衆迎合の演説が各地の独裁者革命において武器となっていることへの危惧がある。それに対抗できるのが、一時的ではなくくりかえし読めることで冷静な判断をもたらす文字と書物である。

この前半・後半をそのまま要約上に反映させてまとめればよいが、筆者の主張の主眼が、既存の議論を前半で踏まえた上で提示する後半（③・④）に置かれていることは明らかである。本文の目的は現代における書物の力を擁護することにあるという点に留意して、現代の大衆民主主義社会における書物の重要性を明示した結論にすべきである。

参考　田中美知太郎（一九〇二〜一九八五）は哲学者・西洋古典学者。半世紀を超えて取り組んだプラトン研究で著名。『ロゴスとイデア』『プラトン』他、ギリシア語の学習書など多くの著書がある。

二〇〇八年度

三

次の文章を読んで、後の問いに答えなさい。

今、現代の科学的知識をすっぽりくるんでカッコに入れて棚上げにする。そして例えば植物の生長するのを観察するものと想像してみよう。種子が発芽し、ぐんぐん茎が伸びて枝葉を出し、やがて小さな花芽がふくらんで花が咲き、それが散った後に今度は結実した実が大きくなる。こうした観察を長年にわたって行い、また折ったり切ったりして一種の実験を繰り返しても私の理解には限度があるだろう。

根から水分や何かの栄養物が上がってゆくとか、葉を全部むしれば枯れるとかはわかるだろう。しかし例えば葉がどうして大きくなるのか、花びらはどうして開くのか、それを理解することは到底できまい。それを理解するには、まず細部を観察する顕微鏡のようなもので細胞の分裂や成長を知り、さらに微細な生化学的知識でその分裂や成長の機構を知らねばならないからである(今日ですら完全に理解されてはいない)。要するに細部の観察が不可能なのであり、この細部の観察こそ科学的理解に不可欠のものなのである。

さらに別種の限界がある。それはいわば「不透明」による限界である。食物を食べて人間や動物は生きて成長する。この自明の事実にあっても、食べた食物が一体どうして動物の血肉に変化するのか、これはまず絶対にわかるまい。しかしもし生きた動物が半透明で消化の様子が外から観察できるならば、その細部はもちろん無理としても、消化や代謝のいささかの道筋は了解できるだろう。アリストテレスにしても、体内で大根的な形相が人肉的な形相に変わる、などというよりは多少ましないい方ができたに違いない。そして何より大地は不透明体なのである。もし大地が透明で向こう側の星や太陽が見透かせたなら地球が丸いことは初めから自明のことであったはずである。大地や人体の不透明度はまたそれらの理解の不透明度となる。

これら細部や不透明による理解の限界がないものがある。それはほかでもない、自分の心であり、その心の動きである。自分の心の動きには顕微鏡で拡大せねば見えないような空間的細部などはもちろんないし、見透かしがきかないような遮蔽《しゃへい》などもないからである。自分の心の動きは当人にとって全くの透明、全くの見透かしなのである。つまり、それは最もよく理解できるものなのである。いや理解する必要などがないものである。

しかしこの透明性は別の意味では狭く限られている。自分ではない他人の心はもはや透明ではない。いや全く不透明だというべきだろう。他人の痛みは自分には少しも痛くないし、他人の喜びや悲しみは私の喜びや悲しみではない。他人の心は原理的に私には閉ざされ密閉されている。それにもかかわらず私は他人を理解している。それは他人を私に似た心の動きをするものとして、つまり「私に擬して」他人を理解しているのである。しかし、この私に擬して、私になぞらえて、という点ですでにこの理解は完全に透明ではありえない。この理解には常に多少なりとも曇りがあり、時としては全くの暗黒となる。つまり時としては全く理解できないのである。

この全く理解できないある人に較《くら》べるならば、自分に親しい動物、飼い犬とかいつも狩りたてる獣とかははるかによく理解できよう。それは、人間でない動物に対しても、その「心」を私に擬して理解しているということにほかならない。その動物の恐怖、おびえ、疑惑、飢え、敵対心、時にはその喜びや悲しみを「私に擬して」理解しているのである。このことを通常のいい方で、動物を「擬人的」に理解する、といっても差し支えはない。しかし、擬人的ということで、何か人間は別途に理解済みであって、それを今度は動物に適用する、といった人間の特別扱いを意味するならば誤りである。私に擬しての理解は、その対象が人間であるか動物あるいはそのほかのものであるかによってその基本的性格を変えはしないのである。この点を見落とすと、いわゆる未開人の野生の思考、森や湖まで心あるものとする思考をアニミズムと呼んで何か迷信じみたものとしてしまうことになる。しかしアニミズムは決して迷信や虚妄ではない。森や湖に心を付することが迷信ならば、人間仲間に心を付することもまた迷信でありアニミズムなのである。それは何ものかを等しく「私に擬して」心あるものとして理解することだからである。

この理解方式は、だから現代人にも非現代人にも共通する理解方式なのである。ただ違いはこの理解方式を適用する対象の範囲が広いか狭いかにあるだけである。未開人はこの理解方式を森や湖、時には森羅万象のすべてに適用するのに対して、われわれはそれを気が狭く人間だけに、時にしぶしぶ動物に、時にはとっぴなことにコンピューターなどに適用するのである。

ではこの適用範囲の違いはどこから生じるのだろうか。それは、われわれ現代人が事物のあらゆる細部を不透明な事物の内部に至るまで物として完全に理解できる、と信じていることからくる。事物は物としてとことんまで理解可能だと信じているがためである。こうして事物は物としての理解方式で了解できると信じるがゆえに、私に擬しての心的理解方式は不用である、さらにそれは誤りである、と考えるのである(それゆえ、現代の生物学者でも生物を完全に物として理解することは不可能だと信じる人はいわゆる生気論(注)という了解方式をとる)。

それに対していわゆる未開人には上に述べたように事物の細部と不透明物の内部の観察が不可能である。種子の発芽や食物の消化、雷鳴や稲妻の発生、地震の伝わり、それらの細部の観察を拒まれている。したがって、それらを物の動きとして理解することができない。そこでとにかくそもそもそれらを理解しようとするならば道はただ一つ、彼らにとって最も透明な理解方式、すなわち「私に擬して」理解する方式をとることしかない。そしてもちろん彼らはこの方式を喜んでとったのである。

それを現代人が、なるほど事情はわかるし彼らに同情する、しかし現代の眼から見れば残念ながらやはりそれは間違っている、というとすれば、残念ながら間違っているのは現代人の方である。なぜならば、滔々《とう》と流れる水や、森をざわめき渡る風を「心ある生き物」として理解することは現代の眼から見ても何の間違いでもないからである。現代科学に照らしても間違ってはいはしないからである。なるほど現代人は流れる水を H_2O 分子の集まりとして、「生き物」ではなく死物として理解する。しかしそれにもかかわらずそれを「生き物」として理解することもできるのである。代謝や生殖を条件として「生き物」を定義するのは現代人の勝手である。同様にごうごうと泡立ち流れ波立ち騒ぐ水の流れを「生き物」とするのは彼らの勝手である。ましてやそれを生き物と感じるのは彼らの自由である。現代科学の定義と感覚での「生物」と、彼らの定義と感覚での「生き物」とが一致しないのは、イギリス人の青《ブルー》と日本人の青とが違い、ソビエト人の民主主義とアメリカ人の民主主義とが違う、その違い方なのである。つまり、その違いは単に意味の違いであって、一方が正しく他方が誤りだというのではなく、また相互に矛盾するということではない。したがって現代第一流の生物学者、しかも骨の髄からの機械論者〈注〉であっても、なお彼の感性が十分に柔軟であれば、流れる水を「生き物」として感じとることが可能である。それは彼の機械論と少しも矛盾するものではない。それは彼が自分の家族たちを「生き物」でありまた「生物」であると了解していることがその機械論と少しも矛盾しないのと同様である。

——大森荘蔵「知識と学問の構造」

(注)　生気論(vitalism)　生体現象は無生物の物理、化学的過程としては理解できず、「生命」またはそれに当たる特有の概念を必要とする、という考え。

(注)　機械論者　生気論者と対立し、生物もまた物理、化学的過程として全部理解できる、と考える人。

問い　右の文章の要旨をまとめなさい(二〇〇字以内)。

【解答・解説】

出典　大森荘蔵『知識と学問の構造――知の構築とその呪縛』〈2　略画的世界観〉（放送大学教育振興会）

解答　現代人は科学的知識により、細部の観察ですべてを了解して理解しようとするが、人間は別の方法として、細部まで理解できないものを「私に擬して」理解するという方法をもっている。この擬人的理解をアニミズムとして未開人の迷信じみたものだと否定するのは誤りである。擬人的理解は現代人との適用範囲の違いはあるが、結局は事象に対する個人的な定義と感覚の差による違いであって、理解の仕方が相互に矛盾するわけではない。

（二〇〇字以内）

解説

文章展開

① 現代の科学的知識を使わなければ、細部の観察はできず、さらに不透明なものの先が見透かせないという限界がある。

② これら細部や不透明による限界がなく、すべて見えるのが人間本人の心であり、他人の心は完全に透明ではないながらも、我々は「私に擬して」考えるという方法によって他者の理解をしている。

③ この擬人化した理解を、未開人が森や湖などといった人間から離れたものにまで適用することを、我々はアニミズムとして迷信じみたものと見るが、これは誤りである。すべてを「私に擬して」心あるものと

して見ることは現代人・非現代人共通の理解方法だが、その適用範囲が未開人は広く、現代人は狭いという違いがあるだけである。

④　この適用範囲の違いは、現代人が細部を不透明な内部まで物の動きとして理解できると信じ、一方、未開人は、不透明な内部の観察が不可能なので、「私」に擬人化し、心としての理解をするしかないことからくる。

⑤　このように、現代人の見地から未開人の見方が間違っていると判断するのは誤りである。これは、現代人が事象を「生き物」として擬人的に捉えるかどうかが、個人的な定義と感覚の差によるのと同じである。現代人は事象を「生き物」としても死物としても理解することができるが、その理解の仕方は相互に矛盾するものではないのだ。

着眼点

約三二〇〇字の文章の要約で、字数的には例年の範囲内。ただ、論の展開や重点が整理しにくく、まとめにくい文章であったかもしれない。表現の言い回しも日常的な比喩とは異なるので、たとえば「不透明」とはどういうことを指すのかつかみにくいかもしれない。文章のタイトル「知識と学問の構造」をヒントにして、知識の捉え方や理解のしかたについてどのような主張がなされているか読み取るという見当をつけたい。

文章展開から全体の構造を把握しよう。冒頭より、科学的知識に基づいて理解する方法（①）と、「私に擬して」理解する方法である擬人的理解（②）が提示される。続いて後者の理解について、一般にこうした擬人的理解は未開人のものとして批判されることが多いが、それは誤り（③）だとある。なぜなら、⑤擬人的理解は事象の捉え方、特にそれを生物として見るか、非生物（死物）として見るか、という個人的な感覚の差によって現れ方が違うだけで否定されるべきものではなく、両者の考え方は矛盾しないからであると展開されている。

まずは全体の展開から、擬人的理解をどう考えて評価するべきかという議論のウェートが大きいことを読み取ろう。これを踏まえて、⑤の結論部分である「両者の考え方は矛盾しない」を要約の中心に据え、この結論に結びつけるために、二つの理解の方法（①・②）と、両者をどのように考えるか、その際に生じる問題点とその理由（③）を簡潔にまとめていけばよい。

参考 大森荘蔵（一九二一～一九九七）は哲学者。分析哲学から出発して独自の一元論的哲学体系を築き、後進に影響を与えた。著書に『流れとよどみ』『言語・知覚・世界』など。早稲田大学で、二〇一二年度政治経済学部、二〇一三年度社会科学部と連続して出典にとられている。

二〇〇七年度

三

次の文章を読んで後の問いに答えなさい。

「いまの日本語は乱れている」といった小言とも慨嘆ともとれるような指摘を、しばしば耳にする。見渡してみれば、確かに「乱れ」はいたるところにある。しかし、逆説的なことに、それほど日本語が「乱れている」いま、強く求められているのは、日本人の「国際化」だともいう。ここでいう「国際化」とは、煎《せん》じ詰めれば、なんのことはない、「もっと英語ができるようになりましょう」ということだ。ひょっとしたら、二一世紀には、母語である日本語をおろそかにしながら、外国語（英語）だけは立派に使いこなせる、といった日本人が量産され、国際的に活躍し、世界における日本のイメージを高めてくれるのだろうか？　まあ、そんな変なことは絶対に起こらないだろうと、ぼくは確信している。母語がきちんと使いこなせない人間に、外国語が使いこなせるはずはないからだ。国際人として尊敬されたいと思ったら、内容のないことを英語でぺらぺら言おうとする前に、言うべき中身をきちんと持つことのほうが先決問題だ。

「国際化」のことはともかく、「日本語の乱れ」のほうはどうだろうか。この種の批判は「いまどきの若いもんは……」と同じことで、べつに今に始まったことではない。言葉は生き物であり、歴史を見ればわかるとおり、常に動き、変化してきた。その変化がいつも「いい方向へ」のものだったかどうかは、この際問題ではない。生き物はともかく、動かなければ生き物ではなくなってしまうのだ。おそらく人間が言葉を持つようになって以来、言葉というものはいつだって「乱れ」ていたのではないか。「乱れ」はおおいにけっこう。それは何よりも時代を超えて生き延び、進化していく生き物としての活力の証だからだ。

しかし、そうは言っても、言葉にはやはり、比較的安定して落ち着いている時期と、特に激しく乱れる時期とがあることは否定できない。ちなみにいま筆者はモスクワに滞在しながらこの小文を書いているが、ペレストロイカからソ連崩壊を経て現在にいたる激変の中でのロシア語の激しい変化は、日本の場合とは比べものにならないほどだ。旧社会主義時代、ソ連ではイデオロギー的な支配体制のもとに、ジョージ・オーウェル流に「ニュースピーク」とも呼ぶべき全体主義の言語が幅をきかせ、ロシア語そのものを貧困にした。しかも、西側から遮断され、検閲に縛られる状況が長く続いていたため、ロシア語は言わば「無菌状態」に長いあいだ置かれ、外からの影響に対する抵抗力を失ってしまった。

ところが、突然、ソ連が崩壊して言語に対する統制も検閲もなくなり、西側の文明がどっと入ってきた。いま、モスクワの町中に氾濫《はんらん》する外来語の膨大さには、驚くばかりだ。モスクワ一の大型書店「ドーム・クニーギ」に行っても、「インターネット」「マネジメント」「マーケティング」といったコーナーばかりで、これがトルストイやドストエフスキーを生んだ偉大な文学の国のなれの果てか、と、ロシア文学びいきの日本人としては、ついなげかわしい気持ちにもなろうというものだ。

しかし、その一方で、日本の都会ではとうに失われてしまった言葉の生々しさのようなものが、現代のロシアではいまだに保存されているということも見のがしてはならない。ロシア人たちは、ほんのちょっとしたことをきっかけに、たとえ見知らぬ他人どうしであっても、驚くほど多くの言葉を費やして、自分の考えと感情を相手に直接ぶつける。それは情報伝達の行為というよりは、言葉を通じて互いの存在を認識しあう共同体の儀式にも似ている。おそらく二一世紀の日本で今後、どんどん失われていくのは、まさに言葉のこういった機能ではないかと思う。

コンピュータ技術が飛躍的に発達し、これから社会の「情報化」がますます進展していくことだろう。商取引から恋愛まで、すべてはインターネット上のヴァーチャルな体験に置き換えられ、一歩も自分の部屋を出なくとも生活が何不自由なくできるという時代が来るのも夢ではない。しかし、そうなったとき、決定的に失われる危険があるのは、個人的な接触を可能にし、互いに同じ人間なのだということを実感させてくれる言葉の機能である。こういった言葉の基本機能のことを、言語学者のヤコブソンは「交感機能」と呼んでいるが、これが失われたら、言葉は言葉でなくなってしまうと言っても過言ではないだろう。

では、そのとき言葉は何になるのか。おそらく「言葉もどき」、オーウェルの表現を再び借りれば、新たな「ニュースピーク」ではないか。ニュースピークとはなにも、過ぎ去った過去の亡霊ではない。それは、人間から個性も思考力も奪い、社会を構成する者全員を画一化する新たな、より強力な全体主義の時代に、再び装いも新たに現れることだろう。なんだか見通しの暗い予報になってしまったみたいだが、正直なところを言えば、そんなニュースピークの時代が本当に到来するなどとは考えたくはない。これはあくまでも一種の警告である。妙なことを言うようだが、おそらく私たちは、言葉という不思議な生き物の未来については、人類の未来について以上に楽観的になってもいいのではないだろうか。

というのも、言葉は人類のありとあらゆる惨事と残虐と愚かしさを目撃し、克明に記録しながらも絶望することなくしぶとく生き延び、時代の激変を通じてみずからもしなやかに変容しながら、それでいて言葉でありつづけることを止《や》めないで今日まで来ているからだ。ぼくは人智《じんち》を超えた神秘的な言霊などのことを言っているわけではない。言葉は人間の作り出したものでありながら、人間以上の生命力を持ち、人間社会を逆に作っていく働きさえ備えている。コンピュータ程度の発明に簡単にやられはしないだろう。しかし、それは潜在的に恐ろしい力でもあり続ける。言葉を支配する者は、結局のところ、世界を支配することになるからだ。

——沼野充義『W文学の世紀へ』

問い　右の文章の要旨をまとめなさい（二〇〇字以内）。

【解答・解説】

出典　沼野充義『W文学の世紀へ――境界を越える日本語文学』（五柳書院）

解答

日本語の乱れが言われるが、変化は言葉の活力の証だ。ソ連崩壊後のロシアは統制の反動で言葉が変化しているが、そこでは言葉による相互の存在認識の営みがみられた。情報化の進展により、相互の存在を実感させる言葉の「交感機能」が失われ社会が画一化されるという危惧もあるが、時代を超えて変容してきた言葉の力には楽観的になれる。ただし、人間が作り出し、逆に人間社会を作る働きを備える言葉の力の用い方には配慮が必要だ。

（二〇〇字以内）

解説

文章展開

① 日本語の乱れの指摘とともに英語習得という国際化が求められているが、母語が使えないのに外国語が使いこなせるはずはなく、また、日本語の乱れも変化する活力がある証であり、問題はない。

② 言葉には安定期と不安定期があるが、筆者のいるソ連崩壊後のロシアでは、統制がなくなったことで新たな言葉が流入し変化している。一方、言葉により考えや感情をぶつけ、互いの存在を認識する機能がみられる。

③ 社会の「情報化」が進展すると、個人の接触と人間相互の存在を実感させる言葉の「交感機能」が失わ

れ、そうした「言葉もどき」が、人間から個性も思考力も奪い社会の全員を画一化する全体主義の時代に現れると危惧される。

④　しかし、言葉の未来には楽観的になっていいと思える。それは言葉が、人類の歴史を生き延び時代に合わせて変容してきたからである。言葉は人間が作り出したものでありながら、逆に人間社会を作っていく働きさえ備えており、かえって世界を支配することにもつながるその力に注意を払う必要がある。

着眼点

文章の字数はそれほど多くはないが、話題が拡散し、ややまとめにくい文章と言えるだろう。ただし**文章展開**を読み取ればわかるとおり、筆者の主張の核は、言葉の「交感機能」が情報化により失われ、社会を画一化するという危惧に筆者自身は問題を感じていない→なぜなら言葉は歴史を通じて変化し時代に合わせる力があるからだ（③・④）という内容にある。①・②の「言葉の乱れ」をめぐる展開は、この結論が導かれるまでの話題提供、および通説に対する筆者の意見説明にあたる。

この点から、情報化による言葉の「交感機能」喪失への危惧、これを受けて人間が思考力を失い社会が画一化される危惧と、言葉の変化する力への筆者の信頼の部分は必須。キーワードである「交換機能」については、「ヴァーチャルな体験」と対比する形で「個人的な接触を可能にし、互いの存在を認識し合う言葉の基本機能」と説明されているから、字数を抑えるために相互の存在を実感させてくれる機能などと置き換えるとよい。以上の核に①・②の部分をつなげる。

解答の完成度を上げるポイントは、最終二文をどのように反映させるかである。筆者は言葉への信頼を示すのと同時に、その留意点として、言葉の力は人間が作り出したものでありながら人間社会を逆に作り出すものであり、世界を支配するほど「恐ろしい力」であると述べている。この点に言及できると、細部まで配慮した要約になるだろう。本文中ではこの留意点を明確に命題化していないが、〔解答〕ではこれを受けて、言葉の使い方に配慮が必要だと盛り込んでいる。

参考　沼野充義（一九五四〜）はロシア・ポーランドなどスラブ文学の研究者で、東京大学名誉教授。著書に『亡命文学論』などがある。

二〇〇六年度

三

次の文章を読んで後の問いに答えなさい。

歴史学という分野に棲息《せいそく》する一教員として、一九八〇年代をつうじてずうっと、学生たちの歴史ばなれを痛感してきた。その歴史ばなれの基礎要因として、「豊かな日本」の実現があった。豊かさのもつ満足感が、意識のなかに占める現在の比重を極度に肥大させ、「豊かな日本」とは対比的なもう一つの現在や（その対比性は、両者の密接な関係性によって生じているのだが）、過去への関心を衰弱させてしまった。いやたんに衰弱にとどまらず、それらへの拒否反応をさえともなっていたかも知れない。さらに豊かさのもたらす達成感は、未来への関心をも低下させていったともいえよう。

その結果、彼らの歴史意識（もしそう呼ぶことができるなら）は、いまとむかしの二分法で成立するにいたった。いまはおおよそ物心ついてからの時期を指し、その前はすべてむかしと一括《ひとくく》りされるとともに、むかしはいまから断絶した時間帯、むしろ異空間と目されるようになった。

それまで歴史学は〝問題意識〟が強ければ強いほど、過去のもつ現在への規制力を念頭に置いてきた。その意味で過去は現在まで持続しており、少なくとも無縁でなく、それゆえにそのトピックはとりあげるに値した。わたくしもその一人だが、歴史家たちは、いかにみずからの主題が、現在とかかわっているかを力説してきたことか。過去を扱いながらも論文の末尾に、「それは現在も生きている」とか「けっして過去となっていない」というふうに、現代的意義を強調する一句を記すのは、ほとんど常套《じょうとう》の手法となっていた。

そういう過去観が習性化していた歴史学にとって、ほぼ一九七〇年ころ以前をひとまとめにむかしとし、しかもそれをあっけらかんと現在と断絶したものとする心象の出現は、衝撃的といっていいほどの事件であった。仮に現在と関連づけてみられた過去を

「歴史」とし、そうした顧慮なく放りだされたまま対象化される過去を、それ自体との意味をこめて「過去」というならば、「歴史」は「過去」へと変色した。

満足感を挺子《てこ》としての、現在(というよりも自分を中心としての現状)への関心の集中は、社会的なあるいは歴史的な視野の狭窄《きょうさく》をきたした反面で、歴史学に、思わぬ自己点検を強いる結果を招いた。いうまでもなく歴史学は、歴史としての過去の探究を専門とする学問で、その意味で過去の掌握を自明の前提としていた。掌握に空白部分があっても、それは史料の不足ゆえに起きている現象で、いつかは埋められるべきものであった。だが、その前提が崩れたのである。

歴史ばなれは、いささか不謹慎な表現を使えば、歴史学にとっての〝顧客〟の離散を意味するが、事態はそれだけにはとどまらなかった。いまから糸のきれた凧《たこ》同然となったむかし＝「過去」は、歴史学にとって異物と化した。それを現在と結びつけようとするこころみは、おおむね冷淡に迎えられて空を切った。歴史学は、本来の領域と自認してきた過去で、手の届かぬ部分があることを知った。

その体験は、歴史学が、みずからの体質を捉《とら》え直そうとする機運をもたらした。その結果として歴史学は、過去がいかに現実を規制しているかの究明を役割と思い込んでいたにもかかわらず、じつは統一的に解釈することをとおして、過去を規制する役割を果たしてきたことを自覚するにいたる。過去を問う学問をもって任じてきた歴史学は、こうして過去から問われる存在と化した。歴史意識の希薄化が引金になった点については、多少のいまいましさや嘆かわしさ、あるいは無力感ないし危機感は避けられなかったが、そうした想《おも》いを反芻《はんすう》するだけでは、歴史学の回復に繋《つな》がらないことも、否定しうべくもなかった。

「歴史」の「過去」への変色を、歴史ばなれの第一段階であったとすると、九〇年代に入るころから、その第二段階の様相があらわれ始めたようにみえる。正確にいえばそれは、歴史ばなれの加速ではない。歴史への関心はむしろ顕著に回復しつつある。世界史の転換や繁栄の破綻《はたん》が、否応《いやおう》なく歴史への回帰を促している。ただその場合、歴史への回帰は、かつてのような過去→現在の関係を回復するものではなかった。

そのことは二つの点で指摘しうる。一つは、過去探究とはいっても、現在の起点としてのというよりは、現在とは切断された異物としての「過去」探究、ないしそうした「過去」からの現在の照射という視点が、優越していることである。そこには、歴史学が錦《にしき》の御旗《みはた》（注）としてきたところの、たぶんに進歩の観念に裏打ちされた過去から現在への連続性の意識が、ほぼ欠落している。したがってその姿勢は、現在とは異なる何かを求めようとさまよいだす心に支えられての過去の探求か、過去を拠《よ》りどころとして現在を冷ややかに眺めるものとなる。いま一つは、歴史への回帰が必ずしも歴史学への回帰を意味していないことである。過去を探究する学問としての文化人類学や民俗学の影響が、ますます強くなっているばかりでなく、社会学や心理学、また教育学、さらに新興の女性学など、現状診断を本来の機能とするもろもろの学問が、いっせいに過去解釈に参入してきて、歴史学をはじきとばそうとの勢いさえ示している。歴史への回帰という意識の動向にもかかわらず、歴史学は、過去探究の〝帝王〟の位置をすべり落ちてしまい、その分野での諸学の一つとなりつつある。

――鹿野政直『化生する歴史学』

（注）　錦の御旗　他に対して自己の行為・主張などを権威づけるためのもの。

問い　右の文章の要旨をまとめなさい（二〇〇字以内）。

【解答・解説】

出典　鹿野政直『化生する歴史学――自明性の解体のなかで』（校倉書房）

解答

一九八〇年代以降、豊かな日本の実現に伴い、過去は現在と断絶した異空間だとする意識から歴史離れが起こった。過去がもつ現在への規制力を問題意識の底に置く歴史学にとっては衝撃的だったが、歴史学自体が過去を規制してきたとの自己反省にも至った。九〇年代に入り歴史への関心は回復したが、これは異物としての過去を求め現在を照射しようとする視点と過去解釈への他学問の参入によるもので、歴史学の地位は低下してしまった。

（二〇〇字以内）

解説

文章展開

① 一九八〇年代をつうじて学生の歴史離れを痛感したが、これは「豊かな日本」が実現したことで、意識に占める現在の比重が肥大化し過去への関心が衰弱したからであり、その結果、「いま」と「むかし」の二分法の歴史意識が生まれた。

② それまでの歴史学は、過去のもつ現在への規制力を念頭に置き、過去がいかに現在と関わるかを力説してきたので、「むかし」を現在と断絶したものと考える意識は衝撃であり、「いま」と関係しない「過去」が歴史学の手の届かない部分としてあらわれた。

③　この体験により歴史学は自らの体質を捉え直し、過去が現実を規制するだけでなく、統一的に解釈して、過去を規制する役割を果たすことを自覚した。

④　九〇年代に入るころから、歴史離れの第二段階があらわれた。これは現在とは切断された異物として過去を探究し、そうした過去から現在を照射し冷ややかにみるという視点であり、進歩の観念による過去から現在への連続性の意識は欠落している。さらに、歴史学ではない過去を探究する新興の学問分野である文化人類学や民俗学などが過去解釈に参入し、過去を探究する歴史学の独占的地位は低下してしまった。

着眼点

一九八〇年代から九〇年代にかけての「歴史ばなれ」の分析を通して、歴史学内部の視点や歴史学をめぐる状況が変質したことを説明した論説。約二四〇〇字強で内容の重要要素が多く、二〇〇字で要約するのは難しい文章だといえる。本文中の議論の骨格を整理し、その内容を字数の許す範囲で補強しわかりやすく説明していく。

文章展開から議論の骨格を取り出そう。従来の歴史学の基本的な意識である、過去から現在への連続性という考え方が、一九八〇年代の「歴史ばなれ」で変化し始め、九〇年代には歴史への関心は回復しながらもほぼ欠落し、さらに九〇年代には歴史学は過去探究の中心的位置から「すべり落ち」たという展開である。この、八〇年代→九〇年代という時間軸における歴史学とそれをめぐる状況の変化を中心にまとめる。

議論の骨格を説明する要素は、大きく分けて、八〇年代・九〇年代の背景（歴史学への外部からの働きかけ）と、それに対する歴史学の反応（歴史学自体の内部の変質）である。どちらかの説明に偏りすぎないようバランスに注意する必要がある。

八〇年代の背景は、経済的発展による豊かな日本の実現を要因として、過去を現代から断絶したものと捉反応）。

える意識が定着したこと。これにより、従来過去がもつ現在への規制力を問題意識の前提において探究してきた歴史学は時勢にあわなくなり、歴史学自体が過去を規制してきたと自己反省するようになった（内部の

九〇年代の背景は、「世界史の転換」（冷戦終結など）や「繁栄の破綻」（日本経済のバブル崩壊など）であり、進歩という観念の後退である。過去→現在という連続性の意識は欠落したままであったため、筆者は〈歴史への回帰は歴史学への回帰ではなかった〉と考えており、その内実は異物としての過去から現代を照射しようとする視点による探究や、他の新興の学問による参入であった（内部の変質）と指摘しているので、それぞれに簡潔に触れるとよい。

まとめとして、最も大きな変化である歴史学が過去探究における独占的位置を失ったことに言及できるといいだろう。筆者は歴史学者であり、歴史学の今後のあり方を模索しつつ歴史学がとってきた立場を述べているからである。

参考　鹿野政直（一九三一〜）は日本近代史の研究者。早稲田大学名誉教授。特に民衆思想史、女性史の著書が多数ある。主な著書に『日本の近代思想』（岩波新書）などがある。

二〇〇五年度

三　次の文章を読んで後の問いに答えよ。

日本の軍隊が日本の社会の縮図であったように、日本の高校野球もまた日本人の精神構造のシンボルである、といったら誇張が過ぎるであろうか。そこでは、勝敗への異様な執着がある。敗戦に泣く高校選手はたしかに純真には違いないが、負けて泣くほど勝利を希求させるおとなたち（監督、校長、その背後にある後援会）の圧力を思うと、その純真さに単純に同情する気持ちにはなれない。日本の社会では、すでに指摘されてきたとおり権力と道徳とがつねに結びついてきたので、勝敗が善悪を意味する傾向があった。「勝てば官軍」である。世俗的成功者が精神的優越者とみなされた。だから、野球においても勝たなければならないのである。そのうえ、日本の社会では、個人は集団を、集団はもっと大きい集団を代表する仕組になっている。大はオリンピックから小は高校野球にいたるまで、人は国家のために、母校や郷土の栄誉のために、どうしても勝たなければならない。私たちはいつも、家族や職場や組合の代表者としての責任を重く背負ってよろめいている。

ここまで述べてくると、日本の高校野球を理解するためには、社会意識のもう一つ深い層にさかのぼらなければならないことに気がつく。ふつう遊戯に対立するものは実生活であると考えられている。スポーツもまた広い意味では遊戯に属する。ただそれはとくに肉体の訓練を必要とする遊戯である。私たちは野球はスポーツであり、したがって遊戯であると考えている。だからこそ、私たちは野球の中に自由を求めるのであり、高校野球においては自由を否定するイデオロギーが支配しているということで、いくらか腹を立てるのである。しかし日本の高校野球を遊戯とみるのは正しいであろうか。それはひょっとすると、むしろ宗教的儀礼に近いものではなかろうか。

実生活と対立する生活の範疇《はんちゅう》は遊戯だけではない。宗教的儀礼もまた実生活（世俗生活）と対立する。遊戯と宗教的儀礼は、ともに実生活から離れ、それの対蹠《たいせき》部分を成すという点で相互に似ている。第一に、両者はともに象徴的な活動であり、現実原則の見地からみれば、目的手段の合理的活動の体系に無縁の領域に属する。第二に、それらはともに特定の時、特定の場所において行なわれ、日常生活から遮断されている。第三に、両者においては、それぞれの活動にのみ適用される厳しいルールが支配している。遊戯が宗教的儀礼とともに分有するこれらの形式上の特質は、両者がもつ日常生活からの距離によって理解されうる。だがそれぞれの離脱の方向はいわば正反対である。宗教的儀礼はとくに厳粛である（serious）という点で日常生活を超えるのにたいし、遊戯は遊びである（playful）という点で日常生活から離れる。世俗生活の繁栄は宗教的儀礼によって左右される（と信じられている）ので、それは必ず成功しなければならない。これに反し、遊戯は勝っても負けてもどうでもよく、したがって遊戯への参加は個人の自由意思に任せられている。それゆえ、日常生活を軸として、宗教的儀礼と遊戯とは、それぞれ自由の縮小と拡大の二方向への分極である。右の図式はほぼR・カイヨワの説に従ったものだが、ここで注意してよいのは、厳粛性という点では、宗教的儀礼は実生活とコンビを形成し、遊戯と鋭く対立するということである。宗教的儀礼は一方においては遊戯とコンビを組み、他方においては実生活とコンビを組む。したがって、反世俗性という媒介項を通じて宗教的儀礼のきわめて濃厚な厳粛性が、ほんらいシリアスではありえないところの遊戯の形式の中に、かなり自然に盛り込まれることもありうる。もしそうだとしたら、遊戯の一形式であるスポーツに、厳粛性とそれにからまる安全第一主義（失敗は絶対禁物）がはいり込んでも不思議ではない。私たちは高校野球を遊戯だと思ってみているけれども、じつはそれは宗教的儀礼であるかもしれないのである。

神は集団の象徴であり、宗教とは集団の自己崇拝にほかならないというE・デュルケームの極端な議論は、キリスト教文化圏の知識人に不快なショックを与えた。もちろん、この意見に同調した人もいないわけではないがそれは少数である。だが日本の社会を考える場合、デュルケーミスムはかなり役立つ。集団的なものは宗教的「聖」の範疇に属し、個人的なものは日常的「俗」の範疇に属するとすれば、私たち日本人が集団の代表として行動する時、私たちはいわば宗教的な営みを行なっているのである。郷土や母校や後援会の期待をになって甲子園に出場する選手たちはもはや「個人」ではない。彼らは集団の繁栄を儀礼的に演出する司祭である（甲子園の大会は、祭典のごとく定期的に行なわれる）。チームの勝敗は背後の集団の実力の程度を象徴するから、絶対に負けてはならない。じっさい戦前においては、各地方の産業の実力の程度が、中等野球のチーム力に敏感に反映した。たとえば岡谷市が栄えた頃、諏訪蚕糸《すわさんし》(注)が甲子園を席捲《せっけん》したことがある。もし地方の実生活上の力が野球の力に反映する、という関係が確認されるなら、この関係を逆転させて、強いチームを育てた地方は繁栄するであろうという論理に到達するのは容易である。まさに宗教的儀礼とはそのような論理にもとづいているのであり、雨乞《あまご》いの儀礼が成功裡《せいこうり》に遂行されれば、この儀礼を遂行した部落には必ず雨が降ると信じられていた。それゆえ、甲子園の大会に出場したからには、相当の成績をおさめなければならない。もちろん優勝するにこしたことはない。勝利は、宗教的儀礼の成功のもっとも端的なあらわれである。私たちは集団を代表している時は、かたくなり、そして自分の行動が巧《うま》くゆかなければ泣きたくなる。私たちが宗教的になっているからである。今日の日本人は宗教的に無縁の国民だといわれることが多いが、私はそうは思わない。

――作田啓一『恥の文化再考』

(注)　諏訪蚕糸　旧制諏訪蚕糸学校。現在の岡谷工業高等学校。

問い　右の文章を要約せよ(二〇〇字以内)。

【解答・解説】

出典　作田啓一『恥の文化再考』〈付論　スポーツに現われた日本イデオロギー〉（筑摩書房）

解答

高校野球は、個人が集団の成功を背負う点で日本人の精神構造の象徴であり、社会意識からみると宗教的儀礼に近いと言える。遊戯と宗教的儀礼はいずれも実生活とは離れた象徴的活動だが、生活の繁栄を願う宗教的儀礼は成功が必須であり、さらにその厳粛性が遊戯に取り入れられることから、高校野球は宗教的儀礼とみなせる。集団の代表が聖性をもつことからもその宗教性は指摘でき、日本人と宗教との関わりの深さをみることができる。

（二〇〇字以内）

解説

文章展開

① 高校野球が日本人の精神構造の象徴であることは、その勝敗への執着から、勝敗が善悪を意味すること、さらに個人が集団を代表し責任を重く背負うという、日本の社会構造の面から指摘できる。

② さらに、社会意識のもう一つ深い層からみると、高校野球は遊戯ではなく宗教的儀礼に近いと指摘できる。

③ 遊戯と宗教的儀礼は、いずれも象徴的活動で現実の活動の体系とは無縁であり、特定の時や場所で行われ、独特の厳しいルールがある点で日常生活とは対立している。ただし、宗教的儀礼は生活の繁栄を左右

するので、宗教的儀礼は遊戯と異なり、必ず成功しなければならない。そして、宗教的儀礼の厳粛性が遊戯の中に盛り込まれうることから、遊戯である高校野球は宗教的儀礼として捉えられると言える。

④ 集団的なものが宗教的「聖」で、個人的なものが日常的「俗」だとすれば、郷土や母校などの期待を担い甲子園に出場する選手は、集団の繁栄を儀礼的に演出する司祭であり、勝敗は集団の実力の象徴であるから絶対に負けられない。このように考えると、日本人は宗教的に無縁な国民とは言えないと思う。

着眼点

日本の高校野球は宗教的儀礼とみなすことができるとして、高校野球を好む日本人は宗教に無縁ではないと主張した文章。高校野球が宗教的儀礼だということを論証する論理展開（**文章展開**③・④）を、結論に触れる字数を確保しつつ短い字数内にまとめることが難しい。

文章展開①・②は命題の提示。筆者は高校野球は日本人の精神構造の象徴であり、宗教的儀礼ともいえると考えている。その根拠として、勝利という成功が道徳的な善を意味する日本においては個人が集団の成功の責任を背負うという高校野球の姿を社会意識の面から解析する。ただし、ここに字数を割くと次の③の説明が厳しくなるので、③・④の内容との重複を避けて簡潔に示すべきである。

③・④はこの文章の中心ともいえる、遊戯（スポーツ）である高校野球がどのような点で宗教的儀礼と認定されるかの議論であり、文章構造からまとめていく。遊戯と宗教的儀礼の関係を正確に押さえるのがポイント。遊戯と宗教的儀礼は実生活と離れた活動である点で似ているが、宗教的儀礼は、集団の実生活の繁栄を意味するために成功が義務とされる点で遊戯と異なる（なお、宗教的儀礼と遊戯がそれぞれ「自由の縮小と拡大の二方向への分極」にあたるとの内容があるが、次の「厳粛性」をめぐる部分で言い換えられているとみなせるので、無理矢理解答に盛り込む必要はないだろう）。そして宗教的儀礼は厳粛性を備えているのだが、遊

戯も宗教的儀礼と同様、実生活と離れたものであろうとする性質をもつので、遊戯にも（本来ならば遊戯とは対立する）厳粛性が盛り込まれうる。この「厳粛性とそれにからまる安全第一主義（失敗は絶対禁物）」（第三段落）の遊戯が高校野球である、という構造になっている。

さらに④は、日本の社会において集団的なもの、および集団の代表は宗教的「聖」なるものとみなされると指摘し、郷土・母校の代表が競う高校野球が宗教性をもつ営みであることを論証している。

以上により、高校野球が宗教的儀礼であるとの結合が二重に証明されたことになる。最後に筆者の結論であり本論での強調点である、日本人は実は宗教と関わりが深いのだという主張でまとめるとよい。

参考　作田啓一（一九二二～二〇一六）は社会学者。戦後の日本人と日本社会を分析し、戦争責任の論理を追求した『恥の文化再考』で知られる。他に『価値の社会学』など。

二〇〇四年度

三

次の文章を読んで後の問いに答えよ。

99年に起きた東海村ウラン燃料加工施設における臨界事故は信じられない事故だった。安全確保のためのマニュアルが長い間にわたって少しずつ簡略化されていたのである。昨年から今年にかけては、東京電力その他の原子力発電所において、安全手続きの無視、トラブル隠しなどがいくつも発覚した。こんな管理では、いつか大きな事故が起こってもおかしくはない。東京電力は4月15日に原発17基をすべて停止させ、安全確認と補修点検の作業に追われている。

本年2月1日には、アメリカのスペースシャトル・コロンビアが大気圏再突入の際に分解し、7人の宇宙飛行士が亡くなった。事故の原因究明はまだ途中であるが、92年頃から危険だと言われていた耐熱タイルの破損が関係しているらしい。疑問はあったが改善の名案はなく、これまでうまくいったということから、ＮＡＳＡはその危険性を問題にしなかったらしい。

リスクの認識に何か問題があるようだ。車が行き交う道路を渡ろうとするときにどのくらいの危険があるかの判断は、まだ容易である。自分のからだの動きがどんなものか、それを自分でどれほど制御できるかは想像がつく。判断を誤ったときにどんな災難が降りかかるかも、想像がつく。そして、それらはみな、自分一人で行うことだ。

しかし、十分危険だが微量な放射能の存在は、人間の感覚器官には感知されない。巨大な打ち上げ装置から宇宙に射出されるような乗り物に生じ得る事故も、通常の意味での直観的把握を超えている。理論的なリスクの査定はできても、感覚的には実感できない。しかも、原子力発電所も、ＮＡＳＡも、一人ひとりは巨大な作業のほんの一部を担っているだけであって、自分自身の判断のミスがどれほど最終産物の危険に貢献するのかは、これまた実感できない。

昔から、「ギャンブラーの誤謬《ごびゅう》」と呼ばれているものがある。ルーレットで赤、赤と続くと、次も赤であるような気がしてくる。

赤、赤、赤、赤だと、次は黒であるような気がしてくる、という誤りだ。赤が出るか黒が出るかは、過去の記録にかかわりなく毎回5割である。東海村の施設もNASAも、危ないが訳のわからないものは、ここ数回安全であれば、次も安全であるとみなし、真の危険を顧みなかった。これも、一種のギャンブラーの誤謬であろう。

人間にとって、確率的な事象を正確に把握し、判断を下すよりも、数回の経験をもとに因果関係を類推して、この次も過去と似たようなことが起こると考えた方が、進化史上では、ずっと適応的だったに違いない。たまにそれで間違えたときの損失は、今よりもずっと小規模だったろう。見も知らぬ他人の犯した誤りが自分に跳ね返ってくることも、まれだっただろう。

今日の状況はまったく異なる。航空機の事故を始めとするさまざまな機器の事故において、その多くが、機械そのものに起因する事故ではなく、ヒューマンエラーによるものだと指摘されて久しい。それでも、この教訓はあまり生かされていないようだ。それは、驚くべき技術を手にし、これらの科学技術が日々進んでいくのを見ている人類が、自分自身の脳の働きも同様にリアルタイムで進んでいると錯覚し、ヒューマンエラーは、たまに気を抜いたときに起こることだと過小評価しているからではないだろうか。

しかし、人類は、少なくともおよそこの5万年にわたって、その基本的な脳の働き方において少しも変わっていないのである。物質文明の発展にだまされてはいけない。物質文明、技術文明は確かに進歩してきたが、それは、言語を使った学習と教育、記録による伝達によってどんどん蓄積されてきたからであって、一人ひとりの人間の脳が、毎世代、石器時代よりも進化して賢くなることによって進歩してきたのではない。

それが何より証拠には、人類史における伝統的な生計活動である狩猟と採集で現在も暮らしをたてている地域で生まれた人々でも、子どものころから教育すれば、パイロットにも脳外科医にもなる。一方、技術文明の恩恵を十二分に受けて暮らしている私たちのうち、コンピューターや飛行機を自分でつくれる人が何人いるだろうか？　私が飛行機に乗り、コンピューターをあやつって、１００年前の人々にはできなかったような仕事をしても、それは、私自身の脳が１００年前の人々よりも優れているからではないのである。

およそ5万年前までにできあがった、非常に可塑性に富む人類の脳が、一致団結して知恵を蓄積してきた結果、こんな技術や社会ができた。しかし、この技術的蓄積と生活環境の改変は、あまりにも急速に起こったため、人類は、自らの脳が自信をもって処理できる以上の情報を氾濫《はんらん》させ、数々の巨大施設を築き上げてしまった。私たちは、理性によって原子力やロケットを利用するすべを開発したが、からだや感覚はそんなものにはついていけないのである。

未知への人間の挑戦と、その結果獲得した技術は素晴らしい。しかし、私たちは、ラップトップ(注)をかかえた石器人でもあるのだと、もう一度謙虚に認識する必要があるだろう。

――長谷川眞理子「ラップトップ抱えた「石器人」」(二〇〇二年)

(注)　ラップトップ　携帯用のコンピューター。

問い　著者の進化史に対する見方をふまえ、現代人と科学技術文明との関係をどうとらえるべきと主張しているのかをまとめよ(二〇〇字以内)。

【解答・解説】

出典　長谷川眞理子「ラップトップ抱えた『石器人』」（『朝日新聞』二〇〇三年四月二七日朝刊〈時流自論〉）

解答

最近の事故の原因として、リスク認識上の誤りによるヒューマンエラーが続くのは、科学技術とともに脳も進化してきたと錯覚しているからだ。現在の科学技術は人間の直観的把握を超え、進化史上で適応的だった経験的類推では対応できない。人類が知恵を蓄積した結果、技術や社会が発展したのであって脳自体が進化したのではない。未知の技術に挑戦する現代人は、それが自らの処理能力を超えていることを謙虚に認識する必要がある。

（二〇〇字以内）

解説

文章展開

① ウラン燃料加工施設やスペースシャトルの事故などを見ると、これまでうまくいったから問題ないというリスク認識に問題があるようだ。そこには科学技術の進歩によって、リスクが人間の直観的把握を超えてしまい、感覚で実感できなくなってしまったことが関係している。

② 「ギャンブラーの誤謬」という、数回続くと確率が5割でもそう感じなくなる誤りが先の事故にも関係しているのだろうが、人間にとっては確率的な事象からではなく数回の経験から類推して判断した方が、進化史上ではずっと適応的だったのだろう。

③　今の状況は全く異なり、ヒューマンエラーの教訓を生かせていない。科学技術の進歩を見ている人類が、自分の脳も進化していると錯覚し、エラーは気を抜いた時のものと過小評価しているのではないか。
④　脳の働きが進化したのではなく、可塑性に富む人類の脳が団結して知恵を蓄積し今の技術や社会を作った。しかし脳が処理できる以上の情報を氾濫させ巨大施設を築き上げたため、からだや感覚が追いついていないのである。
⑤　未知への挑戦と技術は素晴らしいが、脳は石器人のままであると謙虚に認識する必要がある。

着眼点

新聞掲載のエッセイであり、議論のまとまりが段落ごとになっていないことから、展開を把握しにくいと思われる。時間内に文章の精度を上げていくのは難しいが、やはり基本的には丁寧に文脈を追い、筆者の論の展開を正確につかんだ上でまとめていくことが大切である。どうしてもまとめにくい場合は、問いの要求である「現代人と科学技術文明との関係をどうとらえるべきと主張しているのか」に応えることを意識しながら、思い切って自分の言葉でまとめ直すことも可能な文章である。ただ、平易な文章であるので、キーワードは文章のものを使用した方が要旨から大きく外れる心配が少ないだろう。

文章展開のとおり、まず、近年起きた科学技術関連の事故について、その理由が感覚や直観によってリスク判断した結果のヒューマンエラーであり、科学技術は人間の感覚を超えた次元にある（①）のに、科学技術とともに脳も進化しているという思い込みからエラーを続けている（②・③）という展開をまとめていく。

この問題では解答上の条件が付いているので、進化の過程で重要であった経験則による類推では現代の科学技術の進歩に追いつかないこと（②・③）、脳自体ではなく、言語を使った学習と教育、記録による伝達が人類の知識の蓄積を可能にし、それが現代科学の急速な発展を可能にしたのであって、脳自体は変化していない（④）という内容は必須である。これを盛り込むことによって、「著者の進化史に対する見方」をふまえることになる。その上で、こうした現代人と科学技術文明についての錯覚と現実を謙虚に認識することが、今後未知の技術へ挑戦していく前提として重要だという筆者の結論（⑤）でまとめる。

この展開を二〇〇字でまとめるには、やはり論の骨格を把握し必要度の低い具体例の部分をそぎ落としながら、自分の言葉でまとめていくことが重要である。特に「ラップトップをかかえた石器人」というのは一種の比喩なので、「現代人」が謙虚に認識すべき具体的内容に置き換えること。

参考　長谷川眞理子（一九五二〜）は人類学者。総合研究大学院大学学長。専門は行動生態学・進化生物学。チンパンジー、クジャクなどの行動を研究し、人間の進化と適応についても追究している。著書に『進化とはなんだろうか』『科学の目　科学のこころ』『生き物をめぐる４つの「なぜ」』『クジャクの雄はなぜ美しい？』『人、イヌと暮らす』など。

二〇〇三年度

三

次の文章を読んで後の問いに答えよ。

私たちは時間に追われて生きている。朝起きて食事をし、会社や学校へいき、子どもや夫を送りだし……など、分刻み、秒刻みの日々の時間は、テレビやラジオの時報によって共有されている。

すべての人間がマス・メディアのながす時間を共有しているという構図は、すこし滑稽《こっけい》のようでもあるし、出勤時の雑踏などをみていると、なにかそら恐ろしくさえ感じられる。だが、そのような均質な時間によって、私たちの日々の生活の社会性がたもたれている。もしそれを取りはらったら……、というのは、ちょっとこわい想像だが、私たちの日常生活のかなりあやうい構造がみえてくるはずだ。

たとえば、引き出しのなかに見つけた一枚の写真。その古ぼけた写真からよみがえる記憶は、私たちの意識を、いっぺんに失われた過去の時間にひきもどす。記憶のなかによみがえる時間は、この日常的な時間の延長上にある過去ではない。それは古くからある日本語でいえばムカシである。

昔《むかし》は、語源的にいえばムカ（向）とシ（接尾語）が複合した語。意識の向かう過去、記憶と想像力のなかで再生する過去の時間を意味している。それはおなじく過去を意味する語でも、物理的に過ぎ去った時間を意味する往《い》にし辺《へ》とは異なるのである。

意識の裏側にしまい込まれていた時間は、私たちの今（生存）を説明する時間でもある。いま現在に対して神話的に向きあう時間だが、しかしそのような私的な過去の時間さえ、私たちは社会が共有する時間におきかえようとする。昔の写真をアルバムに整理することで、その前後錯綜《さくそう》した時間に、平成何年何月などのキャプション(注)をつける。日々の生活をいとなむためには、私たちは社会の時間に自分を馴化《じゅんか》させなければならない。だがそのことは、私たちが共有している（させられている）時間だけが人間の時間のすべてではない、ということをはしなくも露呈している。テレビやラジオのきざむ時報は、どんなに物理的な客観性をよそおっていても、しょせん現代社会がつくりだしている制度でしかないということだ。とすれば、現代の均質化された時間とは異質な時間が、規範として共有された社会もありえたのである。たとえば、昔話の語りだしにみられるつぎのような定型句、

とんとある昔。あったか無かったかは知らねども、昔のことなれば、無かった事もあったにして聴かねばならぬ。よいか。……

（大隅肝属郡《おおすみきもつき》の昔話）

「昔のことなれば」云々《うんぬん》は、柳田国男が「神話時代の残留」と評したように、昔という時間がになったかつての規範的な位相をうかがわせる。

過去から未来へむけて前進しつづける社会にたいして、昔が今を照らしだすような社会である。そのような社会にあって、時間は季節のサイクルをモデルとした反復、循環としてイメージされる。柳田国男は、常民の循環的な時間意識(注)が、たんに一年のサイクルにとどまらず、人の一生、世代の交代にまでおよぶ事例を紹介している（『先祖の話』）。

今という時間は、反復されるサイクルの一時点である。それは村々の祭りにおいて、始祖や祖神（ときには悪霊）の昔が反復・再演される前提にある時間意識でもある。そして注意したいのは、そのようにして反復・再演される昔は、日常的な今と背中合わせのかたちで、川向こう、あるいは峠や辻《つじ》の向こう側に空間を接して存在したということだ。

この世界の向こう側には、密度も濃度もじつにまちまちな昔の時空がひろがっていた。それは先祖の霊魂や、神仏、

妖怪《ようかい》など、昔語りに登場する霊物《モノ》たちが跳梁《ちょうりょう》する時空である。この世界と空間を接して、タブー視される聖なる時空間があり、またおなじくタブー視される穢《けがれ》なる時空間がひろがっている。

向こう側の世界と、日常生活がいとなまれるこちら側とのあいだには、明確な境界が設定されている。だがその境界というのがたぶんにこわれやすい、不安定なものだったことは、しばしば昔のモノがこちら側にはみ出してくるのをみてもよい。現代にあってさえ、交通事故の横死者や水子の霊は、ときとしてこちら側の現実の精神や肉体をむしばむのである。

記憶された昔の時間が、前近代にあっては空間化されて存在したということである。しかもそれは社会的に共有され、村落や都市共同体の今に無言の威圧をあたえつづけている。

——兵藤裕己『物語・オーラリティ・共同体』

（注）キャプション　新聞・雑誌などの写真の説明文。

（注）常民　平民や農民とほぼ同義。

問い　現代社会と前近代社会における時空間意識の違いを明確にしつつ、右の文章の要旨をまとめよ（二〇〇字以内）。

【解答・解説】

出典　兵藤裕己『物語・オーラリティ・共同体――新語り物序説』〈Ⅲ「歴史」語りの構造〉（ひつじ書房）

解答

現代では過去から未来へ前進する均質な時間意識によって社会性が保たれ、記憶と想像力で再生する私的な時間さえこの時間意識に置き換えられる。だが、これは現代とは異質な時間が共有された社会の存在を暗示する。前近代では、時間は反復し循環するものと認識され、昔の異質な時空が日常的な今と空間を接して明確に存在しており、それが空間化されて社会的に共有されていた。そしてこの意識は共同体の現在にも影響し続けている。

（二〇〇字以内）

解説

文章展開

① 私たちは時間に追われているが、この時間はマス・メディアの流す時間であり、それを共有することで生活の社会性が保たれている。

② 写真を見て記憶の中によみがえる時間は、日常的な時間の延長上にある過去ではなく、記憶と想像力の中で再生する過去として今を説明する時間であるが、そのような私的な過去さえ、社会が共有する時間に置き換えられようとする。

③ このことは、現代社会の均質化された時間とは異質な時間が規範として共有された社会もあり得たこと

を意味する。「昔のことなれば」という昔語りは、過去から未来へ前進する社会に対して、昔が今を照らしだすような規範的な位相を担っていたことを示すものであり、そのような社会では、時間は反復し循環するとイメージされていた。

④　今という時間は反復される循環の一時点とされ、そうした時間意識が、祭りなどで昔が反復・再演される前提となっている。これは、日常的な今と背中合わせの形で、昔の時空が空間を接して存在したことを意味し、向こう側のタブー視される聖なる時空間の世界と日常とのあいだには、明確だが不安定な境界が設定されていた。

⑤　この記憶された昔の時間が、前近代には空間として社会的に共有され、今の村落や都市共同体にも無言の威圧を与え続けている。

着眼点

ラジオやテレビなどのマス・メディアが時報として流す現在の時間とは異なる時間意識が存在することを説明する文章。民俗学で用いられる発想や独特の用語が随所に見られ、引用部分だけでは説明内容を把握しきるのが難しかったかもしれない。「現代社会と前近代社会における時空間意識の違いを明確にしつつ」要旨をまとめよという条件つきの要約問題なので、この要求に応えるかたちで、筆者が両者の違いをどのように論じているかを意識しながら全体を要約する。「過去から未来へむけて前進しつづける社会」（＝現代）と「昔が今を照らしだすような社会」（＝前近代）それぞれにおける「時空間意識」（時間意識だけではない）を説明していけばよい。

文章展開の①・②からは、現在の直線的で均質的な時間意識と、それとは異質な、もう一つの時間意識である、記憶と想像力の再生から今を捉える私的な時間意識が存在すること、そして後者の時間のあり方が、前者の規範的な時間意識に置き換えられること（③、これにより逆説的に、現在とは異質な時間意識の存在が証明される）を抽出する。

③以降では、前近代の時間意識から時空間意識へと展開される。昔を「今を照らしだす」「規範」とする社会では、祭りでの昔の反復・再演の例が物語るように、反復・循環する時間として時間がイメージされる（③）。このキーワードは必須。前近代ではこの時間意識により「今」との境界が設定され、それを接して昔の時空が「今」とすぐ隣り合わせに広がる空間として認識されていた（④）。以上の展開が、設問が求める「現代社会と前近代社会における時空間意識の違い」の説明にあたり、つまり文章全体の要約となる。対比される現代の直進的な時間意識（＝時間は過ぎ去るもの、もはや遠いものとする意識）を把握すると、問われている「時空間意識」の違いがまとめやすいはずである。

要旨を正確に捉えて全体をまとめるために、最後の一文にある、この意識が今の村落や都市共同体に影響し続けているという結論（⑤）を取り入れるとよい。筆者は現代社会と前近代社会を対比的に捉える一方、現代の時間認識が唯一のものではなく、また現代においても前近代的な時空認識が生きて見え隠れしている（②・③）と考えており、本文全体を支える下敷きとなっているために最後の一文が登場してくるのである。したがって、これを取り入れた方が解答の完成度が高まる。

参考　兵藤裕己（一九五〇～）は日本中世文学・芸能史の研究者。学習院大学名誉教授。『平家物語』や『太平記』などの語り物を中心に、文学と身体のかかわり、共同体との関係について論じた著作が多い。主な著作に『太平記〈よみ〉の可能性』、『演じられた近代――〈国民〉の身体とパフォーマンス』など。

二〇〇二年度

三

次の文章を読んで後の問いに答えよ。

アテーナイを初めとするいくつかの古代ギリシアのポリス（都市国家）では、一定の条件を備えた市民がすべて政治に参加する権利を有していて、そのような政治形態はデモクラティアと呼ばれていた。それがしばしば理想化されて伝えられ、現代の日本でも、多くのひとが、それをお手本にしたとされる西欧のいわゆる〈デモクラシー〉という社会制度こそもっともすぐれた政治のシステムだと考えるようになっているわけだ。ボク達の現代の感覚では、「民主的」の反対の「非民主的」となれば、つい「専制」とか「独裁」を連想してしまい、民主政以外の、君主政などに対しては、どうしても忌まわしいイメージを抱かざるをえない。

ところが、実際のアテーナイを生きた当時の人たちが書き残したものを読んでみると、ずいぶん意外なことを述べているのに出会って驚かされる。

たとえばアテーナイを代表する哲学者のプラトンを見てみよう。彼は、古代ギリシア世界のなかでも政治の問題についてもっとも深い思索をした人のひとりであったが、そのプラトンの考えでは、統治の形態として考えられる、民主政、貴族政、王政の三つのうち、王政がもっとも優れた政体だとされている。なぜなら、すぐれた人物によって統治されることが、国とその市民にとってもっとも幸せなことであるからだ。ただしかし、と彼は問題点を指摘するのだが、真にすぐれた人物とはそんなに簡単に見つかるものではない。いや、そもそもそうした人物とは、最初からいるのではなくて、正しい教育によって初めて育成されうるものなのだ。真実を認識する力によって何が人々にとって「もっとも善きもの」であるかをわきまえた人物、プラトンはそれを〈哲人〉と呼んでいるが、その人こそ国を支配するにふさわしい。であるならば、王たるべき哲人を養成するための教育制度を整えること、そしてその哲人王の支配する〈哲人政治〉を実現すべく心がけること、これこそが人類に課せられた崇高な課題なのだ、とプラトンは主張していた。

このようなプラトンの考えの深い消息を、彼自身、きわめて印象的な一つの寓話《ぐうわ》をとおして語っている。それが〈洞《どう》窟《くつ》の比喩《ひゆ》〉なのだが、対話篇『国家』のなかで、哲人王の養成に向けた人間の教育とはそもそもどのような意味をもつべきかを理解するために、まずもって人間の本性のあり方そのものを譬《たと》え話のかたちで描き出してみせることが、その意図であった。岩波文庫版の藤沢令夫《のりお》氏による訳を使って、その内容をご紹介しておこう。

語り手ソクラテスは、人間の本性を、深い洞窟のなかに囚《とら》われの身となった囚人の境遇に譬えて「地下にある洞窟状の住いのなかにいる人間たちを思い描いてもらおう」と、話を始める。その囚人達は洞窟の奥に、底のほうを向いたまままつながれている。そのうしろには、一つの火が点《とも》され囚人達を背後から照らしている。さらに囚人と火のあいだには、動植物やその他の自然の存在物、さまざまな品物や道具など、あらゆるものが置かれた場所がある。それらは火の光によって、洞窟の底の壁面に影を写し出している。こうした状況で、囚人の眼《め》に見えるものとは、ひとえに、ものの影ばかりで、その本体を見ることはできない。そのため彼らは、もっぱらその影をもって真実の姿と取り違えてしまわざるをえないだろう。このように、真実に背を向けたままでそれに気づかないのがわれわれ人間の実態なのだ、と指摘したあとで、ソクラテスはさらに話をすすめる。

何らかの折に、囚人のうちの一人が縛《いまし》めを解かれその向きを変えられて、背後にあった「ものそのもの」を見るようにさせられたとしたらどうだろう。そればかりでなく、燃える火そのものを、いやそれどころか、洞窟の外の地上界にまで引きずり上げられ、光り輝く太陽と白日のもとにさらされた実物の世界のただなかにまで連れ出されたとしたらどうだろう。そのとき、暗闇《くらやみ》に慣れたその眼は、とうてい真実の輝きの強さに耐えられまい。ただしだからといって、人間にはそんな力はもともとないのだというふうに考えてはならない。人間には、真実を見るための器官として、〈魂の眼〉というものが本来具《そな》わっている。それまでは、それが暗闇に向けられて、光明を見ることがなかっただけなのだ。だから訓練によって、ひとは次第にそれを見ることを学び、ついには真実の世界に生きる歓びを知ることになるはずだ。そしてこれこそが、教育の成果にほかならないと、プラトンは説く。

こう考えてくるならば、教育とは、知識を外から魂のなかに詰め込んでいくようなものでは決してなく、「視力ははじめからもっているけれども、ただその向きが正しくなくて、見なければならぬ方向を見ていないから、その点を直すように工夫する技術」、つまり〈魂の向け変えの技術〉であることが理解されるだろう。

これ自体でもすばらしい教育論だと思うが、プラトンのほんとうの狙《ねら》いは、そのあとに続く政治論にあった。かくして、真実を魂の眼で直接見た人にして初めて国を統治する仕事をまかすことができる、というのが、プラトンの政治論の出発点になる。しかし、と彼は付け加えているが、それは辛《つら》い仕事になるだろう。真実の世界から再び地下の囚人達のもとに戻ってきて真実を説き聞かせたとしても、幻影の快楽に惑わされているかぎり、それに喜んで耳を貸すものはいないからだ。それでもその人は、自分ひとりが幸福になるのでなく「国全体のうちにあまねく幸福をいきわたらせること」のために国民の世話をすることを、〈蜜蜂《みつばち》の群〉のなかに送り込まれた支配者たる者の責務として引き受けなければならない。こうなったときに、その国に「目覚めた正気の統治」が実現されるのだ。

それに対して、現今多くの国々で行われているのは、「影をめぐってお互いに相戦い、支配権を求めて党派的抗争にあけくれるような人たち」による「夢まぼろしの統治」でしかないと、指摘されている。もちろん、プラトンが住んでいたアテーナイもその例外ではなかった。むしろ、真実を説いて止《や》まなかった師ソクラテスを、国をそこなう危険人物として処刑した祖国は、まさしく堕落した国家の典型と、プラトンの眼には映じていたにちがいない。そしてその祖国の惨状を打ち破るギリギリの方策として考え出したのが、〈哲人王〉のアイデアだったのだ。

——飯田年穂『問いかける山』

問い　プラトンは王政〈哲人政治〉がもっとも優れた政体であると主張したというが、その主張とはどういう内容のものであったか、右の文章によって要約して答えよ（二五〇字以内）。

【解答・解説】

出典　飯田年穂『問いかける山――登ることと考えること』〈3　学校は香水のにおい〉（木魂社）

解答

プラトンは、優れた人物による統治が最良だが、それに値する人物は教育によって初めて育成できるもので、何が国や市民にとって最善かを理解した「哲人」を養成して哲人王の支配を実現すべきだと主張した。この教育は、知識を外から詰め込むのではなく、訓練によって見るべき真実の世界に魂の目の向きを変え、そこに生きる歓びを実感させるという発想である。教育を受けた人は自分だけでなく国民全体を幸福にする責務を引き受け統治しなければならないとされ、支配権を巡る党派的抗争などの民主政の堕落を打ち破る方策として主張された。

（二五〇字以内）

解説

文章展開

① 古代ギリシアのポリスでは、一定の条件を備えた市民がすべて政治参加するデモクラティアという政治形態がとられていたが、それが理想化されて伝えられ、日本人はそれを手本にしたとされる西欧の〈デモクラシー〉を最も優れた政治制度と考えるようになった。このため、民主政以外の「君主政」などに対しては忌まわしいイメージがある。

② しかし、当時のアテーナイの人たちは意外なことを書き残している。たとえばプラトンは王政が最も優

れた政体だと考え、王としてふさわしい人物がいないので、何が最もよいかをわきまえた「哲人」を養成する教育制度を整え、哲人政治を実現すべきだと主張した。

③　プラトンは人間の教育の意味を理解するために、人間の本性のあり方を喩えて、真実に背を向けて気づかないのが人間の実態であるから、向きを変える訓練によって見ることを学び、ついに真実の世界に生きる喜びを知るのが教育の成果だと説く。

④　ここから、プラトンによる教育論は知識の詰め込みではなく「魂の向け変えの技術」であることが理解できるが、プラトンの狙いはその後の政治論にある。真実を魂の眼で見た人にのみ統治を任すことができ、さらにその人が、真実に耳を貸さない国民に幸福を行き渡らせるため世話をする責務を引き受けるとき、「目覚めた正気の統治」が実現すると述べる。

⑤　それに対し、アテーナイを含む多くの国で行われているのは、支配権を求め党派的抗争に明け暮れる「夢まぼろしの統治」でしかないと指摘し、そうした祖国の惨状を打ち破る方策が哲人王のアイデアだった。

着眼点

王政が最も優れた政体であるというプラトンの主張の内容を説明する問題である。「要約」せよとあるとおり、この文章全体が哲人政治の説明になっているので、その展開に沿って説明するのがやりやすい方法だろう。

文章展開で示したとおり、①は哲人政治の比較対象とされている民主政についての前置きであり、プラトンの哲人政治の具体的な説明は②以降である。②で哲人政治の概略、③・④でその教育の意味・内容と、その教育を受けた人物の統治とはどのようなものかが検討されている。最後に⑤で、それが党派的抗争に明け暮れる古代ギリシアの現状を打破する方法として提示されたことが説明される。

②・③・④の説明において必要な要素は、②では哲人は教育でのみ育成可能であること、③ではプラトンのいう「哲人」育成のための教育が魂の眼の向きを真実の世界に向けるという発想であること、④では、教育を受けた人は、自分ひとりが幸福になるのではなく、国全体に幸福を行き渡らせる責務を支配者として引き受けなければならないことである。この問題は例年の二〇〇字よりも五〇字多く字数に余裕があるので、王政の内容説明だけではなく、哲人王を育成するための教育論の意図を明示して肉付けしていけばよい。

なお、①で理想とされた〈デモクラティア〉を行っていたアテーナイが、⑤で「堕落した国家の典型」として再登場することがこの文章のポイントである。①・②では、〈デモクラティア〉のもとで生きたプラトンが意外にも王政を評価している点が指摘され、その理由が⑤で、民主政が党派的抗争に明け暮れる堕落したものであるからと説明される。そして、その惨状を打破するためのアイデアが哲人王による王政だと読み取れる。したがって、解答上で⑤をまとめる際には、王政の提示によって批判される古代ギリシアの民主政の状況説明が不可欠である。以上の展開を押さえて、②から⑤の展開を字数内でまとめる。

参考　飯田年穂（一九四八〜）はヨーロッパ文化研究者。明治大学名誉教授。フランスを中心とする西欧の比較文化研究を行っている。山と人間のかかわりを扱った著作が多い。

出典一覧・分析表

▶大問一　現代文

年度	著作者	出　　典	初出年/刊行年	設問	形　　式	字数・解答個数
2021	鶴岡真弓 (1952-)	「『芸術人類』の誕生――『根源からの思考』」	2020	1	漢字の書き取り	5個
				2	内容説明	30字
				3	内容説明	30字
				4	内容説明	60字
2020	信原幸弘 (1954-)	『情動の哲学入門 価値・道徳・生きる意味』	2017	1	漢字の書き取り	5個
				2	内容説明	30字
				3	内容説明	30字
				4	論理展開の読み取り・考察	50字
2019	なだいなだ (1929-2013)	『人間，この非人間的なもの』	1985	1	漢字の書き取り	5個
				2	内容説明	30字
				3	理由説明	30字
				4	主旨	50字
2018	紀平知樹 (1969-)	「知識の委譲とリスク社会」	2008	1	漢字の書き取り	5個
				2	内容説明	90字
				3	内容説明	15字
				4	論理展開の読み取り・考察	60字
2017	塩野谷祐一 (1932-2015)	『エッセー 正・徳・善――経済を「投企」する』	2009	1	漢字の書き取り	5個
				2	語句の意味	2個
				3	理由説明	80字
				4	内容説明	80字
2016	長谷正人 (1959-)	「大量消費社会とパーソナル文化」	2015	1	漢字の書き取り	5個
				2	語句の意味	2個
				3	理由説明	80字
				4	内容説明	80字
2015	齋藤希史 (1963-)	『漢字世界の地平――私たちにとって文字とは何か』	2014	1	漢字の書き取り	5個
				2	語句の意味	2個
				3	内容説明	40字
				4	内容説明	100字
2014	長田　弘 (1939-2015)	「幸福という一語」	1983	1	漢字の書き取り	5個
				2	語句の意味	2個
				3	内容説明	40字
				4	内容説明	50字
				5	内容説明	50字
2013	若林幹夫 (1962-)	『地図の想像力』	1995	1	漢字の書き取り	5個
				2	内容説明	50字
				3	内容説明	30字
				4	内容説明	50字
2012	丸山眞男 (1914-96)	『忠誠と反逆』	1992	1	漢字の書き取り	5個
				2	語句の意味	2個
				3	内容説明	30字
				4	内容説明	30字
				5	内容説明	40字

2011	藤田省三 (1927-2003)	「史劇の誕生」 (『精神史的考察』)	1982	1	漢字の書き取り	5個
				2	内容説明	20字
				3	内容説明	50字
				4	内容説明	50字
2010	岡　真理 (1960-)	「『文化が違う』とは何を意味するのか？」	2001	1	漢字の書き取り	5個
				2	内容説明	50字
				3	内容説明	50字
				4	理由説明	
2009	鈴木大拙 (1870-1966)	「東洋文化の根底にあるもの」	1958	1	漢字の書き取り	5個
				2	語句の意味	2個
				3	理由説明	50字
				4	内容説明	40字
				5	内容説明	20字
2008	戸坂　潤 (1900-45)	「『輿論』を論ず」	1937	1	漢字の書き取り	10個
				2	内容説明	
				3	理由説明	
				4	内容説明	40字
				5	理由説明	80字
2007	坪井秀人 (1959-)	『感覚の近代』	2006	1	漢字の書き取り	10個
				2	内容説明	20字
				3	理由説明	20字
				4	内容説明	50字
				5	理由説明	
2006	目崎徳衛 (1921-2000)	「北越雪譜――鈴木牧之」	1994	1	漢字の書き取り	10個
				2	理由説明	50字
				3	理由説明	30字
				4	語句の意味	4個
2005	川田順造 (1934-)	『コトバ・言葉・ことば』	2004	1	漢字の書き取り	10個
				2	内容説明	50字
				3	内容説明	50字
				4	内容説明	
2004	伊藤　整 (1905-69)	「青春について」	1954	1	漢字の書き取り	10個
				2	語句補充	選択・5個
				3	内容説明	30字
				4	理由説明	50字
				5	内容説明	50字
2003	加藤周一 (1919-2008)	「文学の擁護」	1976	1	漢字の書き取り	10個
				2	内容説明	
				3	内容説明	40字
				4	内容説明	50字
2002	西郷信綱 (1916-2008)	「『わが古典』とは何か」	1979	1	漢字の書き取り	5個
				2	理由説明	100字
				3	理由説明	40字
				4	内容説明	

▶大問二　近代文語文・現古融合文

年度	著作者	出　　典	初出年/刊行年	設問	形　　式	字数
2021	大西　祝 (1864-1900)	「悲哀の快感」	1891	1	現代語訳	
				2	理由説明	25字
				3	理由説明	60字
2020	山路愛山 (1864-1917)	「明治文学史」	1893	1	現代語訳	
				2	内容説明	25字
				3	内容説明	50字
2019	福沢諭吉 (1835-1901)	「古書画流行」	1883	1	語句の意味	
				2	内容説明	60字
				3	内容説明	
2018	三宅雪嶺 (1860-1945)	「試験を論じ運命に及ぶ」	1901	1	現代語訳	
				2	内容説明	60字
				3	内容説明	50字
2017	末松謙澄 (1855-1920)	「歌楽論」	1884	1	語句の意味	
				2	内容説明	
				3	内容説明	50字
2016	竹西寛子 (1929-　)	「続・往還の記」 引用：清少納言『枕草子』, 紫式部『紫式部日記』	1964	1	現代語訳	
				2	語句の意味	
				3	漢字の書き取り	
				4	内容説明	100字
2015	田口卯吉 (1855-1905)	「青年独立の困難」	1888	1	内容説明	30字
				2	現代語訳	
				3	内容説明	100字
2014	三宅米吉 (1860-1929)	「学士の義務」	1881	1	語句の意味	
				2	内容説明	50字
				3	理由説明	80字
2013	清沢満之 (1863-1903)	「科学と宗教」	1901	1	現代語訳	
				2	語句の意味	
				3	内容説明	100字
2012	本居宣長 (1730-1801)	『排蘆小船』	1759ごろ	1	内容説明	50字
				2	現代語訳	
				3	内容説明	
2011	阪谷　素 (1822-81)	「政教の疑」	1874	1	現代語訳	50字
				2	内容説明	30字
				3	理由説明	100字
2010	津田左右吉 (1873-1961)	「史論の流行」	1892	1	理由説明	50字
				2	内容説明	30字
				3	内容説明	100字
2009	福沢諭吉 (1835-1901)	『学問之独立』	1883	1	内容説明	
				2	内容説明	50字
				3	理由説明	50字
				4	理由説明	

2008	不 詳	『日暮硯』	江戸中期	1	現代語訳	
				2	語句の意味	
				3	理由説明	50字
				4	内容説明	
2007	陸 羯南 (1857-1907)	『近時政論考』	1891	1	語句の意味	
				2	理由説明	30字
				3	内容説明	
				4	内容説明	50字
2006	中江兆民 (1847-1901)	「国家の夢，個人の鐘」	1890	1	内容説明	30字
				2	内容説明	
				3	内容説明	30字
				4	箇所指摘	
				5	内容説明	30字
2005	石川 淳 (1899-1987)	『江戸文学掌記』 引用：横井也有『七娘記』『鶉衣』	1980	1	内容・理由説明	50字2問
				2	内容説明	15字
				3	語句の意味	15字2問
				4	理由説明	50字
2004	杉田玄白 (1733-1817)	『蘭学事始』	1815	1	内容説明	
				2	現代語訳	
				3	内容説明	10字
				4	内容説明	50字
2003	加藤弘之 (1836-1916)	講演「天則」	1891	1	内容説明	10字
				2	内容説明	20字2問
				3	語句の意味	
				4	内容説明	100字
2002	和辻哲郎 (1889-1960)	「『もののあはれ』について」 引用：本居宣長『源氏物語玉の小櫛』	1922	1	理由説明	50字
				2	内容説明	50字
				3	現代語訳	

▶大問三 要約問題（200字）

年度	著作者	出　典	初出年/刊行年
2021	中村桃子（1955- ）	『翻訳がつくる日本語――ヒロインは「女ことば」を話し続ける』	2013
2020	鷲田清一（1949- ）	『老いの空白』	2015
2019	山口裕之（1970- ）	『「大学改革」という病――学問の自由・財政基盤・競争主義から検証する』	2017
2018	藤田省三（1927-2003）	「或る歴史的変質の時代」（『精神史的考察』）	1982
2017	佐々木浩雄（1975- ）	『体操の日本近代――戦時期の集団体操と〈身体の国民化〉』	2016
2016	内田芳明（1923-2014）	『風景の現象学――ヨーロッパの旅から』	1985
2015	内田義彦（1913-89）	「『読むこと』と『聴くこと』と」	1985
2014	北垣　徹（1967- ）	「運動する認識」	2013
2013	椹木野衣（1962- ）	「感性は感動しない」	2012
2012	内田　樹（1950- ）	「目標文化をもたない言語」	2011
2011	清水幾太郎（1907-88）	『社会的人間論』	1940
2010	山田真茂留（1962- ）	『〈普通〉という希望』	2009
2009	田中美知太郎（1902-85）	『学問論』	1969
2008	大森荘蔵（1921-97）	『知識と学問の構造』	1985
2007	沼野充義（1954- ）	『W文学の世紀へ』	2001
2006	鹿野政直（1931- ）	『化生する歴史学』	1998
2005	作田啓一（1922-2016）	『恥の文化再考』	1967
2004	長谷川眞理子（1952- ）	「ラップトップ抱えた『石器人』」	2003
2003	兵藤裕己（1950- ）	『物語・オーラリティ・共同体』	2002
2002	飯田年穂（1948- ）	『問いかける山』（250字の要約）	2001

MEMO

MEMO

MEMO

MEMO

MEMO

MEMO